微课版

21世纪实用礼仪系列教材

U1015620

第4版

教师礼仪规范

金正昆/主编

中国人民大学出版社
·北京·

目录

教·师·礼·仪·规·范

导论

第一章　师德

第二章　师表

第三章 师言

第四章 师行

第五章 师缘

导论

当前，我国不断取得伟大进展的改革与开放，极大地促进了人与人之间的交往。用现代人的眼光来看，人与人之间的交际，不仅是一种出自本能的需要，而且也是适应社会发展、个人进步的一种必不可少的基本路径。从某种意义上来说，具有较强的交际能力，是现代人立足于今日社会并求得发展的重要条件。

在此背景之下，中国教师的交际圈正在不断地扩大，作为教师交际规范的教师礼仪自然也因此迅速升温，并且备受广大教师的重视。学习教师礼仪、应用教师礼仪，目前已经成为国家与社会对我国教师的一项基本要求。

在当前条件下，学习教师礼仪、应用教师礼仪，必须首先从思想上、理论上解决导论中所具体涉及的几个主要问题。唯有如此，才能更准确、更全面地对教师礼仪加以掌握。

一、教师礼仪的内容与界定

礼仪的界定

要明确教师礼仪的内容并对其进行界定，有必要首先明确礼仪的基本含义。

目前，在一般性的表述之中，与“礼”相关的词最常见的有三个，即礼貌、礼节、礼仪。大多数情况下，它们被视为一体，并混合使用。其实，从内涵上来看，三者不宜简单地混为一谈。它们之间既有区别又有联系。

（1）礼貌

礼貌，一般是指在人际交往中，通过言语、动作向交往对象表示谦虚和恭敬。它侧重于表现人的品质与素养，是对个人品质与素养的一种总体要求，同时也是有教养者对待他人谦恭友好的一种基本的态度。

（2）礼节

礼节，通常是指人们使用于交际场合的，相互表示尊重、友好的惯用形式。它实际上是礼貌具体操作的细节化技巧，亦为礼貌的具体体现形式。它与礼貌之间的相互关系是：没有礼节，就无所谓礼貌；有了礼貌，就必然伴有具体的礼节。

（3）礼仪

礼仪，是对礼节、礼貌的统称。具体而言，指的是在人际交往之中，自始至终地以一定的约定俗成的程序、方式来表现的律己、敬人的规范化行为。显而易见，礼貌是礼仪的基础，礼节则是礼仪的基本组成部分。换言之，礼仪在层次上要高于礼貌、礼节，其内涵更深、更广。礼仪，实际上是由一系列的、具体的、表现礼貌的礼节所构成的。它不像礼节一样只是某一种具体的做法，而是一个表示礼貌的系统而完整的过程。

从本质上讲，礼貌、礼节、礼仪三者均以“礼”为出发点，它们所表现的都是待人的尊敬之意。

有鉴于此，为了更完整、更准确地理解“礼”，采用“礼仪”这一概念来对此加以表述，是最为可行的。

站在不同的角度上，往往还可以对礼仪这一概念做出种种不同的解释。

荀子曾说：“礼者，养也。”从个人修养的角度来看，礼仪可以说是一个人内在修养和素质的外在表现。也就是说，礼仪即教养，个人的素质则往往体现为对礼仪的认知和应用。因其如此，故有“礼养”一说。

从道德的角度来看，礼仪可以被界定为人们为人处世的行为规范，礼仪乃做人之道。学礼仪，既要懂规矩，更要守道义、明义理、讲道理；要以德为本，以礼践德。因此，二者合称“礼义”。子曰：“礼也者，理也。”《礼记》也曾就此明言：“礼之所尊，尊其义也。”“凡人之所以为人者，礼义也。”

礼仪与其他学科的关系

从交际的角度来看，礼仪可以说是人际交往中所适用的一种交往艺术，也可以说是一种具体的交际方式或正确的交际方法。正是在此意义上，孟子明言：“礼，门也。”《礼记》则曰：“礼者，履此者也。”因其被视为交际工具，礼仪有时与交际合称“礼交”，谓以礼交际也。

从处世之道的角度来看，礼仪可以说是人们为人处世所应当遵守的基本规矩。所谓学习礼仪，就是要学习为人处世的基本规矩；所谓遵守礼仪，就是要遵守为人处世的基本规矩。有鉴于此，礼仪亦可称为“礼规”。

从民俗的角度来看，礼仪既可以说是在人际交往中必须遵行的律己敬人的习惯形式，也可以说是在人际交往中约定俗成的示人以尊重友善的习惯性做法。简言之，礼仪是待人接物的一种惯例；正所谓“礼出于俗，俗化为礼”。换言之，礼仪乃是有关交际的习俗，亦可称为“礼俗”。

从律法的角度来看，礼仪可被视为习惯法。礼仪与律法的教化功能向来相辅相成：“礼禁未然之前，法施已然之后”；“法出于礼，礼出于治”。故二者亦可合称“礼法”。

从教育的角度来看，礼仪是素质教育的主要内容，同时也发挥教化众生的功效。礼仪的这一教化功效，亦称“礼化”。

从音乐的角度来看，礼仪与音乐一同教化于人：“礼节民心，乐和民声”，“礼乐皆得，谓之有德”。因此，二者并称为“礼乐”。

通过了解上述各种对礼仪的具体诠释，可以进一步加深对教师礼仪的理解，并且更为准确地对教师礼仪进行把握。

教师礼仪，就其学理层面而言，可被界定为教师在其人际交往中所应恪守的基本行为规范。或者说，它是教师的交际之规、交际之法、交际之道。之所以如此界定教师礼仪，其具体原因有三：

（1）它有助于明确教师礼仪的适用对象

显而易见，教师礼仪主要适用于教师进行有效沟通、处理自己所面临的人际关系。对其他人来说，教师礼仪并非其普遍适用的交际技巧。

（2）它有助于明确教师礼仪的有效范围

在教师所进行的人际交往中，教师礼仪方才适得其所。而在其他类型的人际交往中，教师礼仪则并不是放之四海而皆准的。

（3）**它有助于明确教师礼仪的基本内容**

教师的行为规范，乃是教师礼仪的基本内容。行为者，个人之所作、所为也；规范者，社会上或行业中所约定、规定之标准做法也。因此，可将教师礼仪视为教师在其人际交往中待人接物的标准化、规范化做法。

综上所述，从其具体内容上讲，教师礼仪包括了教师自我的规范与待人的规范。具体而言，教师礼仪则主要涉及师德、师表、师言、师行、师缘等方面。

（1）**师德**

师德，指教师在其日常工作、学习与生活中应遵守的道德规范。

（2）**师表**

师表，指教师在其日常工作、学习与生活中应遵守的仪表规范。

（3）**师言**

师言，指教师在其日常工作、学习与生活中应遵守的语言规范。

（4）**师行**

师行，指教师在其日常工作、学习与生活中应遵守的个人行为规范。

（5）**师缘**

师缘，指教师在其日常工作、学习与生活中应遵守的人际交往规范。

二、教师礼仪的特征与原则

就其本质而言，教师礼仪属于职业礼仪的范畴。与其他礼仪相比，教师礼仪有一系列自身所独具的特征。它主要表现在规范性、限定性、操作性、传承性、变迁性、普适性六个具体的方面。

（1）**规范性**

综上所述，所谓教师礼仪，指的就是教师在其人际交往中所必须遵守的基本的职业规范。这种规范性，不仅约束着教师在一切正式的交际场合中的言行举止，使之合乎自己的身份，而且也是教师在其一切正式的交际场合中所必须采用的一种“通用语言”，是衡量他人、判断自己是否自尊、敬人的一种尺度。2019年10月，中共中央、国务院所发布的《新时代公民道德建设实施纲要》中明确提出：“礼仪礼节是道德素养的体现，也是道德实践的载体。”[①] 总之，教师礼仪是约定俗成的一种教师用以自尊、敬人的惯用形式。因此，任何教师要想在其人际交往中表现得合乎规范、彬彬有礼，就必须对教师礼仪无条件地加以遵守。另起炉灶、自搞一套，或是

① 新时代公民道德建设实施纲要. 北京：人民出版社，2019：18.

只遵守自己适应的部分，而不遵守自己不适应的部分，都难以为其交往对象所接受和认同。

（2）**限定性**

顾名思义，教师礼仪主要适用于教师的职业活动，适用于普通情况之下教师所进行的一般性交往与应酬。在这个特定范围之内，教师礼仪肯定行之有效。而离开了这个特定的范围，教师礼仪则未必适用。这就是教师礼仪的限定性特征。理解了这一特征，就不会把教师礼仪当成放之四海而皆准的东西，就不会在其他的交际场合中使用教师礼仪去以不变应万变。必须明确的是：当所处的具体场合不同、所具有的具体身份不同时，所要应用的教师礼仪的具体内容往往也会因此而各有不同，有时甚至还会差异很大。

（3）**操作性**

切实有效、实用可行、规则简明、易学易会、便于操作，是教师礼仪的重要特征。《礼记》曰："恭俭庄敬，礼教也。"它不是纸上谈兵、空洞无物、不着边际、故弄玄虚、夸夸其谈，而是既有总体上的礼仪原则、礼仪规范，又在具体的细节上以一系列的行之有效的方式、方法，细致而周详地对礼仪原则、礼仪规范加以贯彻，将它们落到实处，使之"言之有物""行之有礼"，不尚空谈。教师礼仪的易记易行，使其能被教师广泛地运用于人际交往的实践中，并受到广大公众的认可；而反过来，又进一步促使教师礼仪以简便易行、容易操作为第一要旨。

（4）**传承性**

任何国家的教师礼仪，都有自己鲜明的民族特色。任何国家的当代礼仪，都是在本国古代礼仪的基础上继承、发展起来的。离开了对本国、本民族既往礼仪文化的传承、扬弃，就不可能形成当代教师礼仪。这就是教师礼仪传承性的特定含义。作为一种人类的文明积累，教师礼仪将运用在教师的人际交往中的一系列习惯做法固定下来、流传下去，并逐渐形成自己的民族特色，这并不是一种短暂的社会现象，而且往往也不会因为社会制度的更替而消失。对于既往的教师礼仪遗产，正确的态度不应当是食古不化、全盘沿用，而应当是有所扬弃，有继承更有发展。

（5）**变迁性**

从本质上讲，教师礼仪可以说是一种社会历史发展的产物，并且具有鲜明的时代特点。一方面，它是在教师长期的人际交往实践之中形成、发展、完善起来的，绝不可能凭空杜撰、一蹴而就，完全脱离特定的历史背景。另一方面，社会的发展、人类的进步，以及由此而导致的众多的教师人际交往新特点、新问题的出现，又要求教师礼仪有所变化、有所发展、推陈出新，并且与时代同步，以适应新形势下新的要求。与此同时，随着当代世界全球化倾向的日益明显，各个国家、各个地区、各个民族之间人际交往的日益密切，其各自的教师礼仪也不断地相互影响、相互渗透，相互之间取长补短，并不断地被赋予新的内容。这就使教师礼仪具有相对的变迁性。了解了这一点，就不会把教师礼仪看作一成不变的东西，而能够更好地以发展、变化的眼光去对待它。

（6）**普适性**

在人际交往中，每一位教师干什么，就要像什么。孔子主张对人们“约之以礼”。荀子曾经指出：“礼者，节之准也。”司马光则说过：“礼莫大于分。”他们的本意，都是强调在任何一种类型的人际交往中，人们都必须有规可循。由此可见，教师礼仪对于全体教师而言，在其人际交往中，自然都是普遍适用的。此即其普适性。

在日常工作与生活中，学习、应用教师礼仪，有必要从宏观上掌握具有普遍性、共同性、指导性的关于教师礼仪的规律，这些规律，即所谓教师礼仪的原则。

就其总体而论，教师礼仪的原则共有十项。它们同等重要，不可或缺。掌握这些原则，将有助于广大教师更好地学习、运用教师礼仪。

（1）**敬人的原则**

孔子曾经对礼的核心理念做过高度的概括，他强调：“修己以敬。”孟子亦曾明确地提出：“有礼者敬人。”所谓敬人的原则，就是要求教师在其人际交往中，与交往对象要互谦互让、互尊互敬、友好相待、和睦共处，并要将对其交往对象的重视、恭敬、友善置于第一位。从教育哲学的角度来看，“教育发生发展的终极原因是人”①，没有人，便无所谓教育。既然教育面对的是人，教育工作者就必须始终坚持以人为本、敬人为先。在教师礼仪基本内容的两大构成部分中，有关其待人规范的这一部分，实际上是教师礼仪的重点与核心。而对待他人的诸多具体规范之中最重要的一项，就是要求教师敬人之心常存，处处不可失敬于人，不可伤害他人的个人尊严，更不能侮辱对方的人格。从某种意义上说，在人际交往中，一个人尊重别人，其实就是尊重自己。掌握了这一点，就等于掌握了教师礼仪的精髓。

（2）**自律的原则**

从总体上来看，教师礼仪的具体规范，可分为对待自身的要求与对待他人的做法两部分内容。教师对待自身的要求，亦即自我规范，是教师礼仪的基础和出发点。学习、应用教师礼仪时，首先需要教师严格地进行自我要求、自我约束、自我节制、自我对照、自我反省、自我检点，这就是所谓自律的原则。子曰：“克己复礼。”正人必先正己，律己方能律人。若教师没有对自己的严格要求，人前与人后不一样，只求诸人，不求诸己，不讲慎独与克己，遵守教师礼仪就无从谈起，就

① 郝文武．教育哲学．北京：人民教育出版社，2006：77.

是一种蒙骗他人的大话、假话、空话。

(3) **互动的原则**

教师如欲在其人际交往中取得成功，就必须无条件地遵守互动的原则。所谓“互动”，在此具体含义有二：一是要求教师在其人际往来中必须主动地进行换位思考、善解人意。换位思考的基本之点，就是要求教师凡事必须善于体谅其交往对象的具体感受。二是要求教师在日常活动中要时时、处处努力做到“交往以对方为中心”。也就是说，不允许无条件的“自我中心”。具体运用教师礼仪时，互动的原则永远都不容许被忽略。

(4) **沟通的原则**

在人际交往中，人们通常有接触才会了解，有了解才会沟通，有沟通才会互动。因此，可将沟通视为人际交往中人与人之间互动的桥梁。在教师礼仪中，沟通的原则要求教师在其人际交往中，既要了解交往对象，更要为交往对象所了解、所接受、所认同。礼仪的主旨在于“尊重”，而欲尊重他人，就必须首先了解对方，并令自己为对方所了解。只有这样做，才能够实现有效的沟通。

(5) **宽容的原则**

宽容的原则的基本含义，就是要求教师在其人际交往中具体运用教师礼仪时，既要严于律己，更要宽以待人。古人云：“上德若谷”，“君子尚宽舒”。因此，要多容忍他人、多体谅他人、多理解他人，而千万不要去求全责备、斤斤计较、过分苛求、咄咄逼人。在人际交往中，要容许其他人有个人行动和独立进行自我判断的自由。正所谓“有容乃大”，对不同于己、不同于众的行为要耐心容忍，不必苛求他人处处效法自身，与自己完全保持一致。此种心态，实际上也是尊重对方的一种主要表现。

(6) **平等的原则**

在具体运用教师礼仪时，允许因人而异，根据不同的交往对象，采取不同的具体方法。但是，与此同时必须强调指出：在教师礼仪的核心点，即尊重交往对象、以礼相待这一点上，对任何交往对象都必须一视同仁，给予同等程度的礼遇。不允许因交往对象彼此之间在年龄、性别、种族、文化、职业、身份、地位、财富以及与自己关系的亲疏远近等方面有所不同，而厚此薄彼、区别对待，给予其不同待遇。这便是教师礼仪中平等的原则的基本要求。

(7) **从俗的原则**

正所谓“礼从宜，事从俗”；“礼者别宜”。由于国情、民族、文化背景的不同，在当代的人际交往中，实际上存在着“十里不同风，百里不同俗”的局面。对这一客观现实，教师一定要有正确的认识，不要自高自大、唯我独尊、以我画线，不要动辄简单地否定其他人、其他学校、其他行业、其他地区、其他国家不同于己的做法。在必要之时，教师必须坚持入乡随俗，与绝大多数人的习惯做法保持一致，切勿目中无人、自以为是、指手画脚、随意批评，切勿随便否定其他人的习惯性做法。遵守从俗的原则的这些规定，将会使教师对教师礼仪的应用更加得心应手，更加有助于教师的人际交往。

（8）**真诚的原则**

教师礼仪中所谓的真诚的原则，是要求教师在其人际交往中具体运用教师礼仪时，务必待人以诚、诚心诚意、诚实无欺、言行一致、表里如一。只有如此，自己在运用教师礼仪时所表达的对交往对象的尊敬与友善，才会更好地被对方所理解、所接受、所认同。与此相反，倘若仅把运用教师礼仪作为一种道具或伪装，在具体操作教师礼仪时口是心非、言行不一、弄虚作假、投机取巧，或是当时一个样、事后一个样，有求于人时一个样、被人所求时另外一个样，则有悖于教师礼仪的基本宗旨。总之，将“厚黑学”应用于教师礼仪，肯定是行不通的。

（9）**适度的原则**

适度的原则的含义，主要是要求教师在其具体应用教师礼仪时，为保证取得成效，必须注意技巧、合乎规范，特别是要做到把握分寸、认真得体。这是因为凡事过犹不及，运用教师礼仪时，假如做得过了头，或者做得不到位，都难以正确地表达自己的自律、敬人之意。当然，具体运用教师礼仪时要真正做到恰到好处、恰如其分，除了要靠勤学多练、积极实践，别无他途。

（10）**遵守的原则**

在正式的人际交往中，每一名教师都必须自觉、自愿地遵守教师礼仪，以教师礼仪去具体规范自己在交际活动中的一言一行、一举一动。对教师礼仪，广大教师不仅需要学习、了解，更重要的是学了就要使用，就要将其付诸个人的社交实践。在人际交往中，任何教师，不论其身份高低、职位大小、财富多寡、学问多少、年岁如何，都有自觉遵守、应用教师礼仪的义务，否则，就会受到公众的指责，其人际交往就难以成功，这就是所谓遵守的原则。离开了这一项，就谈不上教师礼仪的应用、推广。

三、教师礼仪的功能与操作

毛泽东同志曾指出：“读书是学习，使用也是学习，而且是更重要的学习。”① 教师学习教师礼仪的目的，全在于其运用。《礼记》曰：“礼，释回，增美质，措则正，施则行。”当前，教师礼仪之所以受到社会各界的普遍重视，主要是因为它具有多重重要的功能。

① 毛泽东选集：第1卷．北京：人民出版社，1991：181.

礼仪和教师的关系

有助于提高教师的自身修养

美国学者杜威认为：教育即生活，“教育即指导”①。荀子则强调：“礼者，所以正身也；师者，所以正礼也。”正人者，必须先正己。作为指导学生者，教师自然有必要不断地提高其自身修养。在人际交往中，教师礼仪的应用往往是衡量一名教师文明程度的准绳。它不仅反映着教师的交际技巧与应变能力，而且还反映着其个人的气质风度、阅历见识、道德情操、精神风貌。因此，在这个意义上完全可以说：教师礼仪的应用，体现着教师的个人教养。有道德才能高尚，有教养才能文明，讲礼仪才受尊重。这也就是说，通过一名教师对教师礼仪运用的程度，可以察知其教养的高低、文明的程度与道德的水准。由此可见，学习、运用教师礼仪，有助于提高教师的个人修养，有助于“用高尚的精神塑造人”，真正地、全面地提高当代教师的文明程度。

有助于教师美化自身，美化生活

管仲说过：“礼义者，尊卑之仪表也。”个人形象，实际是一个人仪容、表情、举止、服饰、谈吐、教养的集合，而教师礼仪在上述诸方面都有自己详尽的规范，因此学习、运用教师礼仪，无疑将有益于教师更好地、更规范地塑造个人形象、维护个人形象，更好地、更充分地展示教师个人的良好教养与优雅风度，令教师更加可信、更加可爱、更加可敬。这种教师礼仪美化自身的功能，任何人都难以否定。如果每个人都重视美化自身，彼此之间都以礼相待，我们的人际关系将会更加和谐，我们的生活将变得更加温馨，这时，教师对自身的美化便会发展为美化生活。这也是教师礼仪的运用所发挥的作用。

有助于促进教师的人际交往，改善教师的人际关系

老子主张：“知和曰常”，“知常曰明”。孔子曾经提倡：“礼之用，和为贵。”还有古人认为：“世事洞明皆学问，人情练达即文章。”《礼记》曰：“礼也者，报也。”在人际交往中，礼仪属于与他人良性互动的艺术。先贤的上述教诲，讲的其实都是在交际中懂规矩、讲礼仪的重要性。一个人只要进行人际交往，就不能不讲究礼仪。运用教师礼仪，除了可以使教师在其人际交往中充满自信、胸有成竹、处变不惊之外，最大的好处就在于，它能够帮助教师规范自己具体的交际行为，以便更好地向交往对象表达自己的尊重、敬佩、友好与善意，增进彼此之间的了解与信任。假如人皆如此，久而久之，必将促进人们彼此之间的社会交往的进一步发展，帮助人们更好地取得交际成功，进而造就和谐、完美的人际关系。

---

① 杜威．道德教育原理．王承绪，等译．杭州：浙江教育出版社，2003：45.

有助于净化社会风气，推进社会主义精神文明建设

一般而言，人们的教养反映其素质，而素质又体现于细节，细节则往往决定着人们的成败。礼仪的本质，是令人向美、导人向善、引人向上，是用以提升个人素质的。因此，学习并遵守礼仪，意在令人向美、向善、向上。反映教师个人教养的教师礼仪，是人类社会文明的主要标志之一。一名教师、一所学校、一个国家的教师队伍的礼仪水准如何，往往反映着这名教师、这所学校、这个国家教师队伍的文明水平、整体素质或整体教养。古人曾经指出，“礼义廉耻，国之四维”，将礼仪列为立国的精神要素之本。而在日常交往之中，诚如英国大哲学家约翰·洛克所言：“没有良好的礼仪，其余的一切成就都会被人看成骄傲、自负、无用和愚蠢。”荀子也曾说过：“人无礼则不生，事无礼则不成，国家无礼则不宁。”遵守、应用教师礼仪，将有助于净化社会的空气，提升教师个人乃至全社会的精神品位。

当前，我国正在大力推进社会主义精神文明建设。其中的一项重要内容，就是要求全体社会成员讲文明、讲礼貌、讲卫生、讲秩序、讲道德，心灵美、语言美、行为美、环境美。这些内容，与教师礼仪完全吻合。因此，完全可以说，提倡教师礼仪的学习、运用，与推进社会主义精神文明建设是殊途同归、相互配合、相互促进的。这种社会主义的礼治，对于我国的现代化建设是不可或缺的。

在具体运用教师礼仪时，一个亟待解决的重要问题是：应当如何对其具体地加以操作？

面对这一问题时，教师主要应当关注两个具体方面：一是必须坚持正确的理念；二是必须掌握有效的方法。

一方面，在具体操作教师礼仪时，教师必须坚持正确的理念。所谓理念，亦即有关某一事物的基本观念。有道是：“观念决定思路，思路决定出路。”在人际交往中，教师的思维方式往往决定其行为方式。倘若教师在具体操作教师礼仪时基本理念有误，则难免会徒劳无益。

一般而言，教师礼仪以“尊重”为基本理念。在具体操作教师礼仪时，这一基本理念又体现于如下两点：

（1）摆正位置

在人际交往中，每一名教师都拥有自己的具体位置，而其具体位置往往还会不断发生变化。在操作教师礼仪、以礼待人时，每一名教师关键是要明确自己的身份和职责，切勿错位、越位或者不到位。

对自己而言，每一名教师都必须维护自尊：一是必须尊重自我；二是必须尊重自己的职业；三是必须尊重自己所在的学校；四是必须尊重自己所从事的教师行业；五是必须尊重自己所处的国家与社会。

对他人而言，每一名教师亦应

以尊重为本：尊重领导，是一种天职；尊重同事，是一种本分；尊重下级，是一种美德；尊重学生，是一种常识；尊重同行，是一种艺术；尊重对手，是一种风度；尊重所有人，则是一种教养。

（2）**调整心态**

在人际交往中，每一名教师不仅需要智商，而且更需要情商。所谓情商，在此指的就是一个人适应环境、与人合作、有效沟通的能力。经验证明：一个人的情商如何，不仅制约着其人际交往，而且还直接影响到其个人心态。在具体处理人际关系、运用教师礼仪时，每一名教师均应自觉地进行心态调整。因为对自己的工作、生活乃至人际关系而言，心态往往决定一切。

在具体操作教师礼仪时，教师所应进行的心态调整主要涉及如下三点：

（1）**必须“接受他人”**

在具体的人际交往中，教师礼仪要求教师必须尊重他人。进而言之，所谓尊重他人，实际上就是要求教师必须善解人意地接受其交往对象的一切合乎情理、合法合规的选择。无论如何，教师都要学会接受他人。换言之，操作教师礼仪不仅需要严于律己，而且更加需要宽以待人。

（2）**应当“换位思考”**

在人际交往中，不仅内外有别、中外有别、外外有别，而且人人有别、时时有别、处处有别、事事有别。既然在操作教师礼仪时强调“交往以对方为中心”，那么教师善于进行“换位思考”就自然是不言而喻的。

（3）**坚持求同存异**

进行人际交往时，每一名教师都必须坚持“求同存异”的正确态度。即首先“知同明异”，并且善于寻找共同点，善于回避不同点。与此同时，还须真正地意识到：自己所面对的世界是多有“不同”的。只有坚持“求同存异”，才能“聚同化异”，才能真正为自己打造出一种良好的人际环境，才能使本人的工作与生活真正地做到合作共赢。

另一方面，具体操作教师礼仪时，还需要掌握有效的方法。一般而言，它主要涉及“有所不为”与“有所为”两个互有联系的不同层面。

（1）**必须明确“有所不为”**

所谓“有所不为”，即具体操作教师礼仪时，首先需要注意“不能做什么”，或者说其底线是什么。例如，不能讲什么话、不能做什么事，等等。在此方面不出现差错，不仅可以避免自己出洋相，而且还可避免失礼于他人。

（2）**必须尽力“有所为”**

所谓“有所为”，即具体操作教师礼仪时，应该了解“需要如何做”，或者“如何做得更好”。例如，应该怎样讲话、应该怎样办事情。在此方面尽力而为，就会令自己的所作所为好上加好。

孟子说过：“人有不为也，而后

可以有为。”在具体操作教师礼仪时，特别需要强调的是：所谓“有所不为”，是教师皆须谨记的；所谓“有所为”，则是教师所应当努力的目标。二者不可偏废。

习近平同志指出：“一个人遇到好老师是人生的幸运，一个学校拥有好老师是学校的光荣，一个民族源源不断涌现出一批又一批好老师则是民族的希望。”[①] 总而言之，要求教师学习礼仪、掌握礼仪、践行礼仪，就是要求其更好地完成自身肩负的光荣使命，更好地“促进学生德智体美劳全面发展，培养学生爱国情怀、社会责任感、创新精神、实践能力”[②]。

---

① 习近平．做党和人民满意的好老师——同北京师范大学师生代表座谈时的讲话（2014 年 9 月 9 日）．人民日报，2014－09－10.

② 习近平谈治国理政：第 4 卷．北京：外文出版社，2022：339－340.

第一章 师德

师德，此处指的是教师在其工作、学习与生活之中所应恪守的基本道德规范。作为为人师表者，教师理当讲究师德。本章所讲授的内容，包括社会公德、职业道德、有效沟通、阳光心态等教师所应兼备的基本道德修养。

学习目的

- 端正对师德的认识。
- 身体力行地讲究师德。
- 模范地遵守社会公德。
- 认真地恪守职业道德。
- 重视有效沟通。
- 拥有阳光心态。

习近平同志指出：“合格的老师首先应该是道德上的合格者，好老师首先应该是以德施教、以德立身的楷模。”①

有道是：“学高为师”，“德高为范”。百年大计，教育为根本；教育发展，教师是关键；教师素质，师德最重要。作为教书育人之人，师德乃教师的立身之本。要做一名称职者，教师在师德方面就必须率先垂范，始终不懈地坚持“以德为本”。

所谓道德，通常指的是人的基本行为规范，即社会上对于做人的最主要的要求。所谓师德，则一般是指人民教师所应具备的基本道德品质，或曰其所应当遵从的最重要的行为规范。简而言之，师德即国家与社会对教师所提出的为人处世的基本要求。

习近平同志说过：“礼仪是宣示价值观、教化人民的有效方式。”② 正所谓“礼由心生”“纳德为礼”，礼仪与道德从来都是密切相关的。有道德才能高尚，讲礼仪方为文明。在日常工作、生活与交往中，每一名教师均应自觉地恪守师德。此乃教师礼仪的基本要求，也是每一名教师在其实际操作教师礼仪时的关键之点。胡锦涛同志曾经指出，“要坚持育人为本、德育为先，把立德树人作为教育的根本任务”，而教师自身高尚的师德，恰恰就是“对学生最生动、最具体、最深远的教育”。③ 这一点，应当为每一位教师所谨记。

第一节　社会公德

通常认为：所谓社会公德，是指人们在其公共性的社会生活中所需要共同遵守的基本行为准则。平时，它主要通过社会舆论对人类的社会生活发挥一定的约束作用。

《中华人民共和国宪法》规定：国家“提倡爱祖国、爱人民、爱劳动、爱科学、爱社会主义的公德”④。在现代社会中，讲究社会公德，不仅是每一名中国公民的天职，而且也是社会自身稳定、和谐而又有秩序地发展的重要保证。

社会公德

在人们的日常生活中，讲究社会公德与遵守礼仪之间的关系十分密切。讲究社会公德，是遵守礼仪的重要基础；遵

① 习近平．做党和人民满意的好老师——同北京师范大学师生代表座谈时的讲话（2014 年 9 月 9 日）．人民日报，2014-09-10.

② 习近平．论党的宣传思想工作．北京：中央文献出版社，2020：59.

③ 胡锦涛．在全国优秀教师代表座谈会上的讲话．人民日报，2007-09-01.

④ 中华人民共和国宪法．北京：人民出版社，2018：17.

守礼仪，则是讲究社会公德的具体表现。因此，对于每一位教师而言，遵守礼仪就一定要讲究社会公德，而讲究社会公德反过来又必然会对遵守礼仪有所帮助。

在社会生活，尤其是在公共场合中，既然教师必须遵守礼仪，那么教师自然也就必然要讲究社会公德。

总而言之，遵守礼仪与讲究社会公德之间并无任何矛盾。从某种意义上来说，遵守礼仪与讲究社会公德实际上是殊途同归的。

应当明确的是：不同的阶级，通常有着不同的社会公德。在不同的时代里，社会公德的具体内容往往又有所不同。社会公德，实质上乃是每个时代主流社会核心价值观的具体体现。当前，我国的社会主义现代化建设要求人民教师不仅要学有所长，而且还必须要在其社会生活中模范地讲究社会公德，真正地做到德艺双馨。

要求人民教师模范地讲究社会公德，意在使之成为一名真正有教养的人、一名真正高尚的人。人民教师要真正做到此点，绝对不可以只是口头上谈谈而已，而必须在自己的行动上将这一要求付诸实践。

习近平同志指出："人无德不立。""立德为先，修身为本，这是人才成长的基本逻辑。立德修身，既要立意高远，又要立足平实。"[①] 人民教师讲究社会公德，就是平时必须自觉地践行以"富强、民主、文明、和谐、自由、平等、公正、法治、爱国、敬业、诚信、友善"为基本内容的社会主义核心价值观。而在当前最重要的就是要在维护秩序、关心他人、讲究卫生、爱护环境四个具体方面身体力行。

一、维护秩序

维护秩序，是对教师讲究社会公德的首要要求。所谓秩序，在此指的主要是社会秩序。良好的社会秩序，是避免社会生活与公共活动混乱的基本保证和基本规范。只有全体公民自觉维护社会秩序，一个社会才有安定与祥和可言，公共场合里的各种活动才能得以正常进行。目前，在维护秩序方面，教师应当努力做好下列四点。

（一）遵纪守法

作为一名公民，教师在其社会生活里，必须以自己的实际行动遵守法律、遵守纪律，成为遵纪守法的模范，而绝对不允许言行不一、口是心非，反其道而行之。

众所周知，法律是指由立法机关所制定的、国家政权所保证执行的行为规

① 习近平．论党的宣传思想工作．北京：中央文献出版社，2020：346.

则。它体现着统治阶级的意志，是阶级专政的一种工具。我国是一个实行法治、以法治国的国家。是故，人民教师一定要自觉地做到有法必依、认真守法。

所谓纪律，则是指一个团体或者组织为了维护其集体利益并保障其正常运作而制定的，要求其每一名成员所必须遵守的规章、条文。不容置疑的是，在学校里，作为一名教师，必须遵守学校纪律。在组织内，作为一名成员，教师则必须遵守组织纪律。

（二）保护公物

保护公物，是维护社会公共秩序的题中应有之义。在社会生活中，教师们必须以自己的实际行动保护公物，并且积极与一切破坏公物的行为进行坚决斗争。

所谓公物，通常指的是公有、公用处所之中为大众提供服务的、属于社会所有的一切公共设施和物品。每一位拥有良知的社会成员，对于任何公物都要加倍爱惜，并且自觉地予以保护，尽量避免有意或无意之中损坏公物。

教师应当特别注意的是，任何公物都不可窃为己有，也不应当以任何形式对其独占或者私用。在公共场所进行活动时，不要四处乱刻、乱画、乱涂、乱抹，不要破坏公有建筑物；不要随意攀缘公有园林之内的树木，或者偷折偷采树枝、花卉、果实。不要对公用的亭台、楼阁、道路、路灯、桌椅、电话以及消防与救生用具丝毫不加爱惜。

（三）礼让有序

教师在公共场所内进行活动时，必须坚持“慎独”，即严格要求自己、检点个人行为。对于自己所遇到的其他社会成员，不论相识与否，教师都要予以谦让、与之和平共处。不要无事生非、寻衅滋事。更不允许欺软怕硬、刁蛮无理、打架骂人。

需要与其他人同时使用公用设施或是进行某项活动时，务必讲究先来后到、有先有后，并且依次而行。除按照规定可以给予某些特殊人士以照顾之外，维护现场秩序的最佳办法，就是大家自觉排队。

在某些不需要排队但又必须分出先后的情况下，教师切勿争先恐后。要懂得：在这类场合里礼让别人，本身就是一种美德。

（四）无碍于人

在日常生活中，教师必须时刻注意：不要因为自己的粗心大意，而对别人造成某种程度上的妨碍。也就是说，必须无碍于人。如下相关的三点，特别应当为教师所重视。

1. 不在公共场所大声喧哗

在公共场所活动时，不论交谈，还是行进，都不应当制造噪声。在公共场所无视别人的存在，大呼小叫、高声谈笑、引吭高歌、载歌载舞、打打闹闹，都是极度失礼的。

2. 不尾随或围观其他人

在公共场所活动时，每一位有教养的人都不可以尾随、围观、窥视或是反复打量陌生人。指点、议论别人，甚至不邀而至地自动加入别人的谈话，同样是不允许的。对异性、少数民族、外国友人或者残障人士，以上行为则尤为不妥。

3. 不同其他人相距过近

人与人之间关系不同时，其彼此之间相处的具体距离往往会有所不同。在正常情况下，与亲密者相处，双方距离可小于 0.5 米。与常人打交道，双方距离宜在 0.5 米至 1.5 米之间。在公共场所与陌生人共处时，若非环境十分拥挤，则双方距离不应当小于 1.5 米。若无任何原因而与陌生人相距过近，难免令人感觉不快。

二、关心他人

在社会生活中，人与人之间应当相互关心，互助友爱。教师在公共场合内一定要做到目中有人，并在力所能及的范围内积极而主动地关心他人。具体来讲，教师需要同时注意以下两个方面的问题。

一方面，教师对别人要真心实意地加以关心。所谓关心别人，就是要对对方加以重视和爱护，并且把对方的事情真正地放在自己的心上。对于需要关心的人而言，来自别人的关心犹如雪中送炭，是其所不可缺少的。教师对别人的关心，既要出自真心、发自诚意，又要重在付诸行动。

另一方面，教师对别人的关心必须注意适度。在关心别人时，教师要力戒过犹不及。不要因为自己对别人的关心而有碍于对方的私生活，或者直接干涉对方的个人行动自由。应当强调的是，关心他人虽为善举，但亦应适可而止。倘若对别人过分地予以关心，有时对方不但不会领情，而且还会因此感到不快。

从讲究社会公德方面来讲，在社会生活中，教师要关心别人，主要需要将其重点放在下述四个方面。

（一）照顾老人

对每个人来说，老人既是长辈，又是需要被关心的弱者。在任何情况下，教师都应当主动地关心老人。具体而言，有以下三点必须加以注意。

1. 敬重老人

孟子曾说过：“恭敬之心，礼也。”在日常生活中，教师一定要以自己的实际行动去敬重老人。对老人不恭不敬，其实就是没有教养的表现。敬重老人，实际上就是在敬重将来的自己，所以古人才会提出“老吾老，以及人之老”的做人基本要求。

2. 礼待老人

与老人相处，教师务必注意时时处处对其待之以礼。在任何情况之下，教师都要在自己的心目中和实际行动上将老人置于“上位”，而自己则应身居“下位”，执礼以事之。

3. 关照老人

由于生理原因，老人往往需要人们给予更多的照顾。在必要之时，教师应当挺身而出，在日常生活中主动而耐心地照料老人。

（二）尊重女性

女性是人类的母亲，属于文明之士的共识。没有女性，就没有整个人类的继往开来，人类社会也将不复存在。从某种意义上讲，尊重女性，就是在尊重自己的母亲，就是在尊重人类自己。在尊重女性方面，教师有以下三点一定要自觉地做好。

1. 体谅女性

由于在社会生活中贡献良多，负担甚重，平日女性有其种种难言之隐，并且不足为外人道哉。作为一名成年人，教师一定要对女性，包括女教师、女学生以及学校内外的其他一切女性在内，加以真心体谅。不要难为女性、苛求女性，不要对女性求全责备，或者对女性缺乏基本的谅解。

2. 平等相待

《中华人民共和国宪法》规定：“中华人民共和国妇女在政治的、经济的、文化的、社会的和家庭的生活等各方面享有同男子平等的权利。”[1] 因此，教师在思想上、行动上都要坚持男女平等。任何情况之下，都不容许搞大男子主义，不容许搞男尊女卑，或者歧视女性。

3. 积极保护

保护女性，是每一位公民的义务。对教师来说，保护女性不仅应当表现为保护女性的正当权利和利益，而且还应当表现为以自己的实际行动保护女性不受任何形式的伤害。

（三）保护儿童

在具体规范人际关系时，古人曾要求：“幼吾幼，以及人之幼。”儿童是人类

① 中华人民共和国宪法. 北京：人民出版社，2018：25－26.

的明天和希望。保护儿童，从广义上来讲，就是在保护人类的未来。教师必须将保护儿童视为义不容辞的一项天职。具体而言，在保护儿童方面，教师主要应当注意以下两点。

1. 以身作则

儿童的可塑性与模仿性极强，在社会生活中，教师通常都是令其心悦诚服的学习榜样。因此，教师们在儿童面前必须约束自己的举止言行，为自己身边的儿童树立一个正面的榜样。如果教师言行过于随便，不仅会对儿童造成误导，而且还很有可能因此而误人子弟。

2. 悉心维护

作为未成年人，儿童缺乏自主意识，而且在生活中难以保护自己。因此，需要包括教师在内的全体成年人对其给予全心全意的照顾。照顾儿童，一是要对其进行正面教育；二是要对其进行全面保护；三是要维护其正当的权利和利益；四是要同对其进行伤害的人和事坚决斗争。

（四）帮助病残

在社会生活中，病人、残障人士都是最需要别人帮助照顾的弱者。在力所能及的前提下，教师应当对病人、残障人士给予热情的帮助。以下三点，均为教师在帮助病残之人时所应注意的重点。

1. 尊重人格

病人、残障人士，通常是指身体上出现某些具体问题的人。在人格上，他们与其他人则是完全平等的。因此，在对其进行帮助时，首先应当尊重对方的人格，切勿居高临下、加以歧视、出言不逊，或者在口头上或行动上对其造成侮辱或伤害。例如，对其敬而远之，指指点点，或者对残障人士以“残废”相称，都是极为错误的。

2. 鼎力相助

在社会生活中，教师们对于病人、残障人士，尤其是那些急需别人帮助的病人、残障人士，一定要及时而且热情地施以援手，并且在帮助对方时一定要尽心尽力，不讲任何条件。

3. 体贴入微

在帮助病人、残障人士时，教师一定要表现得耐心细致、体贴入微、热情周到、不厌其烦。最为重要的是，不要在帮助对方时搞形式主义，仅仅走走过场，而是要真心实意地争取替对方办上一些实事，并且真正地能够为对方排忧解难。在帮助对方时，一定要了解对方的所思所想，真正做到想其所想、急其所急、应其所需。

三、讲究卫生

在现代社会中，讲究卫生不仅是一种基本的社会公德，而且也是每一位文明人所必须具有的良知。

所谓卫生，一般是指有益于常人健康生活的一种状态，也是提升人们生活质量的一种必然要求。讲究卫生，就是要求人们的所作所为合乎有关卫生的具体要求。对于教师们而言，能不能够在平日生活中自觉地讲究卫生，不仅与其能否防止疾病直接相关，而且还会直接影响到其个人的形象。在任何情况下，不注意讲究个人的卫生，都不算是一名受到过良好教育的教师。

教师讲究卫生，一定要从我做起，从身边做起，从每一件小事做起。最关键的是要主动而自觉地讲究卫生，而非只是装装样子而已。在个人卫生、生活卫生、环境卫生三个基本的方面，教师都应当认真地有所讲究。

（一）个人卫生

讲究卫生，首先必须从讲究个人卫生做起。一个人假如总是对其个人卫生不甚讲究，那么他在人际交往中就必定难以树立起其良好的个人形象。一般来讲，讲究个人卫生，主要涉及如下三个要点。

1. 讲究身体卫生

在日常生活中，对于个人的身体卫生要多加重视。教师要养成注意身体卫生的良好习惯，尤其是要养成平日勤于洗手、洗脸、洗头、洗澡的习惯。唯有如此，才能从根本上使自己干净卫生、清爽宜人。

2. 讲究仪表卫生

对于个人的仪表卫生，教师平日尤须加以注意。与身体卫生相比，仪表卫生更加容易受到交往对象的高度重视。

3. 讲究服饰卫生

教师平日的服饰，必须讲究卫生，并勤于换洗。一个人的服饰不论有多么高档，如果它们显得不够卫生、肮脏不堪，往往都会令人大倒胃口。

（二）生活卫生

在日常生活中，教师必须认真、细致地讲究卫生。在以下三点上，教师特别要做到严于律己，不得大意。

1. 作息卫生

人体的生物钟有其正常的运行规律。因此，教师们平日工作、学习和休息的时间同样要讲究其规律性。教师注意作息卫生，既有益于其自身的健康，又有不妨碍他人之效。

2. 饮食卫生

俗语说："病从口入。"教师在日常生活中一定要牢记此点，认真地注意个人的饮食卫生。不仅要不吃、不喝不卫生的东西，不搞暴饮暴食，不随意节食禁食，而且还须讲究进食方式的卫生，不在大庭广众之下大吃大喝。

3. 忌烟忌酒

人所共知，吸烟与喝酒都无益于身体健康。吸烟过量、天天酗酒，则更是对人们的身体危害极大。教师必须自觉地忌烟、忌酒，尤其是不要在公共场所之中吞云吐雾、猜拳行令、滥饮烈酒，免得害人或扰民。

（三）环境卫生

平时，教师们对于环境卫生应当倍加爱护。个人卫生、生活卫生与环境卫生三者，应当相辅相成。假如教师只注意前两者而忽略了第三者，便难言是真正地讲究卫生。对教师来讲，讲究环境卫生，一是要重视环境卫生；二是要积极参与搞好环境卫生；三是要自觉地保持环境卫生。具体到下述三点，尤须加以注意。

1. 清理环境

讲究环境卫生，就要积极动手，亲自参与环境的打扫与清理。对于环境卫生不理不睬，不参与打扫和清理，是缺乏社会公德的表现。

2. 废物归位

在任何情况下，教师都应当对废弃之物主动进行收拾、打扫，按规定进行垃圾分类，并且将其投入垃圾桶之内。不要把自己的废弃之物乱丢乱扔，或者擅自对其进行焚毁。

3. 痰不乱吐

随地吐痰，显然是一种极不文明的恶习。它既会破坏环境卫生，又有害于他人的身体健康。因此，教师必须做到不随地吐痰。

四、爱护环境

自古以来，中国人就崇尚"天人合一""取之有度，用之有节"。在提及讲究社会公德时，爱护环境是人们始终不应当遗忘的。所谓环境，通常是指人类生活的外部条件。它被视为人类社会赖以生存和发展的基础。爱护环境，一般是指每一个人在其日常生活中有义务对人类所赖以生存的自然界自觉地加以保护和爱惜。

从本质上讲，人类与自然界属于同一命运共同体。爱护环境，归根结底就是爱护人类自己。显而易见，没有青山绿水，便没有环境之美；没有环境之美，便没有美丽校园，美丽中国则更是无从谈起。

教师身为承担教育重任的人类灵魂的工程师，必须具备良好的环境保护意识。否则，同教师的身份显然是不相称的。

自然环境是人类生存和发展的基础，教师应当自觉成为保护自然环境的卫士，积极践行绿色低碳新理念，以自身实际行动节能减排，并且敢于同破坏自然环境的所有行为进行斗争，阻止一切有意无意破坏环境的活动。

与此同时，教师还要自觉地维护生物的多样性。其具体要求是：其一，不允许滥捕、滥杀动物，尤其是不允许滥捕、滥杀珍稀动物。其二，不允许虐待动物、残害动物，或是随意殴打动物。

第二节 职业道德

就本质而言，教师的工作是一种直接为学生服务、为社会服务、为国家服务的影响极其广泛的活动。我国是社会主义国家，社会主义物质文明和精神文明的建设有赖于社会上的各个行业和全体成员的共同努力。要求全体人民教师讲究职业道德，这不仅有助于社会主义物质文明的建设，而且也符合社会主义精神文明建设的基本要求。

所谓职业道德，通常指的是从事某一具体职业者，在其工作岗位上所必须遵循的与其职业活动紧密联系的行为准则。也就是说，职业道德实质上属于从业人员所必须遵守的行业规范。由于各种职业所固有的社会性质和社会地位不尽相同，每一种职业在其道德上往往都会有着自己的特殊要求，各行各业都有与本行业的性质相一致的道德准则。例如，执教要有师德，经商要有商德，行医要有医德，从艺要有艺德，等等。民间有言："干什么，像什么。"因此，完全可以将职业道德称为一种高度社会化的角色道德，一种软性的行为规范。

一般而论，职业道德乃是教师礼仪的主要理论基石之一。具体而言，教师行业的职业道德，是指教师在其工作过程中处理自己与学生、与所在学校、与国家和社会之间的相互关系时所必须自觉遵守的职业行为方面的基本准则。

教师行业职业道德的核心要求是：爱岗敬业，为国家服务，为社会服务，为人民服务，为学生服务，努力培养让国家与人民满意的、符合社会需求的学生。

教师行业职业道德的具体内容，则主要包括对教师在其思想品质、教学态度、工作作风、职业修养四方面的规范化要求。它们都是用以调节教师在其工作中的各种人际关系的行为准则。只有掌握了教师行业职业道德的核心要求，才能够加深对其具体内容的理解；只有掌握了教师行业的职业道德的具体内容，才能够加深对其核心要求的理解。此二者之间，实际上是相辅相成的。

一、思想品质

伟大哲学家康德认为：凡成功的教育，重要的不仅仅是向他人传授知识，而且还要启迪对方主动地进行思考。教师要做好自己的本职工作，在其思想品质方面，就必须对自己有一定的、规范化的要求。因为“教师的思想政治素质和职业道德水平直接关系到大中小学德育工作状况和亿万青少年的健康成长，关系到国家的前途命运和民族的未来”①。在我国，对教师在思想品质方面的规范化要求，目前主要涉及下述三个方面。

（一）热爱祖国

作为社会主义中国的一名公民，教师必须首先热爱自己的祖国。也就是说，在其具体行动上，教师必须全面地贯彻爱国主义的思想。

爱国主义是人类自古以来就存在的。爱国主义的基本要求是：每一名公民，都要自觉自愿地在自己的思想上、行动上热爱祖国、热爱人民，热爱本民族的优秀文化遗产与优良历史传统，坚决拥护祖国的统一、独立、主权和民族尊严。

在中国与外国的历史上，有许许多多的爱国志士，为了自己祖国的独立自由和繁荣富强不屈不挠，英勇奋斗，甘愿奉献出自己的一切，甚至包括自己宝贵的生命。榜样的力量是无穷的。他们的实际行动，为当代人民教师树立了光辉的榜样。

在不同的社会阶段，在不同的历史时期内，爱国主义的具体要求往往会有所不同。

当前，我国的爱国主义在祖国现代化进程中的具体要求主要是：拥护中国共产党的领导，积极投身于社会主义现代化建设事业，为实现中华民族伟大复兴的中国梦而努力奋斗，从自己身边的点滴小事做起，从我做起，努力奉献，为国效力，为国分忧，永远热爱自己的祖国，永远忠于自己的祖国。身为历来推崇爱国主义的中华民族的一分子，教师对于以上的具体要求必须身体力行。

（二）热爱社会主义

目前，我国实行的是社会主义制度。因此，作为中华人民共和国公民，人民教师热爱祖国与热爱社会主义制度是完全一致的，维护民族利益与尊严和维护社会主义利益与尊严也是完全一致的。

社会主义制度，是人类历史上迄今为止最先进的一种社会制度。走社会主义

① 教育部师范教育司．中小学教师职业道德规范学习手册．北京：高等教育出版社，2008：19.

道路，就是要逐步实现共同富裕。历史经验证明：只有社会主义才能救中国，只有社会主义才能振兴中国，只有社会主义才能发展中国。中国不搞社会主义不行，不坚持社会主义则更是不行。在这一点上，教师必须心明眼亮，绝对不能做任何有损于社会主义制度的事情。

习近平同志指出："对每一个中国人来说，爱国是本分，也是职责，是心之所系、情之所归。""当代中国，爱国主义的本质就是坚持爱国和爱党、爱社会主义高度统一。"① 在当前形势下，人民教师热爱社会主义，应当主要体现为积极参与中国特色社会主义建设、积极拥护并参与改革开放。人民教师必须充分认识到：中国不搞改革开放不行。进行改革开放，并非背弃社会主义，而是为了更好地坚持社会主义制度。

（三）热爱本职工作

教育家徐特立先生说过：教师工作不仅是一个光荣重要的岗位，而且是一种崇高而愉快的事业。人民教师要树立起良好的职业道德，首先就必须树立起热爱本职工作的思想。热爱本职工作，具体应当体现为爱岗敬业、忠于职守。这是职业道德有别于其他道德的主要特征。

（1）**爱岗敬业**

要真正做到爱岗敬业，教师就要努力做到：热爱自己所从事的教育事业，热爱自己所在的具体工作岗位；维护教师职业的荣誉，担当本岗位的责任；在工作上认真负责，在学术与专业上精益求精，力求掌握最好的职业技能；勤勤恳恳，踏踏实实，始终如一，不计名利，认真做好本职工作。

每一位教师都必须时刻牢记：做好本职工作，就是自己对国家、对社会、对人民、对本单位所做的最大贡献。

（2）**忠于职守**

教师要真正做到忠于职守，就要充分认识到自己所从事的教育事业对国家、对社会、对他人所应履行的义务，真正树立起高度的职业责任感，积极发扬职业献身精神。必须强调的是：现代职业道德的基础就是责任感。就其本质而论，它源于每个人都要对自己行为的一切后果负责的道德感。离开了建立于道德感之上的责任感，任何职业都将失去它的社会价值。

爱岗敬业与忠于职守，对于每一位教师而言都是相互联系、相互制约、不可偏废的。只有爱岗敬业，才有可能真正做到忠于职守。只有做到了忠于职守，才能够真正谈得上爱岗敬业。

---

① 习近平谈治国理政：第3卷．北京：外文出版社，2020：334.

二、教学态度

我国的教育事业，是人民的事业。我国的教师，是人民教师。因此，我国的教育必须以学生为本；我国的教师，理当全心全意地为学生服务。人民教师全心全意地为学生服务，就是为社会服务、为国家服务、为社会主义事业服务、为人民服务。

教师要做好本职工作，在其服务于学生的具体态度上，就必须对自己有一定的、规范化的要求。在我国，对教师在教学态度上的总的要求是：热情服务，礼待学生，以质见长。

所谓教学态度，在此主要是指教师对本职工作的看法，以及在对学生进行教学时的具体表现。一名教师的教学态度端正与否，直接影响到他的教学质量的好坏。

广大教师必须认识到，在现代社会，教师所从事的工作本质上是一种服务。客观地说，教师的工作是非常非常重要的工作，教师的岗位是光荣而神圣的岗位，教师的职业是高尚而伟大的职业。

平时，教师正确的教学态度应当具体体现在为学生进行服务时的表现上。

（一）热情服务

当代中国教育，“以学生为本”乃其根本所在。在我国这样一个社会主义国家里，教师行业的根本宗旨，就是要全心全意地为学生服务。

全心全意地为学生服务，就是要求教师处处想学生之所想，急学生之所急，切切实实地为学生多办事、办实事、办好事。

全心全意地为学生服务，不但要求教师要为学生多办事、办实事、办好事，而且还要求教师在为学生进行服务时，要在自己的教学态度上有所改进、有所提高。

从严格的意义上来看，教师为服务对象所提供的服务，既包括了物质方面的内容，同时也应当包括令对方获得一定的精神方面的满足的内容。当社会生产力更加发达，全社会的文明程度更高时，服务对象对于自己在被服务过程中能否获得精神上的满足，往往就会更加重视。

要在教学过程中从精神上充分满足服务学生的需要，首先就要求教师对学生进行热情服务。

所谓热情服务，此处就是要求教师在为学生进行服务时，要以“情”见长，以“情”动人。在为对方进行服务的具体过程中，要积极、主动、耐心、细致、周到。其中最重要的是，这一切都必须出自真心，而绝对不是虚情假意。

（二）礼待学生

在任何情况下，教师都必须礼待学生。具体来说，就是要求教师在面对学生时，要坚持以礼相待，要对对方时时、处处讲究礼貌。

所谓礼貌，就其本义而论，乃是一种为人处世的基本态度。它的主要含义是：在待人接物方面，应当表现得谦虚恭谨，处处对交往对象不失尊重友善之意。因此，要求教师在自己的工作岗位上做到礼貌待人，实际上主要就是要求教师在自己的内心里真正认识到学生至上；并且在自己的工作过程中，运用规范得体的语言、动作、神态，“正容体，齐颜色，顺辞令”，以此去表示对学生的尊重与友善。

教师要真正做到礼待学生，就必须努力做到尊重学生、关心学生、热爱学生并重。在自己的工作岗位上为学生进行服务时，要对所有的学生一视同仁，采取完全平等的态度，绝不可厚此而薄彼。要做到对待优等生与差等生一个样，对待家庭背景优越的学生与家庭背景普通的学生一个样，对待熟人与生人一个样，对待成年人与未成年人一个样，对待异性与同性一个样，对待地位高的人与地位低的人一个样，对待本地人与外地人一个样，对待外国人与中国人一个样。

在礼貌待人的诸多要求之中，最关键的一点，就是要求教师要在人格上、行动上真正尊重学生，因为礼仪的本质就在于尊人、敬人。只有学生感受到了教师对其的尊重，礼貌待人的目的才算达到了。反之，做不到对对方应有的尊重，就没有礼貌待人可言。

一言以蔽之，礼貌待人，从其本质上来讲，就是要求教师在为学生进行服务的具体过程中，自始至终认真地遵守教师礼仪。

（三）以质见长

以质见长，就是要求教师在为学生进行服务的过程中，不仅要重视数量问题，而且还要对质量问题倍加关注，要努力在自己的服务上以质取胜。

教育工作必须不断地提高其自身的质量。这既是它的一种内在要求，也是全体受教育者乃至整个社会的一种客观要求。要具体提高教育质量，通常需要从如下两个方面抓起。

一方面，教师要在自己的业务范围之内，确保具有特色、精益求精、符合需求、周到细致。所有这些，都是提高教育质量必不可少的物质基础。

另一方面，提高教育质量还须使教育内容中国化、现代化、系列化、规范化，使之更好地为把我国建设成为富强民主文明和谐美丽的社会主义现代化强国而服务。教育内容的中国化、现代化、系列化、规范化，具体表现为教育应有正常教育、专项教育、多功能教育之分。正常教育，指的是在常规情况下所进行的教育。专项教育，指的是满足受教育对象的特殊需求的教育。多功能教育，则指的是在进行正常教育的同时，提供相关的连带教育，以满足教育对象的多种需要。

三、工作作风

人民教师要做好自己的本职工作，在其工作作风方面，必须对自己有一定的规范化的要求。从总的方面来讲，在工作作风上，教师必须时时处处对自己高标准、严要求。

工作作风，一般是指人们在工作上所表现出来的态度与行为。顾名思义，教师的工作作风，通常指的就是教师在其工作岗位上所表现出来的态度与行为。它不仅体现着教师的思想品质，而且还影响到教师的工作质量与个人形象。

要求教师在工作作风上要对自己时时处处高标准、严要求，主要应当集中体现在其清正廉洁、一心奉公两个具体方面。它们都是教师行业的职业道德的本质性要求。

（一）清正廉洁

所谓清正廉洁，对教师而言，就是要求在其工作岗位上恪守本分，严守一切规章制度，在财务方面为人清白，没有任何污点，绝不损公肥私，绝不贪污受贿。要力求“严格自律，一尘不染”。

清正廉洁，是教师行业职业道德的主要内容，也是其工作性质对教师所提出的要求。在2008年修订的我国《中小学教师职业道德规范》中便明文规定：“自觉抵制有偿家教，不利用职务之便谋取私利。”① 教师要做到清正廉洁，目前尤其需要注意以下三点。

（1）**不贪污受贿**

贪污受贿，一般指的是利用自己职务上、工作上的便利，非法地取得财物，或是接受他人用来买通自己的财物。显而易见，贪污受贿是一种违法乱纪的行为。至于主动向他人索贿，则更为不当之举。

（2）**不假公济私**

假公济私，一般指的是利用自己的职务之便、工作之便，冒以办理公事的名义，从而取得自己的私人利益。有时，它表现为乱占国家、集体的小便宜；有时，它则表现为对国家、集体所拥有的财物的巧取豪夺。至于教师向学生售卖商品，亦为不妥。

（3）**不乱开后门**

教师不但自己不可以随意挪用国家、集体的财物，也不可以利用职务之便替自己、学生、同事或亲朋好友拉关系、送人情、开后门，尤其是不得为此而进行权钱交易。

① 中小学教师职业道德规范．中国教育报，2008-09-04.

（二）一心奉公

所谓一心奉公，主要是要求教师在自己的工作岗位上，全心全意地维护国家、集体与本单位的整体利益。要做到一心奉公，当前重点要求教师做到以下四点。

（1）**坚持整体利益至上**

在思想上、行动上，教师始终都要将国家、集体与本学校的整体利益置于首位，而把个人利益永远放在第二位，让个人利益永远从属于整体利益。

（2）**保护公共财物安全**

对于国家、集体、本学校的公共财产，教师一定要自觉地加以爱护和保护。在自己面前，永远不应使之受到人为的侵占、挪用，或是因自然原因而受到损害。

（3）**认真杜绝非法经营**

凡一切由国家法律、法规所明文禁止的项目，学校与教师均不得以任何方式予以经营或者变相进行经营。

（4）**积极反对损公肥私**

对于一切贪污受贿、侵吞公有资产、损害本学校合法利益的行为，教师都要与其进行积极的、坚决的、不留任何情面的斗争。

四、职业修养

教师要做好本职工作，在其职业修养方面，就必须对自己有着一定的、规范化的要求。一般而言，教师在这一方面要力争做到又红又专、德艺双馨。

教师的职业修养

职业修养，通常指的是某一行业的从业人员，在自己的工作岗位上通过经年累月的锻炼，从而在思想上、业务上所达到的一定水准，以及由此而养成的为人处世的基本态度。对于教师而言，自己的职业修养，往往会直接影响到他的教学质量和工作态度。

但凡有社会阅历的人都知道：一名教师的职业修养，绝不是一朝一夕就可以养成的。没有平日的从严要求和岁月的千锤百炼，便难有良好的职业修养可言。要提高自己的职业修养，教师就必须“从我做起，从现在做起”，在其思想上、业务上对自己从难、从严要求。

在日常生活中，一个人的修养往往体现于其所作所为的具体细节之上。而这些细节，则通常又真切地展示着个人素质的高低。因此，教师必须与一切不拘小节的行为划清界限，通过个人修养的提高，来展现自己良好的个人素质。

具体来讲，要求教师在职业修养方面不断地有所提高，主要应当从下述两个方面入手。

（一）树立崇高理想

作为社会主义中国人民教师队伍中光荣的一员，我国的全体教师都应自觉地树立起崇高的理想和正确的人生观。

每一名教师都必须充分地认识到：我国将长期处于社会主义初级阶段。国家的根本任务是，沿着中国特色社会主义道路，集中力量进行社会主义现代化建设。中国各族人民将继续在中国共产党领导下，在马克思列宁主义、毛泽东思想、邓小平理论、“三个代表”重要思想、科学发展观、习近平新时代中国特色社会主义思想指引下，坚持人民民主专政，坚持社会主义道路，坚持改革开放，不断完善社会主义的各项制度，发展社会主义市场经济，发展社会主义民主，健全社会主义法治，贯彻新发展理念，自力更生，艰苦奋斗，逐步实现工业、农业、国防和科学技术的现代化，推动物质文明、政治文明、精神文明、社会文明、生态文明协调发展，把我国建设成为富强民主文明和谐美丽的社会主义现代化强国，实现中华民族伟大复兴。

这是中国各族人民的共同理想。教师必须在自己日常的平凡工作中，为这一理想的最终实现而砥砺奋进，进行不懈的努力。

所谓人生观，指的是人们对于人生的基本看法。教师所应树立的正确的人生观是：要充分认识到自己本职工作的重要意义，甘做社会的齿轮与螺丝钉。遇事要以大局为重，以国家、集体和人民的利益为重。要明确：人生的真正目的不在于索取，而在于奉献。

（二）努力钻研业务

子曰：“好学近乎知，力行近乎仁，知耻近乎勇。知斯三者，则知所以修身。”教师要真正做好本职工作，仅有为人民服务的思想还远远不够，还必须拥有为人民服务的过硬本领。也就是说，教师必须真正做到既红又专。这就要求教师努力学习各项有关的业务知识，不断地调整、充实自己，不断地提高自己的教学水平。

就一般而言，教师要努力钻研业务，必须做到理论与实践并重。一方面，教师要积极学习各种与自己所从事的具体工作直接相关的专业理论，用科学的理论武装自己，开阔自己的视野。另一方面，教师还应当积极进行岗位练兵，不断提高自己的教学水准。真正做到理论联系实际、用理论指导实践、让理论服务于实践。

与此同时，面对时代的迅速发展与行业竞争的日趋激烈，教师在进行业务学习的过程中，还要善于发现新情况、研究新问题。也就是说，教师的业务学习，要与形势发展的需要相适应，并坚持与时俱进。《礼记》曰：“记问之学，不足以为人师。”尤其值得一提的是，教师在学习、提高自己的教学技能时，要努力增加其科技的含量与知识的含量。只有真正做到了这一点，教师的教学水准才能好上加好、学以致用、永不落伍。

第三节　有效沟通

有效沟通，既是教师做好其本职工作的基本要求，也是教师礼仪的重要理论基础之一。它的中心内容，是主张以相互交流、相互理解作为教师与其交往对象彼此之间进行相互合作的基本前提。

有效沟通理论认定：如果离开了教师与其交往对象彼此之间的相互交流、相互理解，那么教师要向其交往对象提供令人满意称心的服务，通常是不大可能的。

具体而言，有效沟通理论是由下述两个要点所组成的一个整体。要学习掌握好有效沟通理论，必须对以下要点了解得一清二楚。

一、角色定位

角色定位，是人际交往的基本要求之一。角色定位的基本含义，在此主要是要求教师在为其学生提供服务之前，必须准确地确定好在当时特定的情况之下彼此各自扮演何种角色。只有准确地确定了双方各自所扮演的特定角色，教师为其学生所提供的服务才能够比较符合要求和比较到位。

（一）确定角色

在现代社会中，每一个人在日常生活中都扮演着一定的角色。而在不同的场合，人们往往需要扮演不同的角色。以下几种角色，包括教师在内的每一个人通常都会扮演。

（1）社会角色

在日常生活中，人们受社会分工所制约，往往会处在某一特定的位置之上，为社会的正常运转发挥一定的作用，这就是人们所扮演的社会角色。例如，教师、学生、工人、农民、军人、歌手等等，都属于不同的社会角色。

由于工作环境、职业习惯、专业知识、社会地位等多种方面的原因，不同的社会角色，在其性情、志趣、思维定式、行为模式等方面，往往会有各种不同的表现。

（2）**生活角色**

在实际生活之中，人们有时因为自己所处的具体地位的不同，而被要求必须有与此相适宜的表现。例如，一个男人在父母面前，应当是一名孝子。而在子女面前，他则要扮演一名称职的慈父。一个年轻的女孩，在友人面前，所作所为应当如同一名淑女。而在恋人面前，她则应当首先是一位令对方怦然心动的“亲密爱人”。凡此种种，实际上就是人们所必须扮演的生活角色。

在实际生活中，同一个人通常需要同时去扮演多种不同的生活角色。这一点，与相对而言较为稳定的社会角色是有所不同的。

（3）**性格角色**

在日常生活中，人们的性格往往各不相同，因而人们又有不同的性格角色之分。不同性格类型的人，自然便属于不同的性格角色。例如，性格类型可以分为急躁型、活泼型、稳重型、敏感型、理智型等等。

不同性格类型的人，以性格角色来直接对其加以区分，有时会更为直观形象。

如前所言，人们不仅在日常生活中扮演着一定的角色，而且在不同的场合里还往往扮演着不同的角色。所谓社会角色、生活角色或者性格角色，实际上只不过是在不同的场合，或者依据不同的标准对人们所进行的一种定位。

所谓定位，一般是指将人或者事物放在一定的位置之上，并据此做出相应的评价。定位相对来讲是比较稳定的。

由此可见，所谓角色定位，实际上就是社会舆论对于处于某一特定位置之人的常规要求、限制和看法。

教师礼仪在此所讨论的，主要是教师的岗位规范问题。因此，教师在工作岗位上最需要为自己所扮演的角色定位，主要是确定自己的社会角色，而不具体涉及其生活角色或性格角色。概而言之，教师的社会角色，就是教书育人、全心全意地服务于学生；教师的生活角色，就是芸芸众生之中的一名普通人；教师的性格角色，则可谓万紫千红，不宜一概而论，但教师对其个人性格应当有所克制，而非过于放纵。牢记这一点，对教师而言是十分重要的。

（二）规范形象

教师的规范形象

任何一个人要想在社会上取得成功，都有必要首先为自己进行正确的角色定位。然后，再按照社会秩序与社会舆论对于自己所要扮演的既定角色的常规要求、限制和看法，来规范自我形象。

对广大教师而言，对自己所进行的形象规范，实质上就是要将本人的角色定位进一步地具体化、明确化、形象化。

古人云：人贵有自知之明。它所指的，其实也可以说是角色定位问题。毋庸置疑，一名教师在自己的工作岗位上服务于学生时，明确自己此时此地所扮演的具体角色是非常必要的。假如一名教师在上班时打扮得花里胡哨、油头粉面、珠光宝气、环佩叮当，说起话来大呼小叫、信口开河、危言耸听，工作之中敷衍了事、得过且过、推诿应付，则完全不符合其职业形象的要求，非但自己不像是在工作、为师不尊，就连学生也会因此而对其产生相当的反感。

在规范自己工作时的自我形象时，教师必须清楚地知道：自己应当被定位于服务于人的角色。即自己在工作岗位上所要扮演的角色是要为学生服务、为社会服务、为国家服务、为社会主义现代化建设服务。

在现代社会中，社会的现代化程度越高，教育就越发达。教师必须意识到：自己从事教书育人、立德树人的工作，是既重要又光荣的。

强调教育工作既重要又光荣，绝非夸大其词，而是基于以下四个方面的原因。

第一，教育行业的发达与否，直接制约着一个国家的现代化程度。离开了教育的发达与现代化，任何一个国家要想真正实现现代化，都是难以想象的。

第二，教育水平的高低，通常直接体现出一个社会的文明程度。社会的文明程度提高了，在教师的水平上立即可以得到一定的体现。教师的水平提高了，反过来又会进一步促进全社会的文明程度的提高，进而提升自己所在国家的“软实力”。

第三，教育质量的好坏，往往影响到学生日后的生活质量。实际上，教师为学生所提供的各项服务是一种物质与精神的高度统一。只有教师的教学质量确实提高了，才有可能提升学生日后的生活质量。

第四，教师的活动，实际上是一种文化传播行为。先哲尝言：有规范才有限制，有限制才有文明可言。教师的本职工作，就是传授规范、传播文明。教师自觉地做好本职工作，不仅可以方便人、满足人，而且还可以陶冶人、塑造人、感动人、鼓舞人、激励人。

总而言之，教育是一门艺术，教育工作非常重要，教师角色十分光荣。教师必须自尊自爱；在其工作岗位上，教师所必须展示的规范的形象就是为人师表。

在为自己进行具体的角色定位时，教师有必要端正认识，充分认识到这一点。任何妄自菲薄、自轻自贱、歧视本职工作的想法与做法，都坚决要不得。

将自己正确地定位于“服务他人”“教育他人”的角色之后，教师在为自己进行相应的形象规范时，就必须恪守本分，以朴素、大方、端庄、美观为第一要旨。在其具体的工作岗位之上，教师的一切所作所为，包括仪容、仪态、服饰、语言乃至待人接物等等，均不得与之背道而驰。

二、理解第一

随着国家的发展，今日中国教师所面对的学生，可谓多种多样：既有本民族的，也有其他民族的；既有本地的，也有外地的；既有本省的，也有外省的；既有一直生长在本土的中国人，也有海外华侨华人；既有本国的，也有外国的。此外，还有本校与外校、线上与线下之别。

有效沟通理论强调：人是有所差异的，更是需要被理解的。充分地理解学生，并为学生所充分地理解，对教师而言至关重要。

（一）理解学生

在工作岗位上，只有正确地理解学生，教师才谈得上以自己的优质服务去充分地满足对方的实际需要。

所谓理解，通常指的是对于别人的正确了解。对广大教师而言，理解学生，主要就是要对学生的实际情况与实际需要，尽可能地掌握得清清楚楚。

一般而论，教师应当了解：人们的实际需要是存在一定的规律性的。具体来说，人们的实际需要大体上可以分为以下两种基本类型。

（1）**正常需要**

人类的正常需要，一般是指人人皆有的、相对稳定不变的基本需要。进而言之，生存、安全、衣食、学习、工作、社交、尊重、正常生活、自我实现等，都属于人类正常需要的范畴。

这些需要，完全可以说人人如此、为人皆然的，学生自然也是如此。

（2）**特殊需要**

人类的特殊需要，例如，强调个性、展现实力、吸引异性、被人欣赏、遮掩短板等等，都属于人类在某种特殊的情况之下所产生的需要。

以上这些需要，往往因人而异、因时而异、因事而异，需要具体情况具体对待。

对于人人皆有的正常需要，相对而言比较容易了解。而对于不尽相同的人类的特殊需要，了解起来则存在一定的难度。不过，要想真正做好本职工作，教师对此二者都必须给予重视，切不可对其完全忽略，或者偏废其一。

（二）相互理解

有效沟通理论明确强调：在人际交往之中，要真正实现对交往对象的理解，就必须将这种理解完全建立于相互理解的基础之上。

在一般情况下，交往双方之间的相互理解，往往是人际交往取得成功的基本前提。

在教学的具体过程之中，教师有必要认识到：仅有自己对于学生的单方面的理解，是远远不够的。任何形式的成功的教育，都有赖于教师与学生在教学过程之中彼此之间的相互理解。也就是说，教师既要理解学生，同时也要为学生所理解。

相互理解，亦即有效沟通。有时，人们也将其简称为沟通。所谓沟通，通常即指相互理解。在任何形式的人际交往中，包括教师与学生之间的人际交往在内，假如没有交往双方之间的相互理解，就很难使双方的交往融洽而成功。有些时候，交往双方之间甚至还会由于缺乏沟通而导致产生误会和矛盾，引起麻烦。

（三）沟通渠道

一般而言，在人际交往之中真正地使交往双方实现相互理解，主要有赖于建立一种约定俗成的、相对稳定的、有助于交往双方彼此相互理解的沟通渠道。这种沟通渠道，可被视为在人际交往中令交往双方实现相互理解的一种捷径。

人们都懂得，友人间能够谈到一起去，乃是他们彼此之间拥有共同语言所致。在生意场上，一桩买卖所以能够成交、一项协议所以能够达成，主要在于有关各方在某种程度上达成了共识。

习近平同志曾经指出："智者求同，愚者求异。"[①] 其实，在人际交往中要使交往双方的相互理解能够真正实现，那么令交往双方彼此之间拥有"共同语言"，并且在某种程度上"达成共识"，乃是不可或缺的先决条件。前面所提到的沟通渠道，实际上指的就是交往双方所拥有的"共同语言"和在某种程度上所"达成的共识"。

简言之，建立畅通的沟通渠道，是真正实现沟通的前提。没有沟通渠道，在人际交往中实际上就难有沟通可言。因此，在有效沟通中，沟通渠道的建立乃是关键之所在。

既然沟通是双向的，那么沟通渠道也必须是双向的。换言之，单方向认可的渠道是不可谓之沟通渠道的。只有双向的沟通渠道，才能使人际交往之中的沟通真正做到畅通无阻。

通常认为：沟通渠道的建立，实际上需要满足两个基本的条件。

（1）**它是约定俗成的**

所谓沟通渠道的约定俗成，是指在人际交往中，某种沟通渠道往往是在一定的地域、行业之内，由人们经过长期的社会实践逐步认定、逐步习惯，并且相沿成习的。

应当说明的是，任何一种约定俗成的沟通渠道，都具有明显的地

① 习近平．中欧友谊和合作：让生活越来越美好．人民日报，2014－03－30．

域性、行业性特征。在一定的范围内约定俗成的沟通渠道，到了另外一个范围内则完全可能失效。这就是人们平常所言的“十里不同风，百里不同俗”。在人际交往中，尤其是教师在为学生提供服务之时，假如不了解此点，而处处以不变应万变，往往便难以实现沟通，甚至造成不良后果。

（2）**它是相对稳定的**

任何一种形式的沟通渠道，大体上都应当具有相对稳定的特性。唯其如此，才容易使人们对其予以认可、接受。假如它变动频繁、前后不一，不仅会成为沟通的一种障碍，而且也自然而然地会遭到人们的排斥。

当然，沟通渠道绝非一成不变。它的稳定性，通常也只是相对而言的。随着社会的进步和人际交往的进一步发展变化，沟通渠道实际上也在不断地充实、完善、更新。君不见，“古调虽自爱，今人多不弹”。历史上的不少沟通渠道，今日看来早已过时了。

（四）沟通技巧

宋人程颐说过：“礼者人之规范，守礼所以立身也。”就本质而言，礼仪乃是人际交往的基本的行为规范。换而言之，礼仪实际上就是人们在其具体的人际交往中确保有效沟通得以实现的、约定俗成的、相对稳定的基本沟通渠道。如果就教师行业而言，教师礼仪其实完全可以被理解为一种教师与学生在教学过程之中实现有效沟通的常规渠道。简言之，教师礼仪就是一种教师应当掌握的沟通技巧。

在此，将教师礼仪定位于教师与学生在教学过程之中实现有效沟通的一种最重要的沟通技巧，至少具有如下双重的重要意义。

（1）**可提高人们对教师礼仪重要性的认识**

既然有效沟通在教学过程中至关重要，既然教师礼仪本身就是一种最重要的沟通技巧，那么如果在教学过程中不运用教师礼仪，就有可能使教师与学生彼此之间的有效沟通难以实现。

（2）**可端正人们对于教师礼仪实用性的认识**

礼仪这个名词，虽说在国内早已是家喻户晓、妇孺皆知，但是确有不少人，其中也包括个别教师在内，对其缺乏正确认识。当前，教师行业内对于教师礼仪的实用性问题，主要存在两种错误认识。其一，认为它仅仅是一种思想道德方面的宏观要求，并无操作性可言；其二，认为它虽然具有可操作性，但仅仅是一种形式化的东西，对其既可以使用，也可以不使用。站在沟通技巧这一角度来看待教师礼仪的实用性问题，上述两种认识显然都是错误的。

第四节 阳光心态

有位哲人曾经说过：你要做多大的事情，就要承受多大的压力。在现代社会中，每一个人都承受着一定的压力，教师亦然。

在压力之下，每一名教师都存在着心态调整问题。孔子曰："君子坦荡荡，小人长戚戚。"教师若能拥有阳光心态，于人、于己、于学校、于社会、于国家皆有百益而无一害。

所谓心态，指一个人的心理状态。它的具体表现，通常就是一个人为人处世的态度。人是有思想、有感情的动物。每个人不仅需要独立地工作与生活，在此过程中他还需要适应社会、与别人和睦相处，这就要求其心理状态必须尽可能地自我平衡、自行调整。

法国文学家罗曼·罗兰说过：要有光明，仅仅依靠太阳的光线是远远不够的，我们还必须拥有心灵的光明。所谓阳光心态，指一种良好的、健康的个人心理状态。它的基本标志是：心理状态平和、正常，以美丽的眼光看待世界，以宽容之心欣赏别人；高高兴兴地生活、快快乐乐地工作、自我定位正确、人际关系融洽，积极传播正能量，进而远离负面情绪。

对教师而言，拥有阳光心态的基本前提是：摆正位置、端正态度。

一、摆正位置

在教育工作中，广大教师亟待解决的一个重要理念问题是：自己应该如何与学生摆正相互之间的位置，并且如何端正自己对待对方的态度。

有道是：立场决定观点，观念决定思路，思维决定行为。倘若这一理念问题不能有效地解决，则教师在具体工作中的心态必受影响，其人际关系必受牵制，其积极性、主动性难以得到发挥，其生活与工作的实际质量甚至也会为此而大打折扣。

在日常生活与工作中，每一个人都有自己所处的具体位置。正确地了解并对待自己所应占据的位置，不但可以令自己适得其所，而且还可以提高自己生活与工作的质量。反之，则往往会劳而无功，甚至还会因此为他人所诟病。

这一要点，对广大教师实际上也是不言而喻的。教师若忽略了这一点，非但可能干什么不像什么，而且其个人心态也会因此而大受影响。

具体而言，在工作岗位上要求广大教师摆正位置，主要是要其必须明确下述两点。

（一）服务于人

教师必须明确地意识到：不论自己从事何种具体的教学工作，其本质都是服务于学生的。

进而言之，教师的基本工作性质，就是为学生服务、为社会服务、为国家服务、为我国的改革与开放服务、为我国的社会主义现代化事业服务、为中华民族的伟大复兴服务、为构建人类命运共同体服务。

所谓服务，其实质就是为别人工作。它的基本要求是：处处以服务对象为中心，尽量做到时时有求必应、事事不厌其烦。认识不到这一点，教师要恪尽职守、做好本职工作，则根本无从谈起。

广大教师如欲做好服务工作，主要需要从以下两个具体方面着手。

（1）强调人际交往中的互动

过去，中国人生活于传统的农业社会之中。农业社会的一大特点是：生活上自给自足，交往上自我中心。受此束缚，某些中国人包括个别教师在内，在其人际交往中推崇我行我素，往往喜欢自以为是、以个人的标准与习惯去要求或评价他人、过分地维护所谓“师道尊严”，而往往不在乎自身行为的实际效果，即不善于与交往对象进行互动。实际上，人际交往的具体效果如果不佳，交往本身就会变得毫无意义。

（2）坚持以交往对象为中心

进行人际交往，正确的方式应当是始终坚持以交往对象为中心。换言之，就是不允许凡事我行我素、自我中心。在人际交往中，尤其是在具有鲜明的服务于学生性质的教学岗位上，如果不能够坚持做到凡事以交往对象为中心，教师就不可能做好其本职工作。

在教学岗位上，要求广大教师凡事以交往对象为中心，实际上就是进一步要求其明确自己的具体位置，就是要求其更好地、全心全意地做好自己为学生服务的工作。也就是说：教师的工作，必须始终坚持“以学生为本”。

（二）换位思考

不论从事何种工作，认真往往只能把事情做成，用心才能把事情做好。所谓用心，对教师而言，即换位思考，即面对学生、服务于学生时，必须优先了解对方的需求、优先考虑对方的感受、优先照顾对方的特点。

在日常性的具体工作中，每一名教师都必须充分地认识到：自己所面对的广大学生不仅仅男女有别、长幼有别、性格有别、见识有别、教养有别、专业有别、学校有别、地域有别、民族有别、宗教有别、家庭背景有别，不仅仅内外有别、中外有别、外外有别，而且人人有别、事事有别、时时有别、处处有别。因此，教师要大力提高自己所从事的教学工作的质量，就一定要善于进行换位思考。

日常生活与工作的实践早已充分证明：一个人所处的时间、空间、地位不同，其所作所为往往也大相径庭。而具有不同性别、年龄、地域、职业、学历、专业、民族、宗教、国家背景的人处在同一时间、同一空间、同一位置时，其个人感受通常也不尽相同。

既然人与人之间多有不同，既然做好教学工作的基本要求是“以学生为本”，那么每一名教师在其具体工作中，都必须积极而主动地进行换位思考。

教师进行换位思考的主要要求是：与学生打交道时，尤其是当服务于对方时，必须主动而热情地接触对方，必须善于观察对方、了解对方、理解对方、谅解对方，必须令自己认真站在对方的位置上来观察思考问题，从而真正全面而深入地了解并理解对方的所思所想、所作所为，以求更好地与之进行互动。

二、端正态度

广大教师在其实际工作与生活中，要想真正地摆正自己与交往对象之间的位置，首先必须认真加以解决的一个重要问题是：必须端正自己的态度。

在人际交往中，心态通常决定一切。在日常工作中，心态则往往决定状态。只有调整好心态，才能够做好事情。每一个人，有什么样的心态，就会有什么样的生活与工作。教师的个人心态如果调整得不好，在其日常生活与工作中如果不能真正地端正自己的态度，前面所要求的教学工作“以学生为本”，根本无从谈起。

具体而言，要求广大教师端正态度，主要需要其关注如下三点。

（一）接受他人

教师在其具体工作之中，尤其是当其与学生进行接触时，首先必须在内心里真心实意地接纳对方。这一点要是不明确或者做不到，“以学生为本”的基本理念便难以真正实施。

所谓接受他人，就心态而言，主要是要求教师在接触学生时，尤其是在服务于对方时，不要主动站在对方的对立面，不要有意无意地挑剔对方、捉弄对方、难为对方、排斥对方、责备对方，不要不容忍对方，不要存心与对方过不去。简言之，就是要容纳对方、善待对方。实践证明：与其他人打交道时，接受对方是双方交往取得成功的重要前提。做不到此点，交往成功往往就是一种奢谈。

在教学工作中，要求教师接受对方必须明确以下三点。

（1）**旨在尊重**

在教学岗位上，接受对方，旨在表示教师对学生的高度尊重。在教师礼仪的具体操作中，必须始终强调“尊重为本”。在教学岗位上，尊重学生是教师礼仪对教师所提出的首要的要求。就其操作层面进而言之，在教学岗位上，要求教师尊重学生，实际上就是要求其尊重对方的一切合乎情理的选择，而不允许随意越俎代庖，对其横加干涉。

由此可知，接受对方，本是教师礼仪自身的题中应有之义。

（2）**宽以待人**

孟子认为：“物之不齐，物之情也。”在教学过程中接受学生，并非意味着教师需要完全认同或迁就自己的学生。在实际生活中，由于双方在家庭背景、生活区域、社会地位、专业训练、文化素养、生活习惯、民族特征等方面多有差异，其世界观、人生观、价值观乃至思维方式等等必然多有不同，因此二者的所作所为往往相去甚远。必须肯定的是：在教学岗位上，要求教师接受学生，并非要求教师对对方来者不拒，百分之百地予以认同。

教师接受对方，主要出自正确而健康的心态。它的本意是：要促进彼此之间的交往，做好自己的本职工作，就必须包容对方，而并非厚此薄彼，自我否定。

接受对方，主要是要求教师宽以待人，并且尊重学生、善待学生。

宽以待人，并非要求教师对学生处处肯定、来者不拒。当对方的所作所为有违法律道德、有悖公序良俗、有辱国格人格、有损公共利益、有害于学校形象，或者不符合学术规范与教学要求时，教师仍须当仁不让、据理力争、针锋相对、毫不退让。

（3）**“和而不同”**

2002年10月24日，江泽民同志在他于美国所发表的演说中正式提出了“和而不同”的交际理念。他明确指出要在各种交往中坚持“和而不同”。[①] 习近平同志也曾就此强调过：“以和为贵，与人为善，己所不欲、勿施于人等理念在中国代代相传，深深植根于中国人的精神中，深深体现在中国人的行为上。”[②] 时至今日，人民教师有责任、有义务对此予以践行，并发扬光大。

“和而不同”交际理念的基本要求是：必须维护世界的多样性，必须尊重世界上所客观存在的一切差别，必须承认世界上各种事物相互依存。与此同时，还应当坚持在交往中求同存异、合作共赢、共同发展。

在交往实践中奉行“和而不同”的科学理念，对广大教师做好其教学工作具

① 江泽民文选：第3卷．北京：人民出版社，2006：522－523.

② 习近平．论坚持推动构建人类命运共同体．北京：中央文献出版社，2018：107.

有十分重要的作用。在教学工作中要具体贯彻“和而不同”的理念，主要需要教师做到以下两点。

（1）**尊重多样性**

今日之世界，共有200多个国家和地区、2 500多个民族、近80亿人口。

必须承认：世界是多样的。世界的多样性，本质上在于各国文明的多样性。只有尊重世界的多样性，各个国家、各个民族、各种文明才能和谐相处、相互学习、相互借鉴、相得益彰。真正承认了这一点，教师就容易理解别人、尊重别人。

（2）**承认相互依存**

今日世界，不仅是一个多样性的世界，而且也是一个相互依存的世界。世界是丰富多彩的，各种文明和社会制度应该而且可以长期共存，在竞争比较中取长补短、在求同存异中共同发展。所谓“教学相长”，从本质上看，教师和学生自然也是相互依存的。如果教师不接受、不包容学生，非但其本职工作难以做好，而且其本人的工作与生活也会失去意义。

在具体谈及有关“和谐社会”“和谐国家”“和谐世界”的新构想时，胡锦涛同志曾反复强调“有容乃大”，习近平同志则一贯主张“合作共赢”。他们的观点，实际上从另一个侧面强调了在人际交往中“接受别人”的重要价值。

（二）重视他人

每一位有良好教养的人，都会真心实意地重视交往对象。在对待学生时，教师则更应当如此。

重视学生，是教师对学生表示善意的具体化，同时也是其为人处世“有容乃大”的重要体现。它主要应当表现为认真对待学生，并且主动关心学生。总而言之，是要通过为学生所提供的服务，使对方真切地体验到自己备受关注、备受尊重，在教师眼中自己永远都是至关重要的。

与此同时，教师对于下列三点重视学生的具体方法，亦应认真地学习和运用。

（1）**牢记学生的姓名**

对于每一个人来说，姓名都是自己百听不厌、百看不烦的最美妙的词语。教师牢记学生的姓名这件事情本身，就直接意味着对对方重视有加。反之，连一个常来常往的学生的姓名都记不住，恐怕是难言对其真正重视的。

教师要牢记学生的姓名，主要有以下两个问题必须注意：

一是千万不要记错学生的姓名。

平时，教师绝对不可以将学生的姓名张冠李戴，否则无疑会使对方感到尴尬。

二是绝对不要读错学生的姓名。

汉字实在太多了，教师所不认识

的字和多种读音的字，少不了会在学生的姓名中出现。像“江”（Gāng)、“仉”（Zhǎng)、“幺”（Yāo)、“蹇”(Jiǎn)、“毋”（Wú)、“逄”（Páng)、“逖”（Tí)、“折”（Shé)、“綦”（Qí)、“万俟”（Mòqí)、“澹台”（Tántái)、“颛孙”（Zhuānsūn）一类较为少见的姓氏，或许有些教师不能读对。万一将学生的姓名读错了，不但会失敬于对方，而且还让自己十分难堪。所以，在有必要称呼学生，而又拿不准对方姓名的正确读音时，宁肯采用其他称呼方法变通一下，也绝不要冒冒失失去乱叫对方的姓名。

（2）**善用学生的尊称**

对学生表示尊敬的一种常规做法，就是要对其采用尊称。教师在面对学生时对其采用尊称，早已约定俗成。

在应当采用尊称时并未这样做，例如，直接把自己的学生唤作“哎”“喂”“五号”“七班的”“下一个”“小孩子”“小男生”“小女生”，自然都不会让被称呼者感受到教师的尊重之意。

应当指出的是：教师在以尊称称呼自己的学生时，首先必须准确地对对方进行角色定位，力求使自己对对方所使用的尊称可以为其所接受。不然的话，即使采用了某种尊称去称呼对方，也不会令对方高兴起来。例如，以“兄弟”去称呼一名男生，以“美女”去称呼一名女生，以“大神”“老板”去称呼一位同事或领导，等等，都很可能会弄巧成拙。

（3）**倾听学生的要求**

当学生提出某些具体要求时，教师最得体的做法是认真倾听，并尽量予以满足。从某种意义上讲，耐心倾听学生的要求，本身就会使对方在一定程度上感到满足。

所谓倾听，是指在他人阐述见解时，专心致志地听取。由此可知，倾听实质上就是对于被倾听者最大的重视。

“智者善听”，不但是常人须知的处世之道，而且也是教师必须掌握的基本技巧。当学生提出要求和意见时，教师耐心地予以倾听，除可以表示对对方的重视之外，也是教师行业的工作性质对教师所提出的一种基本要求。因为唯有耐心地、不厌其烦地倾听了学生的要求或意见，才能充分理解对方的所思所想，才能更好地为学生服务。任何的三心二意，都可能会让学生不快。

教师在倾听学生的要求、建议和意见时，切忌弄虚作假、敷衍了事。一般来讲，当学生阐明己见时，教师理当暂停其他工作、目视对方，并以眼神、笑容或点头来表示自己在洗耳恭听。如有必要的话，教师还可以主动与对方就此进行交流。

（三）赞美他人

在师生交往中，教师有必要恰到好处地赞美其交往对象。也就是说，教师要学会赞美自己的学生。

所谓赞美学生，即为学生的良好言行当场点赞。它实质上就是要诚心诚意地欣赏学生，就是要善于用心去发现对方的长处。这一做法，既是对对方的接受和重视，也是对对方的肯定。从某种意义上说，赞美他人实质上就是在赞美自己，就是在赞美自己的虚心、开明、宽厚和容人。

辛弃疾词云："我见青山多妩媚，料青山见我应如是。"从心态上讲，当自己真正地欣赏别人时，身边的每一个人都会变成天使，生活与工作往往会因此变得美丽、温馨、可爱；当自己经常地挑剔别人时，身边的每一个人都可能会变成恶魔，生活与工作往往也会变得丑陋、乏味、悲哀。

从心理上讲，所有的正常人都希望自己能够得到别人的欣赏与肯定，而且别人对自己的欣赏与肯定最好是多多益善。获得他人的赞美，就是对自己最大的欣赏与肯定。一个人在获得他人中肯的赞美之时内心的愉悦程度，常常是任何物质享受均难以比拟的。

先师孔子认为：君子"乐道人之善"。赞美学生，具体而言，主要是要求教师在教学过程之中，要善于发现对方之所长，并且及时地、恰到好处地对之表示赞赏、肯定、称赞与钦佩。这种做法的最大好处，是可以争取学生的合作，使教师拥有美好的心情，并且使师生双方在整个教学过程中和睦而友善地相处。

有些时候，教师即使需要婉转地批评一下学生，或者是有必要否定对方的见解，适当地辅以一些对于对方的赞美之词，收效也要好得多。因此，有人早就明言："进行七分批评时，往往也需要加上三分赞美。"

教师在有必要赞美学生时，要注意以下三点，否则自己对对方的赞美往往便难以奏效。

（1）**适可而止**

虽说赞美可被视为交际过程之中一种有效的人际关系润滑剂，但是教师在具体对其运用时，必须有所控制，并限量使用。若是教师对学生所讲的每一句话、所做的每一件事都是赞美之词，使赞美充斥其整个交往过程之中，则不但会令人觉得肉麻，而且也会使赞美本身贬值，令其毫无实际的意义。

所以说，教师对学生的赞美，不可以一点儿没有，也不可以泛滥。点到为止、适可而止，赞美学生时必须把握好具体分寸。

（2）**实事求是**

教师必须明确：赞美与吹捧是有所分别的。真正的赞美，是建立在实事求是的基础之上的，是对于他人优点的一种实事求是的肯定与认同。所谓吹捧，则是指无中生有、夸大其词地对别人进行恭维或者阿谀奉承。那样做，显然是为了讨好他人而成心要给对方戴高帽子。

显而易见，教师对学生的赞美假如背离了实事求是这一基础，从根本上就背离了教师行业"诚实无欺”的宗旨。发展到了极端，就是哄人、骗人、蒙人，因此绝对不可取。

(3) **恰如其分**

教师对学生的赞美要想为对方所接受，就一定要了解对方的情况，赞美对方确有所长之处。例如，赞美一位字写得甚佳的学生时，说他“擅长书法”，一定会让对方非常高兴。可要是用这句话去赞美一位字写得甚差的学生，自然就匪夷所思了。

尤其需要注意，切勿自以为是地用交往对象所反感的话语去进行赞美。例如，赞美某一位大学生口才好，可以说他“妙语连珠”“十分幽默”，但要说他“真能侃”“真能贫嘴”“讲话跟说相声一样”，没准在对方听起来就如同辱骂他、讽刺他一样了。

第二章 师表

师表，此处所使用的是其狭义，即教师在其工作、学习与生活之中个人的仪表修饰。在外人面前，每一名教师的穿着打扮，不但事关对方对自己的个人印象的好坏，而且也是其个人教养与素质的最形象的展示。本章所讲授的内容，包括形象规范、着装规范、仪容规范、表情规范、举止规范等。

学习目的

- 明确教师穿着打扮的重要性。
- 身体力行地维护师表。
- 有意识地维护教师的自身形象。
- 掌握有关教师仪表修饰的基本原则。
- 熟练地运用教师仪表修饰的常规技巧。
- 避免在自己的穿着打扮上弄巧成拙。

习近平同志指出："百年大计，教育为本。教育大计，教师为本。"① 他还多次强调：教师是立教之本、兴教之源。

教师之所以历来受人尊重，是因为他传承知识、培育后人，并且为人师表。子曰："君子正其衣冠。"在任何时候，为人师表都是社会舆论对教师所提出的最为基本的要求。我国教育部前部长周济曾经指出："倡导为人师表，就是要求教师言传身教，以身立教。"

就其内涵而言，师表通常是指教师在其品德或学问上应当成为值得学生学习的榜样。

在其外延上，师表则往往是指一名教师在社会上所呈现于人的公众形象。

在本章中，主要是从外延上规范师表，即对教师维护其公众形象、为人师表的具体细节有所规范。

第一节 形象规范

阅历丰富的教师都十分清楚，在人际交往中，尤其是在工作岗位上，教师的个人形象自始至终都会受到其交往对象的高度关注。因此，要求教师在工作与生活之中务必重视个人形象、规范个人形象、维护个人形象。

在日常生活中，形象的内涵与外延极其广泛。就其类别而论，除个人形象之外，还有集体形象、单位形象、产品形象、品牌形象、服务形象等等。从宏观上看，形象可分为人的形象与物的形象两大类别。在人的形象中，个人形象无疑是最为重要的。

所谓个人形象，一般是指一个人在社会上所形成的公众印象，以及社会公众由此而对其产生的基本看法和总体评价。其具体内容，包括知名度、美誉度、认同度。要求教师维护形象，首先就要求其在工作之中努力提高知名度、增进美誉度、拓展认同度，以维护个人形象，让自己更加可信、更加可爱、更加可敬。

就具体要求而论，教师维护其个人形象，主要应当包括以下两个方面：一是要重视个人形象；二是要规范个人形象。

一、重视个人形象

重视个人形象，是教师维护个人形象的第一步。没有对个人形象的高度重

① 习近平．做党和人民满意的好老师——同北京师范大学师生代表座谈时的讲话（2014年9月9日）．人民日报，2014-09-10.

视，不仅谈不上个人形象的规范，而且也不可能维护好个人形象。

要求教师重视个人形象，实质上就是要求其认真对待自身形象。而要真正做到这一点，需要教师在思想上对个人形象问题端正态度、提高认识。

从理论上讲，教师必须重视个人形象主要基于以下五个方面的原因。

（一）个人形象体现着个人教养与素质

在现代社会中，教养与素质的高低，既是一个人能否立足于社会的一项基本条件，又是一个人是否具有品位、能否获得尊重的一项重要指标。正因为如此，每一名现代人都希望自己具有良好的教养与素质。

所谓素质，通常是一个人在文化、品德方面的修养；所谓教养，则是指人们在为人处世、待人接物等方面的个人修养及其所达到的一定水准。显而易见，一个人的教养与素质不仅与其个人经历、生活环境、具体工作、受教育程度直接相关，同时也受到自我要求、社会风尚的直接影响。

在人际交往的过程中，特别是初次相见时，人们都会对其交往对象的个人教养与素质倍加关注，甚至往往还会留下难以磨灭的印象。有道是：教养体现于细节，细节展现一个人的素质，细节决定一个人的事业的成败。因此，可以说每个人的素质与教养是其个人形象的核心部分之一，换句话说，也就是一个人的形象真实地体现着其自身的素质与教养。

例如，一名合格的教师，在穿西装时是不可能不知道忌穿运动鞋与白袜子的。若不谙此道或者明知故犯、将错就错，其个人教养与素质在外人眼里就会大打折扣，其个人形象就会因此而严重受损。

（二）个人形象表现着个人的心态与风貌

大千世界，人们的生活态度与精神风貌既有个性，又存在共性。教师也不例外。由于每一名教师的个性不一样，心理素质不一样，生活条件不一样，所学专业不一样，工作岗位不一样，因此，教师的生活态度与精神风貌显然也存在着一定的差异。对于这一点，完全没有必要大惊小怪，也不值得小题大做。

但是，作为从业的基本条件之一，每一名合格的教师，在其生活态度与精神风貌方面，也必然存在许多的共同之处。具体而言，作为一名合格的教师，其对生活的基本态度，应当是认真、负责，充满自尊、自信，对生活充满了热爱；其精神风貌，则应当是热情开朗、豁达大度、朝气蓬勃、奋发进取的。

唯其如此，教师才会在正式场合中真正为人所信赖，受人尊重。也只有这样做，教师的公众形象才会具有一定的魅力，并能持续地保持这种魅力。这是对教师的生活态度与精神风貌的基本要求。

（三）个人形象展示着对交往对象的态度

个别人认为：一个人的穿着打扮仅仅涉及其个人的偏好，纯粹属于个人私事，任何人都完全有权力“我行我素”，而根本不必介意别人对自己的评价。这就是所谓“穿衣戴帽，各有所好”。而人们平时在其交往应酬中，也往往会被告诫“不可以貌取人”，即不得过分地关注其交往对象的外在形象。可是，这一习惯在正式场合中却不能被无限度地引申沿用。在当代社会中所通行的主流见解，恰恰与以上观点相反。人们普遍认为，在正式场合，特别是在大庭广众之下，每一名参与者的个人形象不仅体现了个人的教养和素质，而且与其对交往对象的重视程度直接相关。

也就是说，教师在正式场合中需要谨记：一个人在对外交往中如果形象甚佳，就会被视为对其交往对象极度重视；一个人在对外交往中如果形象欠佳，则会被视为对其交往对象缺乏应有的重视。

（四）个人形象反映着所在学校的形象

在人际交往中，当人们不能确定某个人的具体归属时，即使其在交往中存在着一些缺陷，也至多会被视为其个人的问题。然而人们如果确知其归属于某一个具体单位，甚至拥有某单位代表的实际身份时，则往往会将其个人形象与其所属单位的形象直接画上一个等号。也就是说，在人际交往中，当一个人的具体身份可以明确时，其个人形象实际上就是其所属单位形象的有机组成部分。

每一名教师均须牢记：在正式的活动中，自己的个人形象绝不是单纯的、个人的，而是多重身份的集中展示：在学校内部，每一名教师的个人形象都代表着他所在的具体部门的形象；在与外单位打交道时，每一名教师的个人形象都代表着他所在的学校或教师行业的形象；在为人民群众服务时，每一名教师的个人形象都代表着他所属的整个教师队伍的群体形象；而同其他国家、其他地区、其他民族的人士相处时，每一名教师的个人形象则都代表着他所在国家、所在地区、所属民族的国家形象、地区形象与民族形象。

作为部门形象、学校形象、行业形象、民族形象、地区形象和国家形象的具体代表，每一名教师当然无任何理由对个人形象掉以轻心。

（五）个人形象被视为一种宝贵的无形资产

一般而言，教师通常都是所谓的“社会精英”。作为“精英”，教师良好的个人形象实际上也是其所在学校的一种极其宝贵的无形资产。

教师良好的个人形象对其所在学校的重要价值，可以被概括为以下三个方面。

（1）**形象是一种宣传**

在人际交往中，形象是金。教师的个人形象上乘，实际上就是一种最为直观可信、最具有说服力的宣传。其功效往往要比“纸上谈兵”强过百倍。

（2）**形象是一种效益**

根据传播学的原理，传播力决定影响力。如果每一名教师都拥有良好的个人形象，则不仅可以优化其所在学校的形象，而且还可以直接为本校带来一定的经济效益与社会效益。

（3）**形象是一种服务**

如果教师个人形象好，他所提供的个人服务往往就易于为其服务对象——学生所接受，反之则不然。从这个意义上可以说，教师的个人形象实际上也影响着其为学生服务的效果。

二、规范个人形象

重视个人形象，是对教师提出的一项总体要求。教师必须将此项要求确实落到实处，以自己的实际行动规范个人形象。

一般而言，在人际交往中，一个人令他人印象与感触最深的地方，往往包括其个人着装、仪容、表情、举止四个具体方面。它们通常被称为“构成个人形象的四大要素”。

《礼记》曰：“君子不失足于人，不失色于人，不失口于人。”与其他工作相比，教师行业显然具有其特殊性。这种特殊性，自然也会体现在教师的个人形象上。要求教师规范个人形象，实际上就是指教师的个人形象应符合其职业要求。具体而言，要求教师规范个人形象的内容包括以下几点。

（一）规范着装

着装，亦称穿戴。它指的是人们在日常生活与工作中所穿的服装与所佩戴的饰物。规范着装，是现代社会文明进步的表现。在正式的场合，教师必须规范自己的着装。

一般而言，着装的基本功能有下述三方面。

（1）**实用的功能**

着装可以遮蔽身体、抵御寒冷，在劳作时又可以以之护身。此即其实用的功能。

（2）**分工的功能**

在现代社会里，男女老幼或不同职业、不同级别者，其正式着装往往是各不相同的。此即其分工的功能。

（3）**审美的功能**

由于每个人的品位不同、眼光各异，着装偏好自然差异甚大。此即其审美的功能。

了解以上着装的基本功能，有助于教师加深对着装的认识。

在大庭广众之下，对教师个人着装的基本规范是应己、应人、应景，此谓“三应规则”。其重点规范的，则是教师在正式场合所穿着的正装。

(1) **应己**

所谓应己，主要是要求教师在选择个人着装时，首先要从自身的特点出发，兼顾自己的具体身份、性别、年龄、高矮、胖瘦、肤色等等。要善于借助于自己的着装扬长避短，并且重在避短。

(2) **应人**

所谓应人，主要是要求教师在选择个人着装时，必须兼顾自己与他人之间的具体关系。在正式场合，上下级之间、宾主之间、师生之间、同事之间以及主角与配角之间，着装理应有所区别。所以教师的个人着装不宜一厢情愿，而是需要与自己的交往对象相适应。

(3) **应景**

所谓应景，主要是要求教师在选择个人着装时，要考虑活动场合的具体地点和具体环境。根据具体地点、具体环境的不同来选择不同着装，以求与周围的环境、气氛相协调。进行课堂授课时，不论线下还是线上，教师的着装均应朴素、整洁、优雅、大方，以此而应景。

(二) 规范仪容

当一个人与外界交往时，其个人仪容通常都会备受关注。所谓仪容，一般指的是一个人的仪表与容貌的统称。简单地讲，每一个人的仪容，实际上就是指其个人形体的基本外观，即其外表与外貌。

在大庭广众之下，对教师个人仪容的基本要求是：干净整洁、略加修饰。其中要求修饰的重点，主要是教师的头部与手部。

(1) **干净整洁**

所谓干净整洁，在此是指教师要讲究个人卫生，日常仪容必须做到无异味、无异物。若是浑身汗味、烟味，眼角、口角、耳孔之中的污垢或分泌物没有清理干净，则其个人卫生状况难以令人恭维。

(2) **略加修饰**

所谓略加修饰，在此指的是教师一定要依照常规对个人仪容进行必要的修整、装饰，使之美观而得体。例如，教师不仅要经常理发，而且还应及时修剪胡须、鼻毛、耳毛、指甲等等。

(三) 规范表情

在人际交往中，人们往往要对自己的交往对象察言观色，即关注其言语、表情。所谓表情，通常是指一个人在面部所表露出来的其内在的思想、观感与情绪。从本质上看，它是个人情感最真实、最自然、最直观的流露，往往最能够真实地反映出一个人的内在感受。

在大庭广众之下，教师的基本表情应当是和蔼、亲切、友善。教师对自身表情的关注重点，应当是眼神与笑容。

（1）**表情和蔼**

教师的表情和蔼，指其在人际交往中应当态度温和，不粗暴、不严厉、不盛气凌人，从而使人感觉易于接近。

（2）**表情亲切**

教师的表情亲切，指其待人热情，令人感到一见如故、朴实自然、没有距离，容易与之亲近。若其表情冷漠、沉重、呆板、做作，甚至充满怀疑、挑剔、厌恶、敌视之感，是绝对不会令人感到亲切的。

（3）**表情友善**

教师的表情友善，通常是指其对人友好、和善，善于关心、体谅、照顾或帮助别人，善于同别人和睦相处。

（四）规范举止

与他人相处时，人的肢体动作往往会给人留下深刻印象。一个人的肢体动作，通常被称为举止。在公共场合，特别是在正式场合中，一个人的举止，经常会被其交往对象视为一种充满寓意、传递特定信息的“肢体语言”。当人们在跨文化交往中遇到难以逾越的语言障碍时，“肢体语言”的重要性就显得尤为重要。

就一般状况而言，教师个人举止的基本规范是适度与从俗。教师要着重约束自己手臂的动作，除此之外，还要对自己在站立、行走、就座、教学时的肢体综合动作予以重视。

（1）**举止适度**

所谓举止适度，在此主要是要求教师在正式场合中有意识地控制肢体动作的幅度，并适度减少肢体动作，从而使自己的举止不至于让人感到夸张或者被别人曲解，而是能够给人以教养良好、稳重成熟之感。

（2）**举止从俗**

所谓举止从俗，对教师而言，在此主要有三项基本要求：一是要求其举止动作合乎教师行业的习惯；二是要求其举止动作合乎交往对象的习惯；三是要求其举止动作合乎社会上所通行的习惯。至于究竟要合乎哪一种习惯，则通常应视具体场合而定，不宜我行我素、以不变应万变。

第二节 着装规范

着装，通常又称穿戴，它一般指的是人们在日常生活与工作中所穿着的服装和所佩戴的饰物。在当今的社会中，着装早已不仅仅是人们遮羞、御寒的手段，而是被视为传递着装者思想、情感的“非语言信息”。讲究着装，并且遵守与此相关的礼仪，是现代社会文明与进步的一种重要的表现。

《礼记》曰：“服备，而后容体正、颜色齐、辞令顺。”作为教师，其平时的具体着装应当体现其所在的学校的形象与个人的尊严，因此每一位教师都必须对着装礼仪有一定程度的了解。教师若是不分场合地胡穿乱戴，轻则会贻笑大方，有损于所在单位的尊严；重则会给具体从事的教学工作带来不可估量的损失。

应该强调：教师在学习与应用着装礼仪时，必须把自己的着装问题提高到维护个人形象、维护所在学校的形象、维护教师队伍的整体形象和维护国家形象的高度上来加以认识。

具体说来，教师在学习着装礼仪时，重点需要掌握以下三个方面。

一、遵守常规

作为教师，其个人的着装应当做到循规蹈矩，而切不可盲目追求时尚或新潮。平时，教师应当遵守着装的常规，努力使自己的衣着得体。

所谓遵守常规，在此主要是指教师必须严格地遵守穿衣之道，并且要在其具体的方法、技巧上遵守惯例，免得使自己贻笑大方。

（一）区分场合

所谓区分场合，在此指的是在不同的场合，教师所选择、穿着的服装与饰物，在其具体的款式、色彩、面料等方面，都应该有所区别。

（1）**公务场合**

公务场合，通常指的是教师在校上班、课堂教学以及处理其具体业务时所处的具体场合。就一般情况而论，教师的公务活动，多半属于教务工作。因此，对教师而言，公务场合亦可称为教务场合。在公务场合中，教师的着装应该重点突出“庄重、典雅而保守”的特点。

具体而言，在公务场合中，教师最为标准的着装，主要是制服或深色的西装、套裙，即所谓正装。即使穿得简单一些，教师的着装也必须符合以下要求：上衣有领子、有袖子、不使用拉链；下身不光腿、不光脚、不穿拖鞋；不能够露肩、露胸、露腰、露背、露大腿、露脚趾、露脚跟。只有这样做，才可以显得教师的打扮非常正规和郑重其事。

（2）**社交场合**

社交场合，一般指的是人们在公务活动之外，在公共场所与其他人进行交际应酬活动的场合，如联欢会、宴会，以及婚礼、生日、节日或纪念日的庆祝活动，登门拜访，等等。对教师而言，礼交场合主要指其校外工作之余的交际应酬。在社交场合中，教师的着装应重点定位于“时尚、新颖而个性”。

此时此刻，教师着装的具体款式要新颖，风格要洒脱，既不必过于保守、从众，也不宜过分地随意、散漫。礼服、时装、自己制作的服装，以及本民族的传统服装，例如汉服（汉族）、壮服（壮族）、苗服（苗族）、旗装（满族）、藏装（藏族）、蒙古袍（蒙古族）等等，均为适宜之选。

（3）**休闲场合**

休闲场合，往往指的是人们在公务活动之外纯粹用于个人休息的场合，以及在公共场所里与不相识者共处的场合。除去公务场合、社交场合之外的一切活动场合，都应该包括在休闲场合之内，诸如居家生活、健身运动、游览观光、逛街购物以及独自外出用餐，等等。在休闲场合中，教师宜着休闲装，并且重点应当突出“舒适、随意而自然”的特点。

对教师来讲，休闲纯属其个人的自由活动。就休闲场合的着装而言，教师最为规范的选择有牛仔装、运动装、夹克衫、T恤衫，以及背心、短裤、短裙，等等。凡此种种，有时亦称便装。

（二）三适规则

所谓三适规则，此处指的是在着装时，教师应当使之与具体的时间、事件、规制相适应。它所具体规范的，就是教师在正式场合中的着装。

（1）**适应时间**

适应时间，此处指教师的着装一定要兼顾其具体所处的节气和时间，一定要具有明确的时间观念，而不应当不分季节、气候，不可以胡乱地穿衣。

（2）**适应事件**

适应事件，此处指教师的着装要与其所具体办理的公务和事情相适应。例如，教师在一般的情况下，不能够在其课堂上或办公室之内穿背心、短裤、睡衣、洞洞服、暴汗服、超短裙等休闲装。

（3）**适应规制**

适应规制，此处指教师必须要遵守学校着装方面的有关规定和社会上对于教师着装的约定俗成的要求，切不可我行我素、自以为是，因而使自己的着装给工作或交往带来不便。

在三适规则的具体规定中，最主要的是应时、应事、应规三点。它们又被称为“TPO 原则”。所谓“TPO”，即“time”（时间）、“place”（地点）、“occasion”（场合）三个英文单词的首字母。“TPO 原则”，通常指的是人们的着装一定要与具体的时间、地点、场合相适应、相吻合。

服装搭配三色

(三) 配色原则

任何一种颜色，都是由三原色调配而来的。不同的颜色，通常代表着不同的意义。不同颜色的服装穿在不同的人身上，往往会产生截然不同的效果。

（1）**三色原则**

对教师而言，在正式场合的着装通常应遵守“三色原则”。

所谓“三色原则”，指人们全身上下的衣着在正式的场合中一般应当保持在三种色彩之内。如果忽视了“三色原则”，一个人的着装就会给人以杂乱无章的感觉。

（2）**三一定律**

在必要的场合与可能的情况下，男教师的着装还应当遵守“三一定律”。

所谓“三一定律”，强调的是男性着装色彩方面的基本搭配技巧。它具体要求：男教师在正式场合露面时，应当使自己的公文包与鞋子、腰带的色彩相同，并且最好皆为黑色。作为一名教师，在正式场合中，如果要显得成熟稳重，就一定要遵守“三一定律”。

（3）**上浅下深**

上浅、下深，此处指一般情况下上衣与下衣色彩的搭配模式。在正式场合，教师的衣着应当上衣颜色与下衣颜色一致，或上衣浅于下衣，否则就显得头重脚轻，不甚协调。

二、规范着装

自古以来，着装就与礼仪相提并论。教师践行礼仪，必须重视其着装。

具体而言，教师在日常生活中所穿着的服装，主要有制服、礼服、西装、套裙和便装等等。在某些时候，尤其是在一些非常正式的场合里，教师还需要身着礼服。下面对这五种常见的教师服装着装规范分别进行介绍。

(一) 制服

所谓制服，一般指的是上班族在工作岗位上按照规定所必须穿着的，由所在单位统一制作、下发的服装。例如，工商、税务、公安、海关、司法等特定部门，通常都有其指定的制服。

目前，有的学校教师是有其制服的。如有可能，应当要求教师身着制服。它既可以体现着装的原则，又可以反映出教师的职业特色、整齐划一与精神风貌。

(1) **依规着装**

如果学校有身着制服的规定，那么全体教师就必须按照规定穿着制服，而不得随意穿着便装。在校内参加重大活动时，则更是应当如此。否则，不仅有损于学校的整体形象，而且还会让外人觉得该校的管理不够严格。

(2) **遵守规范**

制服是否能够真正地体现出教师的权威性，很大程度上取决于教师有没有认真地按照制服礼仪的具体规范行事。穿制服时不遵守相关的规范，乃是制服礼仪的大忌。例如，敞胸露怀、不扣领扣、高卷袖筒、挽起裤腿、乱配鞋袜、衬衫下摆不束在裤腰或裙摆里，等等。客观地讲，如此种种做法的危害性并不亚于该穿而不穿制服。

在穿制服时，特别需要明确：制服的大小必须合身，绝对不允许制服与便装混穿。

(3) **保持整洁**

教师在穿着制服时，一定要使自己的制服无折痕、无异味、无异物、无异色、无异迹。与之同时配套穿着的内衣、衬衫、鞋袜等等，也应当定期进行换洗。

与此同时，教师的制服在其具体穿着时，必须整整齐齐、外观完好。一定要做到衣裤不起皱、上衣平整、裤线笔挺。

(4) **维护完好**

在一般情况之下，教师的制服一旦在其外观上发生明显的破损，如开线、磨毛、磨破、纽扣丢失等等，就不宜在工作岗位上继续穿着。

对破残的制服，应进行认真的处理，不应视而不见。

(5) **佩戴校徽**

在身着制服时，教师往往应按照规定佩戴校徽。佩戴校徽，可以反映出教师的职业特征、学校名称，并体现其权威性。

在校徽的具体佩戴方面，教师应按照规定将校徽佩戴到指定的部位，同时要保持校徽的清洁与完整。

(二) 礼服

所谓礼服，通常指的是人们在隆重而正式的场合所穿着的服装。在国外，目前对礼服有着很多具体要求。但随着“礼仪从简”大趋势的发展，人们对于服饰的要求也有着逐渐简化的趋势。

教师需要注意：凡是在请柬上注明要穿礼服的场合，一定要按照规定穿着礼服。届时，男教师可以穿着黑色或深蓝色的中山装，内穿白衬衣，脚穿黑皮鞋，亦可以穿深色西装套装、白衬衣、黑皮鞋。女教师则可以穿着长到脚背的旗袍，有时亦可身着长袖的连衣裙。

下面，重点介绍中山装和旗袍的穿法。

所谓中山装，是因为孙中山先生率先穿用它而得名。它的具体样式是：立翻领，对襟，前襟五粒扣，四个贴袋，袖口三粒扣，后片不破缝。

至于旗袍，则是源自满族妇女民族服装的一种传统服装。它的具体特点是：造型紧身贴体，适合于体现女性的曲线美。其开襟形式多变，袖子可长可短，袖口可宽可窄，既能最大限度地展现东方女性所特有的体态和风韵，又能使其显得端庄典雅。

具体穿着中山装与旗袍时，以下三点必须注意。

（1）**保持整洁**

穿着者必须保持中山装或旗袍的绝对干净与平整。衣物上面不应有任何污点，并要始终保持其外观上的光洁与挺括。

（2）**讲究穿法**

众所周知：不同的服装，其具体的穿法往往讲究甚多。男教师穿中山装时，一定要把上衣领口之处的风纪扣扣上，上衣的其他纽扣在正式场合也要一律扣严。

女教师身着旗袍时，则一定要使之合身。

（3）**搭配鞋袜**

在正式场合，鞋袜与服装的搭配不可不慎。一般说来，穿中山装一定要配皮鞋，穿旗袍则一定要配高跟皮鞋。不论男女，鞋子的颜色均宜为黑色。

至于袜子，穿中山装时选择的颜色一般宜为黑色；穿旗袍时则一般都要选择肉色丝袜。女教师尤其需要注意的是：由于很多旗袍的下摆都有或长或短的开衩，因此一定要避免使自己的袜口外露。届时，最好的选择是穿连裤丝袜。

（三）西装

西装，又称西服。它的造型优美、做工讲究，是目前世界最流行的一种国际性服装。因此，西装也成了男教师在正式场合着装的优先选择。男教师要想使自己所穿着的西装真正称心如意，就必须在西装的选择、西装的穿法、西装的搭配三个主要方面循规蹈矩，严守相关的礼仪规范。

西装的选择

由于西装对做工十分讲究，因此要想使穿在身上的西装替自己增色，就首先要对其进行精心的选择。在一般的情况下，男教师需要注意它的色彩、款式、面料、图案、尺寸、造型和做工等各个方面的细节。

一般说来，三件套西装（一衣、一裤和一件背心）比两件套西装（一衣一裤）要更加正规。西装以无图案者为好，但也可以选择以“牙签呢”所缝制的竖条纹西装。西装的颜色，通常应当选择藏蓝色、灰色或棕色。至于黑色的西装，则更适用于庄严而肃静的礼仪性活动。

此外，在挑选西装时，必须检查其做工的精细度如何。主要可从下述六点着手：一要看衬里是否外露；二要看衣袋是否对称；三要看表面是否起泡；四要看针脚是否匀称；五要看纽扣是否缝牢；六要看外观是否平整。假如一套西装在以上这六个方面不符合要求，则以放弃为妙。

西装的穿法

男教师在身着西装时，必须重视其具体的穿法。若是不遵守西装的规范穿法，或者在穿西装时肆意妄为，则是有违礼仪的无知表现。

（1）**拆除商标**

在正式穿西装前，务必将其袖口附近的商标先行拆除。因为这样做就等于是对外宣告该套西装已被启用。否则，就会贻笑大方。

（2）**扣好纽扣**

穿西装时，上衣、背心与裤子的纽扣都有一定的扣法，对此千万不能大意。一般而言，站立时西装上衣的纽扣应当扣上；就座之后，则必须把它解开。唯独在内穿背心或羊毛衫、外穿单排扣上衣时，才允许站立之际不扣上衣的纽扣。根据西装的着装惯例，单排扣西装的最下面那粒纽扣应当不扣，而双排扣西装的纽扣则应全部扣上。

（3）**保持平整**

欲使一套穿在自己身上的西装看上去美观又大方，首先就要使其显得平整挺括、线条笔直。因此，除要定期对西装进行护理外，还不能把西装当作披风一样披在肩上，也不可以将西装上衣的衣袖挽上去，或者卷起裤管。此外，把两手随意插在口袋里也是极不礼貌的。

同时还要切记：在西装口袋里少装东西。为保证西装在外观上不走样，就应当在西装的口袋里少装东西，或者不装东西。西装上衣左侧的外胸袋，除可以插入一块用以装饰的真丝手帕外，不准再放其他任何东西。内侧的胸袋，只能用来别钢笔、放钱夹或名片夹。外侧下方的两只口袋，原则上以不放任何东西为佳。在西装背心上，口袋多具装饰之功能。在西装的裤子上，两只侧面的口袋只能够放纸巾或钥匙包。其后侧的两只口袋，则大都不放任何东西。

（4）**忌穿毛衫**

教师要打算将一套西装穿得有“型”有“味”，那么除衬衫与背心之外，通常不宜同时再穿包括羊毛衫或羊绒衫在内的其他任何衣物。

西装的搭配

穿西装时，十分讲究相关的搭配，因此，男教师应该对西装的搭配有所了解。

1. 衬衫的搭配

与西装搭配的衬衫，应当是正装衬衫。一般而言，正装衬衫必须为单一色彩，以无任何图案为佳，其衣领多为方领、短领和长领，衣袖必须为长袖。穿着正装衬衫与西装相配套，还有下述几点注意事项。

（1）**大小合身**

它的衣领与胸围要松紧适度，下摆不宜过短。

（2）**袖长适度**

穿西装时，最美观的做法，是令衬衫的袖口恰好在西装袖口之外露出来2厘米左右。

（3）**掖好下摆**

穿长袖衬衫时，不论是否身穿外衣，均须将其下摆均匀而认真地掖进裤腰之内。

（4）**扣上衣扣**

穿西装的时候，衬衫的衣扣、领扣或者袖扣都要一一扣好。只有在穿西装而不打领带时，才必须解开衬衫的领扣。

2. 领带的搭配

在公务场合，穿西装需要打上领带，休闲场合则不必。穿西装上衣与衬衫时，应将领带置于二者之间。在西装上衣与衬衫之间加穿西装背心时，应将领带置于西装背心与衬衫之间。打领带时，领带结一定要挺括、端正，并且要呈倒三角形。此外，领带夹应在衬衫自上而下的第四粒至第五粒纽扣之间，不宜为外人所见。

3. 腰带的搭配

腰带的宽度应为2.5～3厘米，颜色要与皮鞋的颜色配合。在腰带上，应尽量不挂手机、打火机、钥匙链等物品。

4. 鞋袜的搭配

穿西装一定要穿皮鞋，黑色皮鞋和深褐色的系带皮鞋是最佳之选。袜子应与裤子、鞋同色系或颜色较深，但千万不能是浅色。

(四) 套裙

套裙，通常是对西装套裙的简称。在许多正式的场合里，它是女教师的主要选择。它不仅会使着装者看起来干练而成熟，而且还能烘托出其所独具的韵味，使之显得优雅和妩媚，可以很好地体现出女教师的职业特点与女性魅力。

▌套裙的选择

正宗的套裙，大多都是由一件女士西装上衣和一条半截裙所构成的两件套女装，并且可以分为H型、X型、A型和Y型四种具体类型。根据礼仪规范，选择套裙时，需要注意其面料、色彩、图案、点缀、尺寸、造型和款式等方面的问题。一般说来，套裙所选用的面料，讲究的是匀称、平整、柔软、悬垂、挺括等等。不仅手感和弹性要好，而且应当不起皱、不起毛、不起球。在色彩方面，套裙的基本要求是以冷色调为主，其全部色彩不要超过两种。套裙的图案和点缀，往往宜少不宜多、宜简不宜繁、宜精不宜糙。就尺寸而言，裙子的下摆恰好抵达着装者的小腿肚子上最为丰满之处，乃是最为标准、最为理想的裙长。

套裙的穿法

在穿套裙时，女教师必须遵守其一系列的具体着装要求。

（1）**大小适度**

穿套裙时，其大小适度是第一位的要求。它的上衣最短可以齐腰，而其裙长则应不短于膝盖以上15厘米。

（2）**穿着到位**

在正式场合穿套裙时，女教师必须把上衣的衣扣全部扣上，绝对不能够当着学生、同事或其他外人的面把上衣随便脱下来，或者搭在身上。

（3）**协调装饰**

在穿套裙时，女教师应该讲究着装、化妆与配饰风格的统一，从全局上对其加以考虑。

（4）**兼顾举止**

穿上套裙之后，女教师要站得又稳、又美。不可以双腿叉开，站得东倒西歪，或是倚墙靠壁而立。就座以后，则要讲究其姿态的优雅。切勿双腿分开过大，或是跷起一条腿来，脚尖抖动不已；更不可以脚尖挑鞋直晃，甚至当众脱下鞋来。

套裙的搭配

套裙的具体搭配，亦有其一定之规。

1. 衬衫

作为与套裙配套的衬衫，在其面料上要求轻薄而柔软，例如，真丝、麻纱、府绸、涤棉、花瑶等等，都是可供选择的面料。在色彩上以单色为最佳之选，同时还要有意识地使衬衫的色彩与同时所穿的套裙的色彩相般配，要么外深内浅，要么外浅内深，以形成两者之间的深浅对比。

在衬衫的具体穿法上，女教师应注意以下三点。

第一，衬衫在公共场合不宜直接外穿。出于礼貌，通常不允许在外人面前脱下外衣直接以衬衫示人。身穿紧身而薄透的衬衫时，尤其需要注意这一点。

第二，衬衫的下摆必须掖入裙腰内，不得任其垂悬于外，或是将其在腰间打结。

第三，衬衫的纽扣必须一一地扣好。除最上端一粒纽扣按惯例允许不扣外，其他纽扣均不得随意解开。

2. 衬裙

所谓衬裙，在此特指穿在裙子之内的裙子。一般而言，穿套裙时，是非穿衬裙不可的。衬裙最好为单色，但必须使之与外面套裙的色彩相协调。二者要么彼此一致，要么外深内浅。不允许二者出现外浅内深的情况。

在一般情况之下，衬裙上不宜带有任何图案。衬裙的裙腰不可高于套裙的裙腰，同时应将衬衫下摆掖入衬裙与套裙的裙腰之间。

3. 内衣

一套完整的内衣，一般由胸罩、内裤以及连体衣等构成。内衣应当柔软贴身，并且具有支撑和烘托女性线条的作用。有鉴于此，在具体选择内衣时，最关键的是要使之大小适当，既不能够过于宽大晃悠，也不能够过于窄小紧绷。

必须谨记：在正式场合，女教师一定要穿内衣，而且内衣不可外露，内衣不准外透。以内衣代替衬衫，则殊为不雅。

4. 鞋袜

女教师穿套裙时，宜穿皮鞋和尼龙丝袜或羊毛袜与之配套，并且要特别关注鞋袜的穿法和讲究。如果皮鞋开线、裂缝、掉漆、破残，或者袜子有洞、跳丝，均应立即更换，袜子尤其不要打了补丁再穿。

在外人面前，鞋袜不可以当众脱下，也不能使之处于半穿半脱状态。最重要的是，袜口不可暴露于外。所谓袜口，即袜子的上端。将其暴露在外，是一种公认的既缺乏服饰品位而又失礼的表现。女教师不仅穿套裙时应自觉避免此种情形的发生，而且还应当在穿开衩裙时注意，即使在走动之时，也不应当让袜口偶尔一现于裙衩之处。

（五）便装

所谓便装，又称便服，通常都是相对于正装而言的，是指在各类非正式场合所穿的服装。一般说来，便装在穿着时没有多少严格的限制或规定，但同样需要遵守相关礼仪。

配合环境

教师在非正式场合才可以身着便装，即只有在休闲场合才可以身着便装。在休闲场合中，教师着装应重点突出“舒适、随意而自然”的风格。最为规范的，是要选择牛仔装、运动装、夹克衫、T恤衫、短袖衬衫或短裤等等。

适合自身

在具体选择便装时，应围绕着自身形体的特点来选择服装，同时要使其协调、追求统一。着装时既要注意防止出现多中心、多重点的装扮，也要兼顾诸多因素之间的协调一致性，即所穿服装的款式、颜色一定要与自己的性别、性格、年龄、形体、脸型、肤色，以及所处场合、季节、饰物等诸因素协调一致。

遵守常规

便装在穿着时有很大的自由度，可以任意发挥。但教师仍然要注意下列问题。

（1）**风格要协调**

不同类型的服装，其具体风格往往各异。如牛仔装的奔放、运动装的活力、家居装的舒适等等。教师在身着便装的时候，应力求使其在整体风格上完美一致。

（2）**色彩要和谐**

教师在选择便装时，除考虑本人对色彩的偏爱和色彩的流行之外，还要使穿在一起的不同便装在色彩上统一或呼应。

（3）**面料要般配**

教师在选择便装时，不仅要对其舒适与否、美感与否给予重视，而且还要令同时所穿的数件便装在面料上大致趋同。

三、斟酌饰物

随着生活水平的提高，人们普遍认为，饰物不仅仅是财富的象征，而且也是一个人文化素养、气质风度以及审美格调的综合表现。饰物的佩戴，既要考虑人与环境，又要考虑整体的效果。要注意到诸多因素间的关系，才能达到佩戴饰物的最佳效果。在社会生活中，具体的工作岗位以及身份、年龄、性别、外貌、体形、经济状况和活动范围等因素，决定了教师这一群体对于饰物的选择与佩戴要求。在考虑饰物的佩戴时，教师应在下列四个方面反复斟酌。

（一）区分场合

佩戴饰物，首先应当使之与自己所处的环境、场合相适应。

一般说来，只有在社交场合或休闲场合，教师才适合佩戴饰物，而在其课堂讲授（包括线上授课）、进行运动或出外旅游时，通常则不宜戴饰物。

（二）考虑性别

在社交场合与休闲场合，女教师可戴多种饰物，而男教师所适宜佩戴的饰物往往较少。

具体而言，女教师在佩戴饰物时所要遵守的一项重要规则是：在公共场合中，自己同时使用的饰物在总量上不能超过三种。应当明确：自己所处的具体场合越正式，适宜佩戴的饰物往往就越少。

（三）宁缺毋滥

在正式场合中，教师通常是可以不戴任何饰物的。

在某些时候，如果需要戴的话，就要佩戴质地、做工俱佳的饰物，而千万不要佩戴粗制滥造的制品。

同时需要注意：如果佩戴者只着眼于炫耀饰物的经济价值，诸如以为项链越粗越好、戒指越大越好、珠宝越贵越好，其结果往往反而会弄巧成拙，显得自己俗不可耐。

（四）谨防犯忌

佩戴饰物时，教师切勿随随便便，以免犯忌。

例如，教师在正式场合不宜佩戴带有宗教标志、外国标志、外校标志、公司标志、广告标志、卡通标志或者其相关图案的饰物。

再如，如果已经佩戴了校徽，女教师通常就不宜再佩戴胸花、耳环、脚链等突出女性魅力的饰品了。

至于将戒指、脚链分别戴在手套与丝袜之外，则更是贻笑大方。

第三节　仪容规范

当一个人与外界进行交往时，其个人仪容通常都会备受交往对象的关注。所谓仪容，一般是指人的具体的外观与外貌。简单地讲，一个人的仪容，实际上就是指其个人形体的基本外观。其中的重点，则是指人的容貌。在人际交往中，每一个人的仪容都会引起交往对象的关注。作为第一印象，个人的仪容将影响到他人对自己的整体评价。

《礼记》曰："礼节者，仁之貌也。"对广大教师来说，仪容礼仪就是对教师的个人仪容或曰个人外貌所进行的基本规范。它的首要要求是：仪容美。具体而言，教师的仪容美主要有以下三层含义。

其一，仪容应自然美。这是指仪容的先天条件好，天生丽质。尽管以相貌取人不合情理，但先天美好的仪容相貌，无疑会令人赏心悦目、感觉愉快。

其二，仪容应修饰美。这是指依照规范与个人条件，应对仪容进行必要的修饰。其目的是扬其长，避其短，塑造出良好的个人形象，在人际交往中尽量以之表现出自己的自尊自爱与敬人之心。

其三，仪容应内在美。这是指通过努力学习，不断提高个人的文化、艺术素养和思想、道德水准，培养出自己高雅的气质，使自己秀外慧中、表里如一。

真正意义上的教师仪容美，应当是上述三个方面的高度统一。忽略其中任何一个方面，都会使教师的仪容美失之于偏颇。在这三者之中，仪容的内在美是最高的境界，仪容的自然美是每一名教师的共同的心愿，而仪容的修饰美则是仪容礼仪所关注的重点。

教师在修饰其个人仪容时，应注意头发、面容、手臂、腿脚四个具体的方面。

一、头发的修饰

按照一般习惯，人们注目、观察、打量其他人的时候，往往是从对方的头部开始的，正所谓“上看头，下看脚”。头发生长于头顶，位于人体的“制高点”，所以就更容易引起大家的重视。有鉴于此，教师在修饰其仪容时，通常应当“从头做起”。修饰头发时，应当注意的有以下四个方面的具体问题。

（一）长短适中

从礼仪与审美的角度看，一个人头发的长短往往受到若干因素的制约，不可以一味地追求自由与弘扬个性，而是应当讲究规范的。通常需要考虑的制约因素，主要有性别、身高、年龄、职业等。

（1）性别的因素

人分男女，男女有别，在其头发的长度上通常便有所体现。一般认为：女教师可以留短发，但不宜理寸头。男教师头发可以稍长，但却不宜长发披肩，或梳辫挽髻。在头发的长度上可以适当地中性化一点，但不应超过极限，不可以不女不男。

（2）身高的因素

头发的长度，在一定程度上与个人的具体身高直接有关。以女教师留长发为例，其头发的长度就应与身高成正比。一个矮个子的女教师若长发过腰，就会使自己显得个子更矮，显然是很不明智的选择。

（3）年龄的因素

人有长幼之分，其头发的具体长度亦受此影响。例如，一头飘逸披肩的秀发，出现在少女头上与其便相得益彰，有如青春的“护照”；而它出现在一位年逾七十的老奶奶头上，则往往会令人哗然。

（4）职业的因素

一个人的职业，对头发的具体长度通常限制极大。例如，野战军战士为了负伤后抢救的方便，通常战前会理光头，而政界人士则不宜如此。对于教师而言，女教师的头发往往不宜长过其肩部，尤其不宜长发披肩。必要时，应以盘发、束发作为变通。男教师则通常不宜留鬓角、刘海，并且最好不要使自己的头发长于 7 厘米。具体应当做到：前发不覆额，侧发不掩耳，后发不及领。至于剃光头，则对于男女教师都肯定是不合适的。

（二）发型适宜

所谓发型，即头发的整体造型。在理发与修饰头发时，对此都不容回避。对教师来说，发型不仅应当美观大方，而且应当自然得体。在这一方面，除个人偏好可适当地予以兼顾外，最重要的是考虑教师的个人条件和所处的具体场合。

（1）**个人条件**

所谓个人条件，在此包括发质、脸型、身高、胖瘦、年纪、着装、配饰、性格、性别等等。一般而言，它们都会影响到发型的具体选择。教师对此切不可掉以轻心、不闻不问。

在上述的个人条件中，脸型对于发型的选择往往影响最大。例如，国字脸的男教师最好不要理板寸，否则看上去好像一张扑克牌。Ω 发型则主要适合鹅蛋脸的女教师，它的下端向外翻翘，可展示此种脸型之美；倒三角脸型的女教师则不宜选择这种发型。

（2）**身份的差异**

在日常生活里，人们的职业不同、身份不同、品位不同，其具体的发型选择自然应当有所不同。一般说来，在工作场合经常公开露面的人，其发型应当传统、庄重、保守一些；在社交场合频频亮相的人，其发型则应当个性、时尚、艺术一些。至于前卫、怪异、另类的发型，对教师而言则是不适宜的。

（三）干净整洁

自觉地做好头发日常护理，既有助于保养头发，又能够清除异味和异物。所以不论有无交际应酬活动，教师平日都要对自己的头发勤于梳洗。绝对不能够忽略此点，不可以疏于对自己的头发进行必要的打理。

主要的作用

对头发勤于梳洗，其主要作用有三：一是有助于消除异味；二是有助于清除异物；三是有助于保养头发。

教师若对头发懒于梳洗，使得自己蓬头垢面，满头汗馊味或是油味，发屑随处可见，甚至生出寄生物来，则是非常有损自己的个人形象的。

基本的要求

理发，男教师应为半个月左右进行一次，女教师则可根据自己的实际情况而定，但最长不应超过 1 个月。

洗发，教师一般应当最长 3 天进行一次。如果可能，则每日一洗最佳。

教师如有重要的交际应酬，应于事前再特意进行一次洗发、理发、梳发，不必拘泥于以上时限。

切记：此类活动应当在“幕后”操作，绝对不可以当众进行展演。

总而言之，教师的头发一定要洗净、理好、梳齐。

（四）美观自然

人们在修饰头发时，往往会有意识地运用某些技术手段对其进行美化，这就是所谓美发。美发不仅要美观大方，而且也要求自然而然。不宜修饰痕迹过重，或是不合时宜。教师在选择美发的具体方式时，一定要根据自身条件进行再三斟酌，而绝不能够盲目地行事。

一般情况下，教师美发的基本方式有以下四种。

（1）**烫发**

所谓烫发，即运用物理手段或化学手段，将头发做成适当的形状的方法。在决定烫发之前，教师一定要首先看一看本人的具体发质、年龄、性格、职业是否合适。

（2）**染发**

发色不甚理想，或是头发变白，即可使用染发剂令其变色。染发对教师而言，往往必须三思而行。教师如果将自己的花白的头发染黑无可非议，但若想将它染成其他鲜艳夺目的色彩，甚至把它染成多色彩发，则通常是不大合适的。

（3）**做发**

所谓做发，即运用发蜡、发油、发露、发乳、摩丝等美发用品，将自己的头发塑造成一定形状，或是对其进行护理。做发的要求，与烫发的要求大体相似。

（4）**假发**

一个人的头发如有先天的缺陷或后天的损毁，通常可以酌情选戴假发。选择假发时有几点要求：一是要使用方便；二是要“天衣无缝”；三是要避免俗气。

二、面容的修饰

一般来说，仪容在很大程度上指的就是人的面容。按照《说文解字》的解释，“面，颜前也”。教师要修饰自己的面容，首先就要做到清洁。即要勤于洗脸，使之干净清爽，无汗渍、无油污、无泪痕、无其他任何不洁之物。修饰面容时，如果具体到各个不同的部位，往往还有一些不尽相同的要求。

（一）眼部

每个人的眼睛，都是在人际交往中被他人注视最多的地方，通常也是修饰自己的面容时首先应关注的部位。

（1）**保洁**

所谓保洁，在此指的是眼部分泌物的及时清除。教师眼睛的保洁非常重要，尤其应当注意及时清除其眼部的分泌物。对这一点，教师理应铭记于心，并随时注意。此外，教师若眼睛患有传染病，则应自觉地回避参加社交活动，免得让其他人近之不宜、避之不恭。

（2）**修眉**

教师若感到自己的眉形刻板或不甚雅观，可对其进行必要的修饰。但不提倡教师进行“一成不变”的文眉，更不允许教师剃光所有眉毛。此外，一些夸张的眉形对于教师来说，通常也是不适宜的。

（二）耳鼻

对耳朵和鼻子进行必要的护理，是每一名教师都不该予以忽略的。

（1）**卫生**

在洗澡、洗头、洗脸时，教师不要忘记清洗一下耳朵。必要之时，还须清除耳孔之中不洁的分泌物。平时，应注意保持鼻腔的清洁，不要让异物堵塞鼻孔。特别需要注意，对耳、鼻的保洁工作不能当众进行。尤其是不能随处吸鼻子、擤鼻涕，也不要在人前人后时时挖鼻孔或掏耳朵。

（2）**美化**

平时，教师对自己鼻子上的粉刺，要及时地进行清除。此外，在每天出门之前，不要忘了检查一下耳毛或鼻毛是否长出耳朵或鼻孔之外。一旦出现此种情况，一定要及时地对其进行修剪。不可置之不理，或是当众下手去拔。

（三）嘴部

对嘴部的修饰，教师一定要多加重视。嘴巴是发声之所，也是进食之处。教师理所当然应当对它多进行修饰，并细心照顾。

（1）**护理**

牙齿洁白，口腔无味，是嘴部护理上的基本要求。教师要做好这一点，一是要每天定时刷三次牙，以去除异物、异味；二是要在工作日忌烟、酒，忌食葱、蒜、韭菜、榴梿、虾酱、臭豆腐之类气味刺鼻的东西，免得让交往对象掩鼻受罪。

（2）**异响**

按常规，咳嗽、哈欠、喷嚏、吐痰、清嗓、吸鼻、打嗝、排气的声响，都是不雅之声，统称为异响，在正规场合，教师一定要避免发出异响。需要指出的是：禁止异响，重在自律，而不必强求于人。若本人不慎发出了异响，则最好及时承认，并向身边之人道歉。

（3）**胡须**

唇边长有胡须，是成年男子的基本生理特点。但在交际场合，即使胡子茬为他人所见，也是十分失礼的。因此，男教师若无特殊的宗教信仰和民族习惯，最好不要蓄须，并且应当经常地、及时地剃去自己的胡须。青年男教师尤其不要蓄须，否则会使自己显得邋遢或不够成熟。若女教师因内分泌失调而长出类似胡须的汗毛，则应及时治疗或修饰，予以清除。

三、手臂的修饰

在正常情况下，手臂是人际交往中人的身体上使用最多、动作最多的一个部分。因此，它往往被人们视为社交之中每个人都拥有的“第二枚名片”。从某种程度上讲，它甚至比人们常规使用的印在纸片上的名片更受重视。教师修饰手臂的问题，可以分为手掌、肩臂、汗毛和腋毛三个方面来进行讨论。

（一）手掌

手掌，是人的手臂的中心部位，也是人们“制作”形形色色的手语的关键媒介。

（1）**经常洗手**

在日常生活中，手是接触其他人和其他物体最多的地方，出于清洁、卫生、健康的考虑，教师的双手应当勤于洗涤。用餐前、方便后、接触过肮脏物体后及时洗手，则更是起码的要求。

（2）**修剪指甲**

教师手上的指甲应定期进行修剪，一般应当每周修剪一次。不要长时间不剪指甲，也不要留着长指甲。修剪手指甲，应令其不超过手指的指尖。若指甲的外形不甚美观，也可以进行适当的修饰。

（3）**去除死皮**

若发现手指甲周围产生的死皮，应立即将其修剪掉。但教师不宜当众进行操作，更不应当用手去撕，或用牙齿去咬。

（4）**避免伤残**

平时，教师要对自己的手部悉心照料，不要让它常常伤残。若皮肤粗糙、红肿或是皲裂，应及时进行护理、治疗。如果长癣、生疮、发炎、破损、变形，则不仅需要治疗，而且还应当避免使之接触他人。这是因为，不论以之直接地还是间接地接触其他人，都会令对方感觉不快，甚至会因此而产生反感。

（二）肩臂

教师礼仪规定：在日常工作之中，教师不宜穿着无袖装、露肩装、露胸装、露腰装或露背装。在非常正式的场合，教师的肩臂不应当完全裸露在衣服之外。而在其他非正式场合则无此限制。教师修饰自己的肩臂，最重要的就是要遵守此项规则。

（三）汗毛和腋毛

平时，教师应当特别注意手臂上汗毛和腋毛的处理。

（1）**汗毛**

因个人生理条件的不同，有个别人手臂上的汗毛生长得过浓、过重或过长。这一般无关大局，没有必要非进行“干涉”不可。不过，若是情况反常，特别是有碍观瞻的话，最好还是采用适当的方法进行脱毛。

（2）**腋毛**

需要强调：在其他人面前，尤其是在外人或异性面前，教师的腋毛不应当被对方看见。它属于“个人隐私”，极不雅观，被人见到是很失礼的。对于女教师来说，特别要注意这一点。在正式场合，教师务必牢记：不要穿着会令腋毛外现的无袖装。而在非正式场合，若打算穿着暴露自己腋窝的服装，女教师则务必先行脱去或者剃去腋毛。

四、腿脚的修饰

俗语说，“远看头，近看脚，不远不近看中腰”。教师的腿脚在近距离之内常为他人所注视，所以在修饰仪容时自然不能对此有所忽略。

（一）腿部

在正式场合，通常不允许男教师的着装暴露其腿部，即不宜穿短裤或挽着裤脚。女教师可以穿长裤、裙子，但一般不得穿短裤，尤其不要穿暴露大部分大腿的超短裙。一般说来，越是正式的场合，女性的裙子应当越长。在庄严、肃穆的场合，女士的裙长应在膝部以下。

一般而言，不允许女教师不穿袜子，特别是不允许女教师光着的大腿暴露于裙子之外。但在非正式的场合，特别是在休闲活动中，则无此规定。

（二）脚部

在正式场合中，是不允许教师光着脚穿鞋子的。光脚既不美观，又有可能被人误会。因为在社会上，女性光脚穿鞋，或穿一些可能使赤裸的脚部过于暴露的鞋子，容易被视为卖弄“性感”的做法。

（1）**保持清洁**

在正常情况下，教师应注意保持自己的脚部的卫生。鞋子、袜子要勤洗勤换，脚要每天洗上一次，袜子则应每日一换，要防止其臭气熏人。不要穿残破、有异味的袜子。如有可能，应在办公室或随身所带的公文包里装上备用的袜子，以应不时之需。在非正式场合光脚穿鞋子时，要确保其干净、清洁。不要在他人面前脱下鞋子、趿拉着鞋子，更不要脱下袜子抠脚丫子。这类不良习惯极其有损个人形象。

（2）**勤剪趾甲**

教师的趾甲一定要勤于修剪，至少要做到每周修剪一次。要及时地去除多余的趾甲。不应任其藏污纳垢，或是长于脚趾的趾尖。自己的趾部，在正式场合通常是不应当露在鞋外的。

（三）汗毛

男性成年以后，腿部汗毛大都很重。所以在正式场合不允许穿短裤，或是卷起裤腿。女性若因内分泌失调而令腿部汗毛变得浓黑茂密，则最好将之脱去或者剃除。此外，还可以选择深色的丝袜对其加以遮掩。对此问题，教师不可不慎。

第四节　表情规范

在人际交往中，人们往往会对自己具体的交往对象察言观色，即关注对方的表情。表情，是面部表情一词的简称。它指的是，人们在神经系统的控制之下，面部肌肉及各种器官所进行的运动、变化和调整，以及面部在具体的外观上所呈现出来的某种特定的形态。简言之，所谓表情就是一个人的内在思想、感觉和情绪的表露。

现代传播学认为：人的表情属于人际交流之中的“非语言信息传播系统”，

并且属于其核心的组成部分。在人际交往中，表情往往极其直观地反映着人们的思想、情感，以及其他一切方面的心理活动与变化。

表情的礼仪，在此主要是指有关眼神、笑容两方面的具体规范。它的总体要求是：理解表情，把握表情，并在交际场合努力使自己的表情和蔼、亲切、友善。

首先，教师的表情要和蔼。它是指教师在与其他人的交往中，态度应当温和，不粗暴、不严厉，并且使人感觉易于接近。

其次，教师的表情要亲切。它是指教师的待人接物一定要热情，要令人感到一见如故、没有距离，容易与之亲近。

最后，教师的表情要友善。在它此则是指教师要对人友好、和善，要善于关心、体谅、照顾或帮助别人，要善于同别人和睦相处。

一、眼神

对待自己的交往对象，教师的眼神始终都应当是友善的。

眼神，是对眼睛的总体活动的一种统称。眼睛是人类的心灵之窗，它能够最明显、最自然、最准确地展示出一个人自身的心理活动。人们在日常生活之中借助于眼神所传递的信息，可被称为眼语。眼语的构成，一般具体涉及角度、部位、时间、方式、变化五方面。

（一）注视的角度

《礼记》要求："目容端。"教师注视他人时目光的具体角度，在某种意义上往往意味着与交往对象的尊卑亲疏关系。注视他人的常规角度，通常有以下三种。

（1）平视

所谓平视，即视线呈水平状态，它也叫正视。它适用于教师在普通场合与身份、地位平等之人进行交往。平视的一种特殊情况是侧视，即位居交往对象一侧，面向着对方进行平视。它的关键之点在于：必须面向对方，否则即为斜视对方。斜视他人，显然是很失礼的。

（2）仰视

所谓仰视，即主动居于低处，抬眼向上注视他人。它通常表示尊重、敬畏之意，主要适用于教师面对其尊长之时。

（3）俯视

所谓俯视，即抬眼向下注视他人，一般适用于教师身居高处之时。它可用以对晚辈表示宽容、怜爱，有时候也可表示傲慢或者歧视。

（二）注视的部位

在人际交往中，教师的目光所及之处，就是其具体注视的部位。注视他人的部位不同，不仅说明自己的态度不同，而且往往也说明双方之间的具体关系有所不同。

在一般情况下，教师在与他人相处时，绝对不宜“目中无人”，或者注视对方头顶、大腿、脚部与手部。对异性而言，通常不应注视其肩部以下，尤其是不应注视其胸部、裆部和腿部。通常允许注视的常规部位，主要有以下几处。

（1）**额头**

注视他人的额头，往往表示严肃、认真、公事公办，一般叫作公务型注视，适用于极为正规的公务活动。

（2）**双眼**

注视他人的双眼，往往表示自己聚精会神、一心一意，并且非常重视对方，但具体时间不宜过久。这种注视，有时也叫关注型注视。

（3）**眼部至唇部**

注视这一区域，往往是教师在社交场合面对交往对象时所使用的常规方法，因此也叫社交型注视。

（4）**眼部至胸部**

注视这一区域，往往表示亲近、友善，多用于关系密切的男女之间，故称近亲型注视。

（5）**眼部至裆部**

注视此处，往往适用于相距较远的熟人，亦表示亲近、友善，故称远亲型注视，但并不适用于关系普通的异性。

（6）**任意的部位**

对他人身上的某一部位随意一瞥，可表示注意，也可表示敌意，它叫作随意型注视，大多适用于在公共场合注视陌生人，但对它最好慎用。通常，它也叫瞥视。

（三）注视的时间

在人际交往中，尤其是与熟人相处时，教师注视对方时间的长短往往十分重要。在交谈中，听的一方通常应当多注视说的一方，以表示友好、专心、重视，以及对其所谈论的话题颇感兴趣。

（1）**表示友善**

若对他人表示友善，则注视对方的时间应占全部相处时间的三分之一左右。

（2）**表示重视**

若对他人表示重视，或者表示感兴趣，则注视对方的时间应占全部相处时间的三分之二左右。

（3）**表示轻视**

若注视他人的时间不到相处全部时间的三分之一，往往意味着对其轻视甚至毫无兴趣。

(4) **表示敌意**

若注视他人的时间超过了全部相处时间的三分之二，往往表示可能对对方抱有敌意，或是为了寻衅滋事。

(四) 注视的方式

注视他人，在交际场合里可以有多种具体方式的选择。教师在具体的注视方式上要有所选择，不要因为注视方式的不妥而影响自己的工作或交流。

(1) **直视**

所谓直视，即直接地注视交往对象。它表示认真、尊重，适用于各种情况。若直视他人双眼，即称为对视。教师与交往对象进行对视，往往表明自己大方、坦诚，或是关注对方。

(2) **凝视**

所谓凝视，指的是直视的一种特殊情况，即全神贯注地进行注视。它多用于以表示专注、恭敬。

(3) **环视**

所谓环视，即有节奏地注视身边不同的人员或事物。它通常表示认真、重视，主要适用于同时与多人打交道，以示自己"一视同仁"。

(4) **虚视**

所谓虚视，是相对于凝视而言的一种直视。其特点是目光不聚焦于某处，眼神不甚集中。它多表示胆怯、走神、疲乏，或是失意和无聊。

(5) **扫视**

所谓扫视，即视线移来移去，注视他人时对其上下左右反复地进行打量。它表示好奇、吃惊，但不可多用，对异性则尤其应当禁止使用。

(6) **睨视**

所谓睨视，又叫睥视，即斜着眼睛注视别人。它多表示怀疑、轻视，在一般的情况下应当忌用。与初识之人交往时，尤其应当忌用。

(7) **眯视**

所谓眯视，即眯着眼睛注视。它往往表示惊奇、疑惑、看不清楚。其模样不甚雅观，故也不宜采用。

(8) **盯视**

所谓盯视，即目不转睛、长时间地凝视某人的某一特定的部位。它通常表示自己走神或挑衅对方，故不宜多用。

(9) **他视**

所谓他视，即与某人交往时并不注视对方，反而望着别处。它往往表示胆怯、害羞、心虚、反感、心不在焉，是不宜采用的一种眼神。

(10) **无视**

所谓无视，即在人际交往中闭上双眼不看对方。它又叫闭视，一般表示疲惫、反感、生气、无聊或没有兴趣。它给人的感觉往往是不太友好，甚至会被理解为厌烦、拒绝，故不宜使用。

（五）注视的变化

在人际交往中，教师的目光、视线、眼神都是时刻变化的。这些注视的变化，主要表现在以下几个方面。

（1）**眼皮的开合**

人的内心情感变化，往往会使其眼睛周围的肌肉进行运动，从而使其眼皮的开合也产生改变。例如，瞪大双眼表示愤怒、惊愕；睁圆双眼则表示疑惑、不满。眼皮的眨动，一般每分钟5～8次。若次数过快，表示活跃、思索；若次数过慢，则表示轻蔑、厌恶。有时，眨眼还可表示调皮或不解。

（2）**眼球的转动**

平时，教师眼球的转动不应当表现得反常。若其反复转动，往往表示在动心思。若其悄然挤动，则表示向人进行某种暗示。

（3）**瞳孔的变化**

瞳孔的变化往往显而易见，它的变化实际上反映着人们内心世界的变化。平时，它变化无多，若突然变大，发出光芒，表示惊奇、喜悦、感兴趣。若突然缩小，双目黯然无光，即所谓双目无神，则表示伤感、厌恶、毫无兴趣。

（4）**视线的交流**

在人际交往中，与他人交流视线，常常可以表示特殊的含义。如表示爱憎、地位、补偿、威吓等。具体使用什么眼神往往应当因人、因事而异。教师与他人进行交往时，不交流视线不行，交流视线不当也不行。

二、笑容

所谓笑容，指人在笑时所呈现出的面部表情。它通常呈现为脸上所露出的喜悦表情，有时还会伴以口中所发出的欢喜之声。平时，笑容是人际交往中的一种轻松剂和润滑剂，可以缩短彼此之间的心理距离，打破交际障碍，为深入的沟通与交往创造和谐、温馨的良好氛围。在正常情况下，教师应当笑得自然、笑得真诚、笑得多多。

（一）笑的本质

真诚友善的笑容，通常为世界各民族所认同。它的本质是：出于自信、热情和友好。在工作岗位上，面带微笑是对教师礼貌待人的基本要求。在交际场合里，笑容可以使人自然放松，如沐春风。总的来说，笑容可以发挥以下四个方面的作用。

（1）**表现乐业敬业**

在工作岗位上微笑，往往说明教师热爱本职工作，并且乐于恪尽职守、认真工作。

（2）**表现心境良好**

只有心态平和、心情愉快、心理正常、善待人生、乐观面世的人，通常才会拥有真诚的微笑。

（3）**表现充满自信**

只有不卑不亢、充满信心的人，才会在人际交往中为他人所真正接受。而面带微笑的教师，则往往对自己的个人能力和魅力确信无疑。

（4）**表现真诚友善**

教师以微笑示人，可以反映出自己心地善良、坦坦荡荡、诚心诚意、待人友善，而非虚情假意、敷衍了事。

（二）笑的种类

在日常生活中，笑的具体种类很多。它们绝大多数都富于善意，但也有极少数失礼、失仪的笑。出于教师实际需要方面的考虑，在此重点讨论的是合乎礼仪的笑容的种类。这一类笑容，基本上可分作六种，它们分别是：

（1）**含笑**

含笑，是一种程度最浅的笑。它不出声、不露齿，仅是面含笑意，意在表示接受对方、待人友善。在教师所参与的一般性人际交往中，其适用范围较为广泛。

（2）**微笑**

微笑，是一种程度上较含笑为深的笑。它的特点是：面部已有明显变化，唇部向上移动，略呈弧形，但牙齿不会外露。它是一种典型的自得其乐、充实满足、知心会意、表示友好的笑。在人际交往中，其适用范围最广。

（3）**轻笑**

轻笑，在笑的程度上较微笑为深。它的主要特点是：面容进一步有所变化，嘴巴微微张开一些，上齿显露在外，大致会露出六颗牙齿。不过仍然不发出声响。它表示欣喜、愉快，多用于会见亲友、向熟人打招呼，或是遇上喜庆之事的时候。

（4）**浅笑**

浅笑，是轻笑的一种特殊情况。与轻笑稍有不同的是，浅笑表现为笑时抿嘴，下唇大多被含于牙齿之中。它多见于年轻女性表示害羞之时，通常俗称为抿嘴而笑。

（5）**大笑**

大笑，是一种在笑的程度上又较轻笑为深的笑。其特点是：面容变化十分明显，嘴巴大张，呈现为弧形；上齿下齿暴露在外，并且张开；口中发出“哈哈哈哈”的笑声，但肢体动作不多。它多见于尽情欢乐或是高兴万分的时刻。

（6）**狂笑**

狂笑，是一种程度最深的笑。

它的特点是：面容变化甚大，嘴巴张开，牙齿全部露出，上下齿分开，笑声连续不断，肢体动作很大，往往笑得前仰后合，手舞足蹈，泪水直流，上气不接下气。它出现在极度快乐、纵情大笑之时，一般不大多见。

（三）笑的要求

作为一种基本表情，笑有其共性与个性之分。笑的共性在于：面露喜悦之色，表情轻松愉快。笑的个性则在于：具体的眉部、唇部、声音彼此之间的动作和配合，往往不尽相同。

以微笑为例，它大致上可分为四个方面：

第一，额部肌肉进行收缩，使眉位提高，眉毛略弯曲，呈弯月形。

第二，两侧面颊上的笑肌进行收缩，并稍微拉伸，使面部肌肤看上去出现笑意。

第三，唇部肌肉进行配合，唇形稍许弯曲，嘴角稍稍上提，双唇微张，露出牙齿。

第四，自觉地控制发声系统，一般不应发出笑声。

总的讲来，每一名教师在笑的时候具体应当努力做到下列三个方面。

（1）**声情并茂**

笑的时候，教师应当做到表里如一，令笑容与自己的举止、谈吐相辅相成，锦上添花。切勿脸上挂笑，出言不逊，举止粗鲁；或是语言高雅，却面无笑意。

（2）**气质优雅**

真正的笑，通常应当发自内心。教师不仅要讲究笑得适时、尽兴，而且更要讲究笑时精神饱满、气质典雅。因为它非常自然地反映着人们的文化修养和精神追求。

（3）**表现和谐**

在笑的时候，教师应当使自己的眉、眼、鼻、口、齿以及面部肌肉和声音协调行动，让各个部位运作到位，而不至于顾此失彼、笑得勉强做作。在正式场合笑的时候，尤其不能假笑、冷笑、怪笑、媚笑、怯笑或者窃笑，当然更不能狞笑。

第五节　举止规范

在人际交往中，人们的举止往往备受其交往对象的关注。所谓举止，在此指的是人们在日常生活中的活动、动作，以及身体各部分在其具体过程中所呈现的姿态。平日里人们所推崇的风度和气质，通常指的就是优雅的、训练有素的、具有无比魅力的举止。

在实际工作中，一名教师总有其一系列的举止行为呈现在其他人的面前。人们的举止，由于在日常生活中时刻都在自觉或不自觉地表露着其思想、情感以及对外界的反应，因此被视作一种无声的语言，又称第二语言或副语言。教师在其具体的人际交往中，尤其是在正式场合中，一定要力求举止有度。

一、基本规范

老子说过："天下大事，必作于细。"教师在公共场合的举止，往往可以反映出其综合素质与内在修养。特别是在与外界进行交流的时候，教师在这方面给别人所留下的印象，就常常成为彼此之间进一步了解和交往的重要依据。因此，教师在公务场合里应当自觉地遵守举止礼仪，以便使自己的举止行为符合规范。

对教师而言，遵守举止礼仪，即要求其举止合乎约定俗成的基本的行为规范。它的关键是：要求教师的个人举止，必须做到文明、优雅、敬人、有度。

（1）举止文明

教师的举止应自然、大方、高雅而不粗俗，以表现其良好的文化素养。此即所谓举止文明。

（2）举止优雅

教师的举止应规范而美观，得体而适度，并且看起来不卑不亢、风度翩翩。此即所谓举止优雅。

（3）举止敬人

教师的举止应体现出对他人的尊重、友好与善意。此即所谓举止敬人。

（4）举止有度

教师的举止应适当、适时、适宜，能够配合相关的场合，并且符合常规。此即所谓举止有度。

（一）举止文明

作为一名现代人，举止文明是对教师的举止行为所提出的最基本的要求。要求教师做到举止文明，具体而言，不仅要求其举止行为可以显示出自身的良好教养，而且还要求其举止行为可以显示出自身的稳重与成熟。

多加检点

在任何情况下，一名有教养的教师都会对自己的举止行为多加检点，并且对一些与此相关的具体细节倍加重视。因为一个人的"内在美"通常有赖于"外在美"来进行表现，一个人的基本教养与基本素质往往体现在其举止行为的具体细节之中。

例如，在公共场合，乱扔果皮纸屑，随地吐痰，或者用手指去抠鼻孔、掏耳朵、剔牙，在外人面前整理个人服饰，都是极其不礼貌的个人举止。在课堂上，教师倘若接、打电话，或者查看其手机，则属于典型的举止不检点。

再如，每一个文明人，都不应该在公共场合吸烟。吸烟不但对本人的身体有害，而且还会污染室内空气。在公务场所里，均不得以香烟招待客人。即使客人自备香烟要吸，也应该事先征得主人与周围人员的同意，或者自觉地前去指定的吸烟场所。

稳重成熟

平时，教师的举止行为应该适当地显示出其稳重与成熟。这样做，不仅可以显示自己阅历丰富，而且也可以显示自己处事有方，进而能够更好地赢得他人的信任。因此，教师应努力做到稳健沉着、有条不紊、泰然自若。

例如，在公共场合中，千万不要大声喧哗。尽管有的人习惯于爽直大方，但不宜在公共场合放开嗓门大声喧哗，也不应旁若无人地高声谈笑。在相互交谈时，教师声音的大小，应当以能够使谈话对方听得清楚为适宜。

再如，说话时，教师的手势不要过多，也不能用手指或笔具、教鞭、刀叉、筷子直接指着他人说话。那样做，往往会显得自己既不礼貌，又过于霸道。

又如，在报告厅、图书馆、博物馆、医院等公共场所，教师应当保持绝对安静。在举行隆重的仪式时，或是在听演讲、出席音乐会时，教师则要自觉地保持肃静。

不急不躁

在日常生活中，教师还应当努力地使自己的举止行为不急不躁，切忌显得风风火火。

例如，在室外走动时，教师一般应当保持正常速度，不宜快步疾走，或者狂奔而去。前去拜访他人时，应首先敲门或者按响门铃，获得许可后方可入内。千万不能直接推门而入，也不能用拳擂门或是用脚踢门。与尊长通电话时，一般应当由对方首先终止通话。在对方终止通话前就抢先挂上电话，是十分没有礼貌的。

（二）举止优雅

作为一种较高层次上的要求，教师的举止行为应当力求优雅。既要使之高雅脱俗，又要使之给人以美感。

所谓举止优雅，在此就是要求教师的举止动作漂亮好看。也就是说，它一定要看起来美观、大方、自然，能够给人以赏心悦目的感觉。

（1）举止美观

所谓举止美观，在此是要求教师的举止行为雅致耐看，可给人以美感。例如，要站有站相，坐有坐相。坐时腿不能摇晃，更不要跷着二郎腿；女士要双腿并拢。站立时身子不要歪靠一旁，也不能半坐在桌子上或椅背上。走路时脚步要轻。不要当别人正在交谈或照相时从其中间穿越而过。在剧场、音乐厅、电影院里，如必须从别人的座位之前穿越，则必须对在座的人说一声“对不起”，并且侧身而过。

（2）举止大方

所谓举止大方，在此是要求教师的举止要显得洒脱、大方、不卑不亢。例如，在面对交往对象时，不论对方是熟人还是生人，是同性还是异性，教师都要正视对方，以示对对方的尊重。否则就会给人以过于害羞、小家子气的感觉，甚至会让对方产生自己目中无人或心怀不轨的感觉。

（3）举止自然

所谓举止自然，在此是要求教师的举止不能够给人以勉强、局促、呆板、虚假、做作之感。因此，举止自然的关键，就是要求教师在举止行为上力求美观大方的同时，一定要做到顺理成章或水到渠成，努力避免过分程式化、过分脸谱化和过分戏剧化。否则，就会使教师的举止行为显得十分勉强、敷衍了事，或者矫揉造作、华而不实。

（三）举止敬人

每一个人的举止，往往都会展现出自己对待他人的基本态度与看法。在一般情况下，教师应该诚心诚意地通过自己的举止行为向其交往对象表达敬重之意。这就是举止敬人的基本含义。具体而言，举止敬人有以下两方面的要求。

（1）表达重视

人们的具体的举止行为，往往可以向别人表达自己的重视之意。例如，行进时，自己主动走在前面为贵宾开道、开门，即表示自己非常重视对方。

（2）体现敬意

人们具体的举止行为，通常还可向他人表示自己的敬意。例如，教师在其尊长面前正襟危坐、不苟言笑，有时也是对对方的一种尊重。

（四）举止有度

举止有度，在此即要求教师在正式场合中应当使自己的一切举止行为合乎常规、符合身份、适应特定的对象，并且注意其具体的场合。只有举止行为真正地

"适度"，教师才称得上举止得体。

（1）**热情有度**

在人际交往中，待人热情的人通常都比较受欢迎。但是，教师一定要遵守"热情有度"的基本规则。具体而言，在工作和生活中，教师既要为人热情，又要具体把握好为人热情的基本分寸。例如，自己的所作所为，应当不影响对方、不妨碍对方、不给对方平添麻烦、不令对方感到不快或不便、不干涉对方的私人生活、不损害对方的个人尊严。千万不要因为过度热情或热情越位，而最后导致自己好心办了坏事。

（2）**动作适度**

所谓动作适度，此处主要是要求教师在平时必须有意识地控制自己的肢体动作的幅度，并适度减少自己的肢体动作，从而使自己的举止行为不至于让别人感到矫揉造作、过分夸张，或者被人误解。一个动作适度的人，往往会给人以教养良好、稳重和成熟的感觉。

二、具体要求

在了解了上述各项规范之后，教师还应当掌握在手势、坐姿、立姿、行姿、卧姿等方面的具体要求。

（一）手势

手势，即手的摆放位置及其动作之中所呈现的姿态。它有静态手势与动态手势之别。一个人的手势，通常可表达一定的信息、思想甚至情感。对教师来讲，具体手势的应用需要注意以下三点。

▌规范手势

所谓规范手势，指教师的手势在正式场合中的运用首先应当合乎标准和惯例。

当教师站立或行走时，通常可以选择两手垂放或者背手的姿势，这是最基本的手势。

两手垂放，有下列两种方式：一是双手自然下垂，掌心向内，叠放或相握于腹前。此时，男教师的双手应为左手在外、右手在内；女教师的双手则应右手在外、左手在内。二是双手下垂，掌心向内，分别贴放于大腿两侧。

所谓背手，则是指两臂伸到身后，双手相握，同时昂首挺胸。但要注意，背手有时候容易给人盛气凌人的感觉。因此，在正式场合，或者有领导同行、家长或长辈在场的情况下，一定要慎用背手。

教师若要以手持物，则具体做法多样。既可以用一只手，也可以用双手。但最关键的是，拿东西时应动作自然，五指并拢，用力均匀。一定要注意：不应翘起无名指与小指，否则会显得成心作态。

当教师需要为他人引导或指示方向时，标准的手势应当是：伸直并拢手指，掌心向上，腕关节伸直，指尖与手臂形成一条直线，先指向被引导者的身躯中段，随后再指向其应去之处。若是掌心向下则是极其不礼貌的。

表扬他人时，教师可以伸出右手，翘起拇指，指尖向上，指腹面向被称道者。但在交谈时，不应当将右手拇指竖起来反向对着其他人，它往往意味着自大或藐视。以之自指鼻尖，也有自高自大、不可一世之意。

表示欢迎、祝贺或支持时，教师可以鼓掌致意。其正确的手势是：以右掌有节奏地拍击左掌。若有必要，可站立起来并高兴地双手鼓掌。不过，社会上也流行以鼓掌来表示讽刺、反对、拒绝、驱赶之意，它被称作“鼓倒掌”。对教师来说，鼓倒掌的情况是应当严禁出现的。

▌少用手势

在一般情况下，教师的动态手势以少用为佳。

教师在公务活动中，通常应当表现得精明强干、含蓄稳重、处变不惊。虽然适当地使用一些得体的手势可以辅助语言来增强表达能力，但总的来说，最好还是少用动态手势为妙。

▌避免犯忌

《礼记》要求：“手容恭”。对教师而言，其手势的具体使用千万不要犯忌，尤其是要避免使用不卫生、不稳重或失敬于人的手势。

例如，在他人面前搔头皮、掏耳朵、抠眼屎、挖鼻孔、剔牙齿、抓痒痒、摸脚丫等等，均为极不卫生、令人恶心的手势。在大庭广众之下，双手乱动、乱摸，或是咬指尖、甩胳膊、抱大腿、拢脑袋等等，都是应当禁止的手势。在熟人面前，无论是站是坐，都不宜将双手插入衣兜，或是手端双臂。此外，掌心向下挥动手臂，勾动食指或除拇指外的其他四指招呼别人，也属于失敬于人的手势。使用自己的手指指点他人，即伸出一只手臂，用食指指向他人，其余四指握拢这一手姿，因其含有指责、教训之意，尤为失礼。

（二）坐姿

所谓坐姿，即人在就座之后所呈现出来的姿势。在一般的情况下，坐姿属于静态姿势，它往往是教师采用最多的姿势。

每一种正确的坐姿，都要兼顾其深浅、角度、舒展三方面的问题。

（1）**坐的深浅**

坐有深坐、浅坐之别。所谓坐的深浅，即坐下时臀部与座位所接触面积的多少。

（2）**坐的角度**

坐的角度，在此指的是坐定后上身与大腿、大腿与小腿所形成的角度。平时，人们的具体坐姿，往往因为其角度的大小而有所不同。

（3）**坐的舒展**

坐的舒展，此处指入座前后就座者手、腿、脚的具体舒张、活动程度。坐得舒展与否，往往与交往对象相关，可间接反映双方关系。

坐姿的重点，自然是指坐定后的姿势。但对就座时的姿势，教师也要略知一二。

就座的姿势

就座，即走向座位直到坐下这一整个过程，它是坐姿的前奏，也是其重要组成部分。举止礼仪对其中的各个重要环节均有规范。

（1）**先后有序**

与他人一起入座时，一定要讲究先后顺序。届时必须礼让尊长，不能抢在来宾、长辈、上司或者女性前就座。就座时合乎礼仪的顺序有两种：一是优先尊长，即请位尊之人首先入座。二是同时就座，适用于在平辈人或者亲友同事之间。对教师而言，一定要切记：无论如何，抢先就座都是失态的表现。

（2）**方位有别**

就座者不论从什么具体方位走向其座位，通常都讲究从左侧一方走向自己的座位，并且从左侧一方离开自己的座位。这种方式简称为“左进左出”，是在正式场合一定要遵守的礼仪规范。此外，在就座时，应转身背对座位。如距其较远，可以右脚后移半步，等到腿部接触座位边缘后，再轻轻坐下。穿着裙装的女性入座，通常应用双手先拢平裙摆后再坐下。

（3）**落座无声**

在就座的整个过程中，教师不但不能与人争抢，而且还要注意：不论移动座位还是坐下时，都不能发出嘈杂的声音。改变坐姿时，同样也不宜出声。这是因为不慌不忙、悄无声息，本身就体现着一种尊重他人的教养。

坐定的姿势

坐定后的姿势，是坐姿中最重要、最基本的姿势，也是最能体现教师职业素养的一种姿势。在坐定后，教师一定要注意以下五个方面的具体问题。

（1）**不宜满座**

在较为正式的场合，或有尊长在座时，教师通常坐下之后不宜坐满整个座位，而是应该根据其座位的具体高低来选择具体的坐姿，一般说来，只占据椅子三分之二即可。

（2）**上身挺直**

在就座后，教师一定要挺直上身，头部端正，目视前方或面对交谈对象。在一般情况下，不可身靠座位的背部，也不允许仰头靠在座位背上，或是低头注视地面。至于左顾右盼、闭目养神、摇头晃脑，则是绝对不允许的。

（3）**双手安稳**

坐下之后，教师的双手要尽量减少不必要的动作。此刻，不应当以双手抱臂、双手抱于脑后、双手抱着膝盖，或者以手抚脚、摸脚。双手夹在大腿中间，也应该避免。通常说来，坐定之后，双手应掌心向下，叠放于大腿之上，或是放在身前的桌面之上。侧坐之时，双手以叠放或相握的姿势放置于身体侧向的那条大腿上，则最为适宜。

（4）**双腿并拢**

当自己面对尊长或贵客而又无屏障坐下时，双腿应当并拢。具体来讲，男教师就座后双腿可张开一些，但不应当宽于其肩宽。女教师就座后，特别是身着短裙时，务必并拢双腿。在非正式场合，允许坐定之后双腿叠放或斜放。但在双腿交叉叠放时，应力求做到膝部之上的并拢。双腿斜放，以与地面构成45度夹角为最佳。不要在尊长面前高跷“二郎腿”，不要两腿直伸开去，也不要反复抖动不止。不要骑在座位之上，或把腿架在高处。

（5）**双脚垂地**

教师在落座之后，脚部应该自然下垂，直接置于地面之上。脚尖应面对正前方或朝向侧前方。切勿在坐定后将脚抬得过高，以脚尖指向他人，或是使对方看到自己的鞋底。不要在坐下后脱鞋子、脱袜子，或挑着鞋子、趿拉着鞋子。不要双脚悬空，不要以脚踩其他物体，双脚不要勾住桌脚，更不要两脚脚跟着地，脚尖朝上，摇荡抖动不止。

▌谨慎离座

离座时，应当符合礼仪的具体顺序。通常应当请交往对象优先，或与之同时起立。不要突然跳起，免得惊吓他人。也不要因此而制造声响，或把身边东西撞到地上去。在离开座位时，应从左侧起身退出，并且一定要记得随手把椅子摆放到原来的位置，以显示自己良好的教养。

（三）立姿

立姿，往往又叫站姿、站相，它所指的是人在站立时所呈现出来的具体姿态。平时，立姿是人的最基本的姿势，同时也是其他一切姿势的基础。通常，它是一种静态姿势。

教师在站立时应当显得挺拔而庄重，即身体站直、挺胸收腹、双腿并拢、双脚微分、双肩平直、双目平视、头部保持端正。此即所谓“站如松”。

此外，对教师往往还需要特别强调以下几点。

站立端正

具体来讲，人们的立姿通常呈现三种基本形态，即立正、稍息与跨立。无论哪一种立姿，其基本要求都是：头端、肩平、胸挺、腹收、身立、腿直、手垂。

在站立时，教师的双手应自然大方地置于身前，并且垂手而立。此外，男教师的左手可以搭在右手之上，女教师的右手则可搭在左手之上。双手不能平放或抱在胸前，也不能在别人面前将双手背在背后，更不能将一只手插入口袋或手夹香烟。站得端端正正，往往就会使教师显得棱角分明、线条优雅、精神焕发。

男女有别

由于性别方面的差异，男女教师的基本立姿又各有其不尽相同的具体要求。对男性的要求是稳健，对女性的要求则是优美。

1. 男教师的立姿

在站立时，男教师一般应当双脚平行，并且要注意其分开的幅度。这种幅度，一般应以不超过肩宽为宜，最好是间距一脚之宽。届时，一定要全身正直，双肩展开，头部抬起，双臂自然下垂伸直，双手贴放于大腿两侧，双脚不能动来动去。如果站立的时间过久，可以将左脚或右脚交替后撤一步，使得身体的重心分别落在另一只脚上。但是，上身仍须直挺，伸出的脚不可伸得太远，双腿不可叉开过大，变换不可过于频繁。需要蹲下去的时候，应尽可能双腿并拢，或采用两腿一高一低紧贴在一起的下蹲姿势。

2. 女教师的立姿

在站立时，女教师应当挺胸，收颔，目视前方，双手自然下垂，叠放或相握于腹前，双腿基本并拢，不宜叉开。站立时，女教师可以将重心置于某一只脚上，双腿一直一斜。此外还有一种方法，即双脚脚跟并拢，脚尖分开，张开的脚尖大致相距 10 厘米，张角约为 45 度，呈现出“V”形。女教师还要切记：千万不能正对他人双腿叉开而立。

不可散漫

人站得久了之后，往往会感到疲劳。这时若实在无法支持下去，可以调整一下自己的姿势。但必须避免那些不文明、不礼貌的举止，它们主要是指趴、拉、倚、靠等散漫的动作。教师在站立时，应当努力禁止某些不雅或失礼的姿态。例如，全身一定要端正，在站立时不能斜肩、曲臂、含胸、弓背等等。又如，双脚不要随意乱动。不应用脚尖乱点乱画、双脚踢来踢去，甚至用脚去够东西、蹭痒痒；不应脱下鞋子把脚“解放”出来，或是半脱不脱，脚后跟踩在鞋帮上，令脚一半在鞋里一半在鞋外。

(四) 行姿

行姿，在此具体指的是人们在其行走的过程中所形成的姿势。它又被称作走姿或步态。它自始至终都处于动态之中，属于人的全身性的综合活动，重点则在行进中的脚步之上。

讲究行姿，可以体现出人们的个人风采和精神面貌。

举止礼仪对行姿的总体要求是：矫健、轻松、匀速、优美、不慌不忙、稳重大方。

基本行姿

教师在行走时要全面、充分地兼顾以下四方面具体问题。

(1) 昂首挺胸

在行走时，教师一定要面朝前方，双眼平视，头部端正，胸部挺起，背部、腰部、膝部尤其要避免弯曲。总之，要使自己的全身看上去呈一条直线。

(2) 直线前进

在行进时，教师应当保证步幅大小适中。双脚行走的轨迹，大体上应当呈现为一条直线。与此同时，还要克服自己身体在行进中的左右摇摆，并使腰部至脚部始终都保持以直线进行移动。

(3) 两臂摆动

行进时，双肩、双臂都不可过于僵硬呆板。双肩应当平稳，并且力戒摇晃。两臂则应自然地、一前一后地、有节奏地摆动。在摆动时，手腕要进行配合，掌心要向内，手掌要向下伸直。摆动的幅度以 30 度左右为佳。此刻，不要双手横摆，或同向摆动。

(4) 匀速前进

教师行进时向前伸出的那只脚应保持脚尖向前，不要向内或向外。在某一阶段中行进的速度要均匀，要有节奏感。此外，全身各个部分的动作要相互协调、配合，并要表现得轻松、自然。

主要禁忌

一般而言，教师在其具体行进时应该尽量避免下列举止，以防自己失礼：

（1）**方向不定**

在行走时，教师如果忽左忽右、变化多端，则易给人犹豫不决或者心神不定的印象。

（2）**左顾右盼**

在走路时，教师若东张西望，或者反复回过头来注视自己的身后，是十分不礼貌的。至于在行进之中接、打电话，或查看手机，则更是失当的。

（3）**声响过大**

在行走时，教师不可用力过猛。否则就会搞得声响大作，因此而妨碍或惊吓其他人。

（4）**变速行进**

在行进时，教师一定要保持匀速前进，切勿忽快忽慢，不然会显得自己十分毛躁。

（5）**走八字步**

平时，教师尽量不要走八字步。在行走时，若两脚脚尖向内，形成所谓“内八字步”，或两脚脚尖向外，形成所谓“外八字步”，看起来都非常难看。

（五）卧姿

卧姿，即身体躺倒后呈现出的姿态，它属于静态姿势。在日常生活中，教师除了要讲究坐姿、立姿和行姿外，同样需要讲究其卧姿。在公共场合中，尤其是在办公室、影剧院、酒店大堂或公园、景点，教师显然不宜在众目睽睽之下卧倒。因此，这里所谓的卧姿，主要是指教师在某些公共交通工具，例如，在火车、轮船或飞机上使用卧铺时的卧姿。

在乘坐火车、轮船或飞机时，无论具体选择的是硬座还是卧铺，教师都要遵守社会公德、讲究自身形象。在使用卧铺时，教师则更应该讲究文明礼貌。

（1）**文明休息**

使用卧铺，往往是为了休息。此时，必须文明第一。例如，在火车上，除下铺以外，中铺和上铺的旅客通常都必须采取头朝火车过道、脚朝窗户的姿势躺下。与此同时，双手不能乱伸，双脚更不能乱跷，也不能两腿叉开。不能只顾着自己舒服，而不顾他人的感受。

（2）**摆放整齐**

在卧铺上躺下来之前，要将自己脱下的鞋子整整齐齐地摆在铺位下。应当注意：不要将别人的鞋子弄乱或踢开。身上所盖的被子、毯子要尽量折成大小合适的形状，而不能令其垂在半空中。从铺位上起身之后，一定要将被子、毯子叠好，并将它们与枕头一起摆放整齐。

（3）**讲究着装**

为了上下卧铺方便，同时也是为了讲究社会公德，在具体使用卧铺时，建议女教师不要穿裙子，男教师则不要身着肥大的短裤。如果必要，休息前教师应当换装。

第三章 师言

师言，此处是指教师在工作、学习与生活之中语言与文字的规范化使用。教师的一言一语、一话一声、一字一句，往往都会对学生影响甚大。本章所讲授的内容，包括礼貌用语、文明用语、课堂用语、书面用语、题写用语、电话用语等。

学习目的

- 坚持语言文字的规范化使用。
- 身体力行地检点师言。
- 提升自己在语言文字方面的表达能力。
- 礼貌地使用语言文字。
- 文明地使用语言文字。

习近平同志指出："老师在学生心目中具有重要位置，老师无意间的一句话，可能造就一个天才。"①

语言文字，既是人类所独有的用来传递信息、交流情感、表达思想的基本工具，也是教育的基本手段。曾有学者认为：正是有了语言，人类才有真正意义上的教育。正所谓"人以言立"，"言为心声"，每个人对语言文字的使用，往往都非常真实而准确地体现着其个人教养与待人接物的基本态度。

在日常工作中，教师的基本工具就是语言文字。有道是："工欲善其事，必先利其器。"对教师而言，掌握好语言文字，就是掌握好自己的基本工具。这一点，不仅是必要的，而且也是必需的。

师言，指教师对语言文字的使用。在人际交往中，尤其是在自己的日常工作中，师言是教师最重要的沟通工具。《礼记》曰："行修言道，礼之质也。"就教师礼仪而言，对师言的要求有三：其一，完美性。即师言理当力求"真、善、美"，力求以之传播利学生、利社会、利国家的正能量。其二，规范性。即师言必须标准而正规，必须自觉地遵守《中华人民共和国国家通用语言文字法》。其三，技巧性。即师言的具体表达方式应当有所讲究、有所斟酌。

第一节　礼貌用语

子曰："非礼勿言"。语言礼貌，是现代文明社会的首要标志之一。在人际交往的具体过程中，恰到好处地使用礼貌用语，既可以表现出使用者的亲切、友好、和蔼与善意，也能够传递出使用者对交往对象尊重、敬佩的信息，因此将有助于双方之间互相产生好感，相互达成谅解。在工作岗位上，准确而适当地运用礼貌用语，是对广大教师的一项基本要求，同时也是其做好本职工作的基本前提之一。

礼貌用语对于教师行业而言，是有其特殊界定的。要求教师在其工作岗位上所使用的礼貌用语，主要是指在其工作过程之中表示教师自谦与恭敬之意的一些约定俗成的语言及其特定的表达形式。在一般情况下，教师在与交往对象进行交谈时，礼貌用语的运用通常极为普遍。

一、主要的特点

教师在其工作岗位之上所具体使用的礼貌用语，大致上具有以下三个主要特点。

① 习近平．做党和人民满意的好老师——同北京师范大学师生代表座谈时的讲话（2014年9月9日）．人民日报，2014-09-10.

（一）主动性

在工作之中使用礼貌用语，应当成为广大教师主动而自觉的行动。唯其如此，礼貌用语的使用方能口到、心到、意到。正是出于这一原因，教师在与交往对象进行语言交际时，均应率先主动地采用礼貌用语。

教师在其日常工作中对礼貌用语的主动使用，体现出了其主动性的特点。

（二）约定性

在工作岗位上，教师经常使用的礼貌用语，在具体的内容与形式上往往都是约定俗成、沿用已久、人人皆知的。所以，对其只宜完全遵从，而不宜“另辟蹊径”。不然的话，就难以得到认同，而且也难以发挥礼貌用语的功效。

教师在其日常工作中所使用的礼貌用语的这种约定俗成，体现出了其约定性特点。

（三）亲密性

子曰：“巧言令色，鲜矣仁。”教师在其日常工作中具体运用礼貌用语时，往往还须做到亲切而自然。即要让其交往对象听在耳中，暖在心里，并且心领神会。在运用礼貌用语时，教师必须是诚心所致、不落俗套，而非甜言蜜语、巧言令色、阿谀奉承，让人肉麻。

教师在其日常工作中使用礼貌用语时的这种亲切而自然的要求，体现出了其亲密性的特点。

二、常见的类型

按照教师礼仪的规范，教师在工作岗位上使用的礼貌用语，往往有其特定的适用场合。而不同场合所使用的礼貌用语，在具体内容与形式上通常又各有其特殊的要求。

假如依照特定的使用场合来进行区别，教师常用的礼貌用语一般可以被划分为问候用语、迎送用语、请托用语、致谢用语、征询用语、应答用语、赞赏用语、祝贺用语、推托用语、道歉用语等几种类型。以下将分别对其主要内容、形式及其运用时的基本要求进行扼要介绍。

（一）问候用语

问候，又叫问好或打招呼。它主要适用于人们在公共场所相见之初时彼此询问安好，致以敬意，或者表达关切之意。

在工作岗位上，要求教师对问候用语勤用不怠。具体来讲，适宜使用问候用语的主要时机有五：一是路遇他人时；二是主动与他人联络时；三是他人有求于自己时；四是他人进入本人的工作区域时；五是他人与自己相距过近或是四目相对时。

进行问候，通常应当是相互的，即问候应当有来有往，有问有答。

按惯例，在正常情况下，应当由身份较低之人首先向身份较高之人进行问候。在工作之中，自然应当由教师首先向交往对象进行问候。如果被问候者不止一人，则教师对其进行问候时，有三种方法可循。

一是统一对其进行问候，而不再一一具体到每个人。例如，可如此问候对方："大家好！""各位同学午安！"

二是采用"由尊而卑"的礼仪惯例，率先问候身份高者，然后依次问候身份低者。

三是以"由近而远"为先后顺序，首先问候与本人距离近者，然后依次问候其他人。当被问候者身份相近时，一般应采用这种方法。

当交往对象首先向教师进行问候时，教师有必要采用适当的内容和形式回敬对方一句问候。不要忘记，在这种情况下，"来而不往，非礼也"。

问候他人时，具体内容应当既简练又规范。通常，适用于教师采用的问候用语，主要分为下列两种。

▍标准式问候

所谓标准式问候，即直截了当地问候对方。其常规做法是：在问好之前，加上姓名、适当的人称代词或者其他尊称。例如，"你好""您好""各位好""同学们好""谭小文好""王大军好""包老师好""祁校长好"。

▍时效式问候

时效式问候用语，即在一定的时间范围之内发挥作用的问候用语。它的常见做法是：在问好、问安之前加上具体的时间，或是在二者之前再加以尊称。例如，"早上好 ""早安""中午好""下午好""午安""晚上好""周末好""小汪早安""同学们下午好""赵老师晚上好"。

一些非正式的问候用语，例如"吃饭了吗""忙什么呢""近来好吗""日子过得怎么样"等等，均不宜在正式的工作岗位上采用。此类非正式的问候用语，亦称作问答式问候用语。

（二）迎送用语

迎送用语，主要适用于教师在自己的工作岗位之上欢迎或送别交往对象。具体而言，它们又可划分为欢迎用语与送别用语，二者分别适用于迎客之时或送客之际。应当强调的是，在工作过程之中，教师不但要自觉地采用迎送用语，而且还必须对欢迎用语、送别用语一并配套予以使用。做到这一点，才能使自己的礼貌待客有始有终。

▌欢迎用语

所谓欢迎用语，又叫迎客用语。顾名思义，它自然适用于客人光临之时。在客人光临之初，教师的欢迎用语是不能不用的。一般而言，教师在使用欢迎用语时，有两点应予注意。

第一，欢迎用语往往离不开"欢迎"一词的使用。在平时，最常用的欢迎用语有："欢迎""欢迎光临""欢迎您的到来""欢迎您莅临本校，不胜荣幸""见到您很高兴""恭候光临"。

第二，在客人再次到来时，应以欢迎用语表明自己一直以来都记得对方，以使对方产生被重视之感。具体做法是在欢迎用语之前加上对方的尊称，或加上其他专用词。例如，"王院长，欢迎光临""陈老师，我们又见面了""欢迎易教授再次光临""欢迎您又一次光临本校"。

▌送别用语

所谓送别用语，又叫告别用语。它只适用于送别他人之际。在使用送别用语时，经常需要同时相机采用一些适当的告别礼节。

最为常用的送别用语主要有"再见""欢迎再来""一路平安""一路顺风""多多保重"等。

使用送别用语时，通常有以下两点应当注意。

第一，不要忘记使用。不论此次交往成果如何，教师都应当一如既往地保持风度，千万不要在对方离去时默不作声。

第二，不要加以滥用。在一些特殊的领域里，有些送别语假如使用不当，便会令人感到不甚吉利。例如，在医院，对于病愈出院者，就不宜说"欢迎再来"。

（三）请托用语

请托用语，主要是指在请求他人帮忙或是委托他人代劳时，照例所应当使用的专项用语。在工作岗位之上，任何教师都免不了会有求于人。不论需要理解，还是寻求帮助，诚恳地使用请托用语，对广大教师而言都是非常必要的。

在一般情况下，教师经常使用的请托用语主要可以分为以下三种。

▌标准式请托

标准式请托用语，显然最为正规。它的基本内容，主要就是一个"请"字与其他语言的组合，例如，使用“请稍候”“请让一下”等，往往比使用“稍候”“让一下”更容易为自己的交往对象所接受。

▍求助式请托

这一形式的请托用语，最为常见的有“劳驾”“拜托”“打扰”“借光”“麻烦了”“请关照”等等。它往往是在向他人提出某一具体的要求，例如请人让路、请人帮忙、打断对方的交谈，或者要求对方照顾一下自己时，才予以使用。

▍组合式请托

有些时候，教师在请求或委托他人时，往往会将标准式请托用语与求助式请托用语组合在一起使用，这便是所谓的组合式请托用语。“请您帮我一个忙”“劳驾您替我扶一下这件东西”“拜托您为这位大爷让一个座位”等等，都是较为典型的组合式请托用语。

（四）致谢用语

致谢用语，有时又称道谢用语、感谢用语。在人际交往中，使用致谢用语，往往意在表达自己的感激之意。适当地运用致谢用语，可以使自己的感恩之意为他人所领受，而且也可借以展示本人的良好修养，正所谓“礼多人不怪”。但若是应当道谢之时却不说一句致谢用语，则会使人极为不快，甚而产生反感。

对于教师来讲，在下列六种情况下，理应及时使用致谢用语，以向他人表明自己的感激之情：一是获得他人帮助时；二是得到他人支持时；三是赢得他人理解时；四是感到他人善意时；五是婉言谢绝他人时；六是受到他人的赞美时。

致谢用语在实际运用时内容或有变化，但它基本上可以被归纳为三种基本形式。

▍标准式致谢

它的主要内容，通常只包括一个词语——“谢谢”。在任何需要致谢之时，均可采用此种致谢形式。在许多情况之下，如有必要，在采用标准式致谢用语向人道谢时，还可以在其前后加上尊称或人称代词，如“金先生，谢谢”“谢谢郑蕊老师”“谢谢李媛同学”“感谢您”等等，这样做可使致谢的对象性更为明确。

▍加强式致谢

有时，为了强化感谢之意，可在标准式致谢用语之前加上某些副词。此即所谓加强式致谢用语。对其若运用得当，往往会令人感动。最常见的加强式致谢用语有“十分感谢”“万分感谢”“非常感谢”“多谢”等。

具体式致谢

具体式致谢用语，一般用于特意就某一具体事宜而向人致谢时。在致谢时，致谢的原因通常会被一并提及。例如，“有劳您等我这么久”“让您替我们费心了”“上次给您添了不少麻烦”“那件事情您太为我操心了”，等等。

（五）征询用语

工作之中，教师往往需要以礼貌的语言主动向其交往对象进行征询，此时，唯有使用必要的礼貌语言，才会取得良好的反馈。征询用语，就是教师此时应当采用的标准礼貌用语。有时，它也叫作询问用语。

教师在自己的岗位上面对他人时，遇到下述五种情况，一般应当采用征询用语：一是主动提供帮助时；二是了解对方需求时；三是给予对方选择时；四是启发对方思路时；五是征求对方意见时。

必须注意的是：教师在具体使用征询用语时要把握好时机，并且还需要兼顾交往对象态度的变化，切勿随意对其滥用，从而令人产生我方人员强加于人之感。

在正常情况下，教师应用最广泛的征询用语主要有三种。

主动式征询

主动式征询，多适用于主动向交往对象提供帮助之时。例如，“张教授需要帮助吗”“我能为您做点儿什么”“您需要问什么问题”“您想要什么”。它的优点，是节省时间、直截了当。其缺点，则是把握不好时机的话，便会令人感到有些唐突、生硬。

封闭式征询

封闭式征询，多用于向交往对象征求意见或建议之时。它往往只给对方一个选择方案，以供对方及时决定是否采纳。例如，“您觉得这个答案怎么样”“您不来上一杯咖啡吗”“您是不是很喜欢这种颜色”“您是不是想先来试一试”“您不介意我来帮助您吧”，等等。

开放式征询

开放式征询，有时也叫选择式征询。它基本的做法，是提出两种或两种以上的方案，以供对方有所选择。这样做，往往意味着非常尊重对方。例如，“您需要这一种，还是那一种”“您认为这个答案正确，还是那个答案正确”“这里有红色、黑色、白色三种讲义夹，您更喜欢哪一种颜色的”，等等。

（六）应答用语

应答用语，在此特指教师在工作岗位上用来回应他人的召唤，或是在答复他人询问之时所使用的专用语。在此过程之中，教师所使用的应答用语是否规范，往往直接地反映出他的工作态度与语言技巧。

在工作过程之中，教师随时都有可能使用应答用语，由此可见其使用范围之广。教师在使用应答用语时，基本的要求是：随听随答、有问必答、灵活应变、热情周到、尽力相助、不失恭敬。

就应答用语的具体内容而论，它主要可以分为三种基本形式。在某些情况下，它们往往可以交叉使用。

▌肯定式应答

平时，它主要用来答复交往对象的请求。重要的是，一般不允许教师对其交往对象说“不”，更不允许对交往对象置之不理。这一类的应答用语主要有“好”“是的”“随时为您效劳”“听候您的吩咐”“很高兴能为您解答疑难”“我知道了”“好的，我明白您的意思”“我会尽量按照您的要求去做”“一定照办”，等等。

▌谦恭式应答

当交往对象对于被提供的招待、指导、解答、帮助表示满意，或是直接对教师进行口头表扬、感谢时，一般宜用此类应答用语进行应答。这类应答用语主要有“这是我的荣幸”“请不必客气”“这是我应该做的”“请多多指教”“您太客气了”“过奖了”，等等。

▌谅解式应答

在交往对象因故向自己致以歉意时，应及时予以接受，并表示必要的谅解，此即所谓谅解式应答。常用的谅解式应答用语主要有“不要紧”“没关系”“我不会介意”，等等。

（七）赞赏用语

赞赏用语，主要适用于人际交往中称道或者肯定他人之时。及时而恰当的赞赏，等于是接受自己的交往对象，或是对其所作所为做出正面的认可。从实际效果来看，它既可以激励别人，促使其正视自己、好上加好，也可以促进或改善双方之间的人际关系。

应当指出的是，教师在工作岗位之上对交往对象使用赞赏用语时，讲究的主要是少而精和恰到好处。切不可视之为讨好交往对象的一剂灵丹妙药，以为多多益善。实际上，运用赞赏用语讲究宁缺毋滥。

在实际运用中，常用的赞赏用语大致上分为下列三种具体形式。有时，它们可以混合使用。

评价式赞赏

评价式赞赏，主要适用于教师对交往对象的所作所为在适当之时予以正面评价。经常采用的评价式赞赏用语主要有“特别好”“太棒了”“真不错”“对极了”“非常出色”，等等。

认可式赞赏

当交往对象发表某些见解之后，往往需要由教师对其是非直接做出评判。在对方的见解的确正确时，一般应对其做出认可，此即认可式赞赏。例如，“您的观点非常正确”“你的论文答辩很棒”“就是您说的那么一回事”“没错，没错”“的确如此”，等等。

回应式赞赏

回应式赞赏用语，主要适用于交往对象夸奖教师之后，由后者回应对方之用。例如，“哪里，哪里，我做得还不够”“我做得并不像您说的那么好”“承蒙夸奖，真是不敢当，不过得到您的肯定，的确让我开心”，等等。

(八) 祝贺用语

在具体的工作过程之中，教师往往有必要向交往对象适时地使用一些祝贺用语。在不少场合这么做不但是一种礼貌，而且也是一种人之常情。在工作过程之中，教师向交往对象道上一句真诚的祝贺，通常能令“人逢喜事精神爽”的对方更加开心。

祝贺用语非常之多，适合教师在其工作之中使用的主要有以下两种具体形式。

应酬式祝贺

在各种一般性的场合，它往往被用来祝贺交往对象顺心如愿。其具体内容各异，因此在使用它们的时候，通常要求对对方的具体情况多少有所了解。常见的应酬式祝贺用语主要有“祝您成功”“祝您好运”“一帆风顺”“心想事成”“身体健康”“龙马精神”“面试成功”“答辩顺利”“向您祝贺”“生活如意”“祝贺您晋升高级教师”“祝贺您毕业”“祝贺您获得博士学位”，等等。

节庆式祝贺

此种祝贺用语，主要在节日、庆典、仪式以及对方喜庆之时使用。它的时效性极强，但通常缺少不得。例如，“节日愉快”“活动顺利”“仪式成功”“新年好”“周末好”“假期愉快”“春节快乐”“生日快乐”“新婚快乐”“白头偕老”“福如东海”“寿比南山”“旗开得胜”“马到成功”，等等。

（九）推托用语

在工作之中，教师经常会遇上难以满足交往对象某些要求的情况。有时可能是对方的要求过高，有时则可能是因为我方尚不具备条件。遇到这种情况，教师在解释原因或是回绝对方时，一定要讲究方式方法。

拒绝别人时所惯用的语言，称为推托用语。它的使用，其实也是一门艺术。推托的本义，是借故拒绝。在拒绝他人时，如果语言得体，态度友好，理由充分，拒绝往往可以“转危为安”，使被拒绝者的失望心理迅速淡化。反之，如果拒绝得过于冰冷、生硬，例如，直言“不知道”“做不到”“不归我管”“问别人去”“我没那种能力”“爱找谁找谁去”等，则很有可能令交往对象不快、不满，甚至怒发冲冠，酿成口角。

在工作岗位上，教师适宜采用的推托用语，主要有三种具体的形式，很多时候它们亦可交叉使用。

道歉式推托

当对方的要求难以被立即满足时，不妨直接向对方表示自己的歉疚之意，以求得到对方的谅解。此即所谓道歉式推托。例如，“对不起，这件事情我不能够帮助你”“抱歉，我不准备参加此次会议”，等等。

转移式推托

所谓转移式推托，就是不具体地纠缠于对方所提及的某一问题，而是主动提及另一件事情，以转移对方的注意力。例如，“您不再看点别的资料吗”“这种选择其实跟您刚才的想法差不多”“您可以去其他实验室再看一下”，等等。

解释式推托

所谓解释式推托，就是要求在推托对方时说明具体的缘由，尽可能地让对方觉得自己的推托合情合理。例如，“我们这里规定，对此类问题不能乱说”“我下班后需要休息，不能接受您的邀请”，等等。

（十）道歉用语

在工作之中，因种种原因而带给他人不便、做错了事、误会了对方，或妨碍、打扰对方时，教师必须及时向对方表达自己的歉意，其常规做法，便是使用规范的道歉用语向对方赔礼道歉。例如，“刚才的事情是我错了”“我误会您了，我错了”“抱歉，打扰您休息了”。

道歉用语多种多样，在需要使用时，教师切忌做得过分，并要根据不同对象、不同事件、不同场合认真地进行选择。

最为常用的道歉用语主要有“抱歉”“对不起”“请原谅”“失礼了”“失言了”“失陪了”“失敬了”“失迎了”“不好意思”“多多包涵”“十分失礼”“很是惭愧”“太不应该了”“真过意不去”，等等。

绝大多数的道歉用语，都可以单独使用。如果需要，它们亦可与其他礼貌用语或其他语句组合在一起使用。

第二节　文明用语

在正式场合，人们通常都讲究使用文明用语。在教学的具体过程之中，这一点也不能够有所例外。不然的话，就很可能会影响到教师乃至其所在学校的声誉。

所谓文明用语，具体是指在语言的选择、使用之中，应当既表现出使用者的良好的文化素养和待人处世的文雅态度，又能够令人产生高尚、温和、脱俗之感。简言之，文明用语，就是要求人们使用语言时必须讲究文明。

文明当先，是教师在工作岗位之上使用语言时应当遵守的基本规范之一。想要在使用文明用语方面有所提高，除了要不断地努力学习，严格要求自己之外，最为重要之点，是要认认真真地在称呼得体、口齿清晰、用词文雅、主题正确、方式恰当五方面狠下一番功夫。只有在这几个主要方面表现得合乎礼仪规范，才可以说是真正做到了用语文明。

一、称呼得体

对教师而言，所谓称呼，主要是指自己在其日常性的工作与生活过程之中，对于交往对象所采用的具体称谓语。在人际交往中，特别是在与陌生人打交道时，人们对于他人对自己的称呼都非常重视。教师对交往对象的称呼是否得体，不但真实地反映了其个人教养与实际心态，而且还客观地反映出对后者尊重与否。

教师礼仪规定，在任何情况下，教师都必须对交往对象采用得体的称呼，要做好这一点，主要应当从四个具体方面来着手。

（一）区分对象

根据惯例，教师对称呼的具体使用有着正式场合与非正式场合之分。

▍正式场合的称呼

它主要使用于各种正式场合，具体又分为如下三种类型：一是泛尊称。例如，“同志”“先生”“小姐”“夫人”“女士”，等等。二是职业加泛尊称。例如，“警察同志”“司机先生”“秘书小姐”，等等。三是姓氏、姓名加职务、职业、学衔或职称。例如，“齐经理”“卫局长”“简教授”“钟南山院士”“马梦凡老师”“许令越同学”，等等。

▍非正式场合的称呼

它主要使用于各种非正式场合，具体又分为如下六种类型：一是直接以姓名相称。例如，“王华”“杨宝萍”“袁守中”“张国枢”“周卫东”“程永龄”“朱训华”，等等。二是直接称呼名字。例如，“爱华”“润芝”“桂莲”“志民”，等等。三是称呼爱称或小名。例如，“乐乐”“媛媛”“菲儿”，等等。四是称呼辈分。例如，“大爷”“小舅”“阿姨”，等等。五是姓氏加辈分。例如，“高奶奶”“孙大妈”“金叔叔”“冯伯伯”，等等。六是在姓氏之前加上“老”字、“大”字或“小”字。例如，“老朱”“大郑”“小郭”，等等。

就一般情况而言，在工作岗位上称呼他人时，教师最好是使用各种适用于正式场合的称呼，其中尤以使用各种泛尊称为宜。例如，“同志”这一称呼，对于国内的任何人几乎都可以使用。再如，在校园里以“同学”“老师”称呼任何同学、老师，都是非常适当的。

（二）照顾习惯

教师在其实际生活中称呼他人时，必须对于交往对象的语言习惯、文化层次、地方风俗等各种因素加以考虑，并分别给予不同的对待，切不可自行其是，不加任何区分。

例如“先生”“小姐”“夫人”一类的称呼，在国际交往之中普遍适用。在称呼海外华人或内地的白领时，亦可酌情采用。但若以之去称呼农民朋友，则未必会让对方真的感到舒服和顺耳。

称呼熟人或老年人时，往往可相机采用一些非正式的称呼，诸如“大哥”“大姐”“王哥”“李姐”“张大伯”“王爷爷”“老人家”“老先生”等，这样做会使对方倍感亲切，可若以此类称呼去称呼城市白领或知识分子，则有可能会被理解为“套近乎”。

“老大”“爱人”这两种称呼，在内地分别表示在兄弟姐妹之中排行第一者与合法的配偶，但到了海外，它们却往往被理解为黑社会的头目或者第三者。面对海外来人时，对此切莫乱用。

在学生面前，教师彼此之间若称兄道弟，或互称对方的绰号，则甚为不当。

（三）有主有次

教师在面对多人时的具体称呼，一般的讲究是由主而次地依次进行。当教师需要区分主次地称呼他人时，其标准的做法有下列两种。

（1）由尊而卑

所谓由尊而卑，在此即指称呼他人时，需要先长后幼、先女后男、先高后低、先疏后亲、先老师后学生、先来宾后主人、先外宾后内宾。

（2）由近而远

所谓由近而远，在此即指称呼他人时，需要首先称呼靠近自己的人，然后再依次称呼他人。

此外，还可以采用统一称呼。假如几位被称呼者一起前来，即可对对方一起加以称呼，而不必一一具体到每个人。例如，“各位”“诸位来宾”“各位同学”“女士们”“先生们”，等等。

（四）严防犯忌

在需要称呼他人时，教师还必须了解一些主要禁忌，以防自己冒犯他人，或者失礼于人。

在具体的称呼方面，教师有可能触犯的禁忌主要有下面两类。

（1）不使用规范的称呼

有些教师有时懒于使用称呼，直接代之以“喂”“嘿”“三班的”“下一个”“坐在左边的”“戴眼镜的那个”，甚至连这类本已非礼的称谓语索性也不用。这些做法，可以说都是失敬于人的。

（2）使用不雅的称呼

某些不雅的称呼，尤其是一些含有人身侮辱或歧视之意的称呼，例如，“傻冒”“饭桶”“吃货”“眼镜”“恐龙”“宅女”“怪咖”“傻白甜”“凤凰男”“歪果仁”等等，是教师所绝对忌用的。

二、口齿清晰

在工作岗位上，教师在更多的情况下是要进行课堂讲授或者与学生进行口头交谈。因此，教师在使用口语时，不论遇到何种交往对象，均应做到文明待人。

就教师的口语运用而言，可以将其划分为正式口语与非正式口语。二者既有共性，同时也各自存在着一定的个性。

从个性方面来说，所谓正式口语，显然主要适用于正式的口头交际之中，它通常是指有关各方经过协商、议定主题、明确目的、约好时间与地点的正式口头交谈。交谈的双方，往往会事先为此进行多方面的准备。在交谈之中，大家则讲究郑重其事、语言规范、直奔主题。

所谓非正式口语，则是属于有关各方事先未经任何准备而进行的一种十分自由的随机性交谈。它可长可短，可谈可不谈。其形式随和、轻松，几乎可以无话不谈，比较容易表达人们各自的观点，有利于人们的相互了解与接近。

在共性方面来说，教师在其实际工作之中，往往有可能在面对交往对象时，正式口语与非正式口语并用。要想使自己所运用的口语发挥其应有的功效，一般来讲，教师在运用口语时理应掌握它的三个主要特点。

▌通俗活泼

浅显易懂，生动形象，犹如家常话语一般，是口语最重要的特点。“平平淡淡才是真”，乃运用口语时最大的讲究。一般来讲，口语之中极少出现术语、典故，更忌讳故弄玄虚、高深莫测。口语多为现想现说，临时组合而成。讲口语，自然不必字字推敲、句句斟酌、引经据典，只要善于运用生活之中的平常话语，恰当地表明个人见解即可。必要时，可辅之以表情动作。所以与书面语言相比，口语十分通俗活泼。

▌机动灵活

人们在运用口语与他人进行交际时，往往既要适当地表达自己的本意，又要善于随机应变，在交谈过程之中随时对自己所运用的口语的具体内容与形式进行适度的调整。从表面上来看，口语大都显得语句简短、结构松散，多有省略之处。有时，口语甚至会出现话题转变、内容脱节、词序颠倒、啰唆重复等现象。然而由于口头交际具有一定的双向性、互动性，这些问题往往瑕不掩瑜，反而更能显示口语生动、活泼的特性。

▌简明扼要

简要明快，突出重点，应当被视为成功的口语运用的一项主要条件。在正常情况下，人们在运用口语时，主要考虑自己本意的表述，而对于具体的表述形式一般并不十分介意。加上口头交际的有关各方通常是共处一堂、相对而视，对于其中一方口头正在表达的内容及其本来的含义，有关各方往往可以通过当时特定的环境心领神会。这样一来，讲口语时，自然不必讲究逻辑严密，不必修饰非常得体，不必长句、复句、对偶句、排比句不断。实际上，口语大多句短、意明、一句一意，但求其词能达意即可。

应当强调的是，广大教师在工作岗位之上运用口语时，不仅要了解口语的上述基本特点，而且更重要的是要努力使自己在运用口语与人交际的过程之中，真正做到口齿清晰。唯有做到了这一点，自己所言才能被交往对象听清楚、听明白，真正实现双向沟通，否则就极有可能劳而无功。

口齿清晰，不但是文明用语的基本要求之一，而且也是做好工作的先决条件之一。对此，广大教师均应予以高度的重视。

教师要做到口齿清晰，主要基于在语言标准、语调柔和、语气谦恭三方面合乎教师礼仪的基本规范。

（一）语言标准

语言标准，是语言交际取得成功的基本前提。语言不标准，就有可能让交往对象听不懂自己的话语，甚至会因此而产生一些不必要的误会，从而影响到沟通的结果。

语言标准，主要的要求通常有二：一是要讲普通话；二是要发音正确。在这两个方面做好了，才能称得上是语言标准。

讲普通话

所谓普通话，即目前我国法定的现代汉语的标准语言。《中华人民共和国宪法》明文规定："国家推广全国通用的普通话。"[①] 它以北京语音为标准音，以北方话为基础方言，以典范的现代白话文为语法规范。推广普通话，既是我国的一项基本国策，也是教师提高其教学质量的一项重要举措。

我国地大物博，人口众多，方言土语极多。不同地方的人到了一起，时常会因为双方之间存在语言障碍而苦恼。此刻，双方如果都采用普通话进行口头交际，语言障碍的问题便会迎刃而解。在教学的具体过程之中，除面对外国人、少数民族、其他极个别听不懂普通话的人之外，教师一定要在自己说话或者与对方交谈时使用普通话。

如果教师面对不懂本地方言土语的外地人而又执意不讲普通话，只能表明自己保守排外、缺乏教养而已。

发音正确

所谓发音正确，包含下列双重含义：

一方面，它要求教师在运用口语时，不念白字、不念错字。另一方面，它要

① 中华人民共和国宪法．北京：人民出版社，2018：16.

求教师在讲普通话时注意其阴平、阳平、上声、去声等四种基本声调的区别。只有发音完全正确，才能算是讲好了普通话。例如，“妈”这个词的正确发音应为阴平声，如果把它念成了去声，便变成了“骂”字。那样一来，意思可就差远了。

（二）语调柔和

语调柔和，也是做到口齿清晰的基本要求之一。所谓语调，一般指的是人们说话时的具体腔调。通常，一个人的语调，主要体现于他讲话时语音的高低、强弱和快慢。要求教师语调柔和，主要应当在语音的高低、强弱、快慢方面多多加以注意。

▍音量适中

一个人说话时，其语音的高低、强弱往往是同一问题的两个不同的侧面。音量适中，实际上指的是一个人讲话音量的高低与强弱问题。教师礼仪要求，教师在与交往对象进行口头交际时，在音量方面应当以使对方既可以听得清楚，又感觉舒适悦耳为宜。

与自己的交往对象说话时，教师的音量如果过高、过强，就会使自己显得生硬、粗暴，而且还有可能令对方感觉不适。相反，如果教师的音量过低、过弱，则又会使自己显得有气无力，因而会令对方感到憋闷不堪，甚至还会产生一种被怠慢的感觉。

教师在交谈时，要真正做到音量适中、不高不低、不强不弱，其实并不困难。重要的是，在实际工作中必须因人而异、因时而异。与正常人在正常条件下交谈，音量适中即可，而与耳背之人交谈，或在人声嘈杂之处与人交谈，则显然应当适度提高音量。

▍快慢有度

讲话时的快慢，通常指的是语速方面的问题。与人交谈时，教师理当保持适当而自然的语速。运用普通话与人交谈时，教师的语速以每分钟 160 字至 200 字为宜。在交谈期间，还应适时地进行必要的停顿。教师在其交谈时若语速过慢或过快，都有可能被理解为自己感到厌烦，甚至会破坏交谈对象的情绪。

（三）语气谦恭

语气，即人们说话时的口气。在教师用语里，语气一般具体表现为陈述、疑问、祈使、感叹、否定等不同的语句形式。

在人际交往中，语气往往被人们视为具有某种言外之意，因为它往往会真实地流露出交谈者一定的感情色彩。教师在工作岗位之上与交往对象口头交谈时，一定要力求在自己的语气上表现出热情、亲切、和蔼和耐心。特别重要的是，不要在有意无意之间使自己的语气显得急躁、生硬和轻慢。

下面几种情况，均为教师所必须力戒的。

（1）**语气急躁**

语气急躁，在此是指教师在与交往对象交谈时，语气上显得焦急、暴躁、激动，或者很不耐烦。例如，不可以说“抓紧时间”“快点，我还有别的事”“快下班了”“我马上要去上课”，等等。

（2）**语气生硬**

语气生硬，在此是指教师在与交往对象交谈时，语气上显得勉强、生冷、僵硬，或者不够柔和。例如，不可以说“着什么急”“喊什么”“别乱动”“等着”“废话”，等等。

（3）**语气轻慢**

语气轻慢，在此是指教师在与交往对象交谈时，语气上显得轻狂、歧视、怠慢，或者失敬于人。例如，“知道吗，你”“听说过没有”“你见过吗”“瞧一瞧自己写的作业”“看看你这水平”，等等，都是教师所不宜采用的轻慢他人的语气。

三、用词文雅

在任何情况下进行交谈时，人们都必须借助于一定的语句与词汇。没有语句与词汇的选择与使用，不仅难以表白自己的思想，而且往往会使交谈难以进行下去。

教师要做到文明用语，非常重要的一点，是要努力做到用词文雅。离开了用词文雅，文明用语便会成为无本之木，无从谈起。

用词文雅，对于广大教师而言，主要包括下面两个方面的基本要求：尽量选用文雅词语和必须回避不雅之语。前者属于对教师的高标准要求，后者则是任何教师在其工作岗位上都应当做到的。

一方面，教师要尽量选用文雅词语。多用雅语，主要是要求广大教师在与交往对象交谈时，尤其是在与之进行正式的交谈时，用词用语要力求谦恭、敬人、高雅、脱俗。在注意切实致用，避免咬文嚼字、词不达意的同时，应当有意识地多多采用一些文雅的词语。这样做可以显示出自己的良好教养。

例如，在正式场合欢迎交往对象到来时，使用雅语说“欢迎光临”，显然比说“您来了”要郑重其事得多。而对一位上了年纪并且看上去很有文化的老人使用雅语说“敬请赐教”，自然也比对对方直言“有什么意见快提”更为中听。

另一方面，教师则必须回避不雅之语。它在此主要是指教师在与人交谈之时，不应当采用任何不文雅的语词。其中粗话、脏话、黑话、怪话与废话，则更是在任何情况之下都不可出现于教师之口。《论语》记载：“子不语怪、力、乱、神。”孔子的做法，值得提倡。

（一）不讲粗话

所谓粗话，一般是指那些意在侮辱他人人格或带有恶意攻击、挑衅意味的粗野话语。教师在工作岗位之上面对他人时，不论遇到何种情景，都不允许简单粗暴、粗声大嗓、恶语相加、随意“怼人”、四处“喷人”，令人厌恶。

（二）不讲脏话

所谓脏话，这里主要是指庸俗、低级、下流、辱骂的话语，其中尤以涉及男女关系者为其代表，并以色情、淫秽内容为主。在面对其他人时，不论自己与对方是同性还是异性，是熟人还是生人，是同事还是师生，或者身份、地位有无差别，教师都不应使用任何脏字、讲任何脏话。有的话具有双关性质或暗示作用，极易引起误会，亦不可使用。至于骂人的话，则更要避免。

（三）不讲黑话

所谓黑话，通常泛指那些为帮会、地痞、流氓、盗匪以及其他黑社会之人在其相互交往中专门使用的暗语，或者含义隐晦的某些话语。从角色定位的角度上来讲，只有涉“黑”之人才会讲黑话，而讲黑话的人则与黑社会不无关系。教师若在面对其他人时有意对对方大讲黑话，不仅会使自己显得匪里匪气、身份叵测，而且也会惊扰对方，令其心生疑惑或产生戒心。

（四）不讲怪话

所谓怪话，在这里实际上指的主要是牢骚话。在任何情况下，口口声声怨天尤人者，尤其是对学生、对学校、对工作、对社会充满怨愤之人，都会令人心生反感。在日常生活中，教师一定要做到不因为个人的委屈、不满而当着交往对象的面阴阳怪气，乱讲怪话，以泄私愤。至于因故对交往对象产生意见，进而对对方指桑骂槐、旁敲侧击，则更是有悖礼仪的宗旨，应予禁止。在学生或外人面前，尤其是在课堂上随随便便地“吐槽”，也不符合教师的身份。

（五）不讲废话

所谓废话，一般是指无用之言、多余之语，或者是在没话找话时所讲的话。教师务必牢记：在自己的工作岗位之上，不宜主动去找交往对象攀谈与教学内容无关的题外话，尤其是不宜主动询问对方的个人隐私问题。如果在工作之中没话找话、大说废话，只能说明自己对于本职工作心不在焉。

除此之外，教师还应谨记：在具体运用文明用语时，语言内容要文明，语言形式要文明，语言行为要文明。只有三者并重、三位一体，才能够真正地使自己做到用语文明。

四、主题正确

交谈的主题，又叫交谈的话题，它所指的是交谈的中心内容。一般而论，教师交谈时的主题多少可以不定，但通常在某一特定时刻宜少不宜多，最好只有一个。唯有主题少而集中，才有助于交谈的顺利进行。主题过多、过杂、过散，将会使交谈对象无所适从。

（一）宜选的主题

在交谈之中，以下五类具体的主题通常都是适宜教师选择的。

（1）**既定的主题**

既定的主题，即交谈双方业已约定，或者其中某一方先期准备好的主题。例如，求人帮助、征求意见、传递信息、讨论作业、指导论文、研究课题等一类的交谈，往往属于主题既定的交谈。选择这类主题，最好双方商定，至少也要得到对方的认可。它适用于正式交谈。

（2）**高雅的主题**

高雅的主题，即内容文明、优雅，格调高尚、脱俗的话题。例如，文学、艺术、哲学、历史、考古、地理、植物、观鸟、收藏、建筑等等，都属于高雅的主题。它适用于各类交谈，通常充满正能量，令人远离低俗、负面的情绪；但要求面对知音，忌讳不懂装懂或班门弄斧。

（3）**轻松的主题**

轻松的主题，即谈论起来令人轻松愉快、身心放松、饶有情趣、不觉劳累厌烦的话题。例如，文艺演出、流行服饰、美容美发、体育比赛、影视节目、休闲娱乐、假期安排、旅游观光、名胜古迹、风土人情、名人逸事、烹饪小吃、天气状况，等等。它适用于非正式交谈，允许各抒己见，任意发挥。

（4）**时尚的主题**

时尚的主题，即以此时、此刻、此地正在流行的事物，或公众普遍关心的问题，作为谈论的中心。此类主题适合于各种交谈，但其变化较快，所以把握上有一定难度。

（5）**擅长的主题**

擅长的主题，指交谈双方，尤其是交谈对象有研究、有兴趣、有可谈之处的主题。须知：主题选择之道，在于应以交谈对象为中心。例如，与学生交谈，宜谈对方学业的长进；与同事交谈，宜谈对方家乡的变化；与学者交谈，宜谈治学之道；与作家交谈，宜谈文学创作；与医生交谈，宜谈健身祛病；等等。这适用于各种交谈，但忌讳以己之长对人之短，否则“话不投机半句多”。因为交谈是意在交流的谈话，故绝对不可只有一家之言，从而难以形成交流。

（二）忌谈的主题

在各种交谈之中，教师对下列几类具体的主题应当忌谈。

（1）**个人隐私**

个人隐私，即个人不希望他人了解之事。在交谈中，若双方是初交，则有关对方年龄、收入、婚恋、家庭、健康、经历等一类涉及个人隐私的主题，切勿加以谈论。

（2）**捉弄对方**

在交谈中，切不可对交谈对象尖酸刻薄、油腔滑调、乱开玩笑、出口无忌；不可随随便便地挖苦对方所短、调侃取笑对方，否则等于成心要让对方出丑，或是下不了台。俗话说：“伤人之言，重于刀枪剑戟。”以此类捉弄人的主题为中心展开交谈，定将损害双方关系。

（3）**非议旁人**

有时，个别的人喜欢在交谈之中传播闲言碎语，制造是非，无中生有，非议其他不在场的人。其实，“来说是非者，必是是非人”。非议旁人，并不证明自己待人诚恳，反倒证明自己少调失教，属于搬弄是非之人。教师若在课堂之上、学生面前信口开河地非议他人，必将损害其自身形象。

（4）**倾向错误**

在谈话之中，倾向错误的主题，例如，违反公德、挑衅规则、侮辱异性、生活堕落、思想反动、政治错误、违法乱纪、种族歧视等等主题，亦应避免。

（5）**令人抵触**

有时，在交谈中因为不慎，会谈及一些令交谈对象伤感、抵触、不快的话题，这就是所谓令人抵触的主题。遇到这种情况不幸出现，应立即转移话题，必要时要向对方道歉，千万不要没有眼色，将错就错，一意孤行。这类话题，常见的有凶杀、惨案、灾祸、疾病、死亡、挫折、失败、考试成绩不佳、论文发表不顺利，等等。

五、方式恰当

教师在与交往对象交谈时，必须注意其具体方式。以下一些技巧，都是教师在交谈时可以运用的。

（一）神态专注

在交谈中，各方都希望自己的见解为交谈对象所接受，所以从某种意义上讲，“说”的一方并不难，往往难就难在“听”的一方。古人曾就此有感而发：“智者善听。”

一般而言，“听”的一方在交谈中若能够表现得神态专注，就是对“说”的一方的最大尊重。要做到这一点，应重视如下三点。

（1）**表情认真**

在倾听时，教师一定要目视交谈对象、全神贯注、聚精会神，不要用心不专、“身在曹营心在汉”。

（2）**动作配合**

当他人观点高人一筹，为自己所接受，或与自己不谋而合时，教师应以微笑、点头等动作表示支持、肯定，或暗示自己与之“心有灵犀一点通”。

（3）**语言合作**

在交谈对象“说”的过程中，听者不妨以“嗯”声或“是”字，表示自己在认真倾听。当对方需要理解、支持时，应以“对”“没错”“真是这么一回事”“我有同感”加以呼应。必要时，还应在自己讲话时适当引述对方刚刚所发表的见解，或者直接向对方请教高见。这些做法，都是以语言与对方进行合作的方式。

（二）措辞委婉

在交谈中，教师不应直接陈述令对方不快、反感之事，更不能因此伤害其自尊心。必要时，在说法上应当力求含蓄、婉转、动听，并留有余地，善解人意，这就是所谓措辞委婉。

例如，当面就某些非原则性问题批评业已成年的学生或指出其不足时，不妨告诫对方：“在……方面存在着一定的成长空间”。用餐时要去洗手间，不宜直接说“我去方便一下”，而应说“我需要出去一下”“出去有点事”，或者“出去打个电话”。若来访者停留时间过长，从而影响本人，需要请其离开，不宜直接说“你该走了”“你待得太久了”，而应当说“我不再占用你的宝贵时间了”等等。此类表达，均属委婉语的具体运用。

在交谈中，运用委婉语可采用以下方式：旁敲侧击；比喻暗示；间接提示；先肯定再否定；多用设问句，不随便使用祈使句；表达留有余地。

（三）礼让对方

所谓礼者，让也。教师交谈时要争取以交谈对象为中心，处处礼让对方、尊重对方，尤其是要避免出现以下几种失礼于人的情况。

(1) **独白始终**

既然交谈讲究双向沟通，那么在交谈中就要目中有人、礼让他人，要多给对方发言的机会，让大家彼此之间都有交流的机会。不要一人独白、侃侃而谈、“独霸天下”；不能只管自己尽兴，而始终不给他人张嘴的机会。

(2) **导致冷场**

不允许在交谈中走向另一个反面，即从头到尾保持沉默，从而使交谈变相冷场，破坏现场的气氛。不论交谈的主题与自己是否有关，自己是否有兴趣，教师都应热情投入、积极合作。万一交谈中因他人之故冷场“暂停”，切勿“闭嘴”不理，而应努力“救场”。可转移旧话题，引出新话题，使交谈“畅行无阻”。

(3) **随意插嘴**

出于对他人的尊重，在他人讲话时，教师尽量不要在中途予以打断，或是突如其来、不经允许地上去插上一嘴。这种做法不仅干扰了对方的思绪，破坏了交谈的效果，而且会给人自以为是、喧宾夺主之感。确需发表个人意见或进行补充时，应待对方把话讲完，或是得到对方首肯后再讲。不过，插话次数不宜多，时间不宜长，与陌生人交谈时则绝对不允许打断或插话。

(4) **与人抬杠**

所谓抬杠，指喜爱与人争辩，喜爱固执己见，喜爱强词夺理。在一般性的交谈中，应允许各抒己见、言论自由、不作结论，重在集思广益、活跃气氛、取长补短。若以“杠头”自诩，甚而主动地扮演“杠精”，自以为一贯正确，无理辩三分，得理不让人，非要与交谈对象争个面红耳赤、你死我活、大伤和气，则是有悖交谈主旨的。

(5) **否定他人**

在交谈之中，一定要善于倾听他人的意见。若对方所述无伤大雅，无关大是大非，一般不宜当面否定，免得让对方下不了台。礼仪有一项重要的原则，叫作“不滥纠正”。它的含义是：对交往对象的所作所为，应当求大同、存小异。若其无关宏旨、不触犯法律、不违反公德、不有辱国格人格、不涉及生命安全、不涉及学术评价标准，一般没有必要判断其是非曲直，更没有必要当面对其加以否定。在交谈中不任意否定交谈对象的见解，就是该项原则的具体运用。

（四）适可而止

老子曰：“知止不殆。”与其他形式的社交活动一样，交谈也必定受制于时间。虽然说师生之间、教师之间、亲朋好友之间的交谈往往“酒逢知己千杯少”，但仍需要见好就收、适可而止。这样一来，不仅可使下次交谈还有话可说，而且还会使每次交谈都令人回味无穷。

普通场合的小规模交谈，以一刻钟至半小时之间为宜，最长不要超过半小时。交谈的时间一久，交谈所包含的信息与情趣就难免会被“稀释”。

在具体的交谈中，每一个人的每次发言，最好不要长于 3 分钟，至多为 5 分钟。

令交谈适可而止，主要有四点好处：一是它可以为大家节省时间，省得耽误正事。二是它可以使每名参加者都有机会发言，以示平等。三是它可以使大家的发言提炼其精华，少讲废话。四是它还可以使大家对交谈意犹未尽，保持美好的印象。

凡此种种，说明教师与其交往对象进行交谈时，适可而止不仅是必要的，而且是必须积极付诸行动的。

第三节　课堂用语

在课堂教学包括线上授课的过程之中，广大教师在自己的语言表达之中，尤其是在向学生进行课程讲授时，往往需要采用规范化的课堂用语。

课堂用语，实际上乃是行业用语之一。它一般是指教师在其课堂教学中所使用的专门性用语，主要用以讲解与说明某些学术性、专业性、技术性的问题。

平时，教师在其课堂教学过程中使用规范化的课堂用语，不但是必要的，而且往往也是必需的。因为只有恰到好处地使用了某些必须使用的课堂用语，才能更好地进行具体课程的讲解、说明，才能够更好地与自己的学生进行有效的沟通。

对于广大教师而言，在教学时使用课堂用语，其实并不困难。其关键的地方在于，如何令自己在具体使用课堂用语时，既得心应手，又能够真正地有助于自己教学质量的提高。

一、基本的法则

如果站在教学质量的提高这一角度上来具体地讨论教师课堂用语的使用问题，最为重要的是，每一位教师在使用课堂用语同学生进行交流与沟通之际，都必须认真遵守相关的基本法则。如果对此不清楚，或者知而不行、明知故犯，则课堂用语的具体使用必将没有规范可言。

（一）“三 T 法则”

“三 T 法则”，是在具体使用课堂用语时教师所必须谨记的一项最重要的基本法则。

所谓“三 T”，实际上是英文“tact”“timing”“tolerance”三个单词的首字母缩写。它们的含义分别是“机智”“时间”与“宽容”。

由此可知，“三 T 法则”的本意，就是要求教师在有必要使用课堂用语时，一定要同时重视应对机智、兼顾时间与待人宽容三方面的具体问题。

（1）**应对机智**

要求教师在使用课堂用语时应对机智，主要是要求其在面对形形色色的学生时，善于察言观色、反应灵敏。既要对对方准确地进行必要的角色定位，又要以双向沟通为主要目的。此外，还须注意的是，在具体使用课堂用语时，一定要抓住重点，用语讲究少而精，并且应尽量为对方所理解，这样做才能够真正地提高自己课堂教学的质量。

（2）**兼顾时间**

要求教师在使用课堂用语时兼顾时间，主要是因为，在一般情况之下，教师的课堂用语的使用具有一定的时间、对象与场合的限制。只有在必要之时，使用课堂用语才会发挥功效。如果忽略了这一点，不分时间、不看对象、不论场合，开口闭口满嘴课堂用语，非但没有任何必要，而且也不易为自己的交往对象所接受。

（3）**待人宽容**

要求教师在使用课堂用语时待人宽容，在此主要是指，教师在具体运用课堂用语服务于学生时，要将心比心、待人如己，努力进行换位思考，处处设身处地地多为对方着想。既要以绝大多数学生的理解、满意为准，又不能不顾个别不理解者、一知半解者的实际感受。假如发觉自己所使用的课堂用语不为对方所理解，则应立即加以调整，直至完全把本人的意思或对方的问题讲解、阐述和回答清楚为止。届时千万不要表现得不耐烦，不能嘲弄对方“怎么这么笨”“连这个都听不懂”。

在具体使用课堂用语时，只有在应对机智、兼顾时间、待人宽容三方面一并加以注意，才会使课堂用语发挥应有的作用。

（二）适度法则

适度法则，是使用课堂用语时教师必须谨记的另一项重要法则。

它的基本含义是：教师课堂用语的使用必须要适得其所。教师在具体使用课堂用语时，一定要牢牢把握好分寸、表现得体。不注意课堂用语的使用适度与否，对教师来讲将是一个十分严重的错误。

英国著名哲学家培根曾经说过：“交谈时的含蓄和得体，比口若悬河更为可贵。”他的这句至理名言，对教师课堂用语的使用也有着一定的启迪。

运用课堂用语要真正做到得体，关键是要切记当用则用，切勿滥用。应该使用课堂用语时而不使用，往往会令人怀疑自己的业务能力不够强；不必使用课堂用语时却不停使用，则常常又会给人以故弄玄虚之感。

课堂用语的使用如何做到得体，在自己的教学岗位上进行传授、讲解、说明时，课堂用语在自己的话语之中究竟应当占何种比例，实际上都是较为复杂的问题，应该具体情况具体分析，不宜一概而论。

(三) 把握分寸

在运用课堂用语时把握好具体的分寸，对任何教师而言，都是非常重要的。在这一方面，教师一定要注意以下两点。

(1) **实事求是**

要求教师在运用课堂用语时实事求是，主要是要求其客观地、正确地使用课堂用语。不可不懂装懂、随口乱诌，指望以满口似是而非的课堂用语去蒙人、骗人、唬人，更不可以随意编造、以假充真、以讹传讹。

(2) **使用得当**

《中华人民共和国宪法》明确要求："在人民中进行爱国主义、集体主义和国际主义、共产主义的教育，进行辩证唯物主义和历史唯物主义的教育，反对资本主义的、封建主义的和其他的腐朽思想。"① 在课堂教学中，教师对其必须自觉遵守。

在具体使用课堂用语时，一定要谨记准确使用，并且要坚持课堂用语的规范性。在一般情况下，使用课堂用语时，必须力求其正确无误。

在使用课堂用语时，一定要做到规范化、标准化。例如，提及"激光"时，就不宜称之为"镭射"；谈论"塑料"时，亦不便代之以"塑胶"。

使用课堂用语，并不排斥时尚与通俗。但是，讲时尚不等于否定庄重，求通俗不等于一味媚俗。诸如"大咖""楼主""种草""安利""芭比Q""凡尔赛""绿茶婊""额滴神"之类的网络流行语，教师在具体采用时务必三思而行。

还应当提及的是，在使用课堂用语时，教师还须兼顾它与地方性的习惯用语之间的差异。举例而言，"菠萝""花生""快餐""出租车""故事片""航天飞机"，在我国台湾地区便相应地被称为"凤梨""土豆""便当""计程车""剧情片""太空梭"。假如不注意祖国大陆与台湾地区之间的这种差异，教师在与来自台湾地区的师生交谈时往往便会矛盾丛生、误解不断。

① 中华人民共和国宪法．北京：人民出版社，2018：17－18.

二、具体的应用

就具体内容而论，教师在运用课堂用语进行教学时，还必须努力地在善用专业术语、常用敬人之语和不用课堂忌语等方面多下功夫。

（一）专业术语

在进行课堂教学时，教师必须要善用专业术语。

在教师的课堂用语中，绝大部分都属于专业性的术语。在使用这些只适用于某一特定领域的专门性用语时，教师既要遵守“三 T 法则”与适度法则，更要特别注意因人而异、因事而异、因地而异。千万不要以为专业术语的运用可以多多益善。实际上，在运用专业术语时，大体上是看效果不看动机、重质量不重数量的。

在运用专业术语时要求教师注意因人而异，最重要的是，既要使自己的道理讲得通，同时又要让学生听得明白、可以理解、能够接受。

具体而言，要真正做到在运用专业术语时因人而异，就要在讲课之前对学生进行必要的观察、了解和定位，并且依照对方不同的年纪、不同的性别、不同的民族、不同的地区、不同的国家，以及受教育的不同程度而适当地有所区别。

在运用专业术语时要求教师注意因事而异，重点是要在具体运用专业术语的过程中把握好时机的变化，沉着果断，善于随时根据具体情况的改变而加以必要的调整，善于应变。

在运用专业术语时要求教师注意因地而异，则是要让教师明白：专业术语在不同地区、不同地点使用时，切不可以不变应万变。

在具体运用专业术语时，不但要注意两相情愿、相互理解，而且还要随时相机加以调整。仅仅恪守自己原先的主观设想，不分任何对象，“一往无前”、按部就班地运作下去，在实践中往往难以行得通。

要想使专业术语用得好，用得准，自己讲得透，别人听得懂，就要根据当时具体情况的变化，当深则深，当浅则浅，当多则多，当少则少，当用则用，当不用则不用。在此问题上，通常最忌讳的是无视现实状况的具体变化，而非要去走两个极端不可。

（二）敬人之语

在进行课堂教学时，教师必须常用敬人之语。

所谓敬人之语，简称敬语、敬辞。它所指的，通常就是用来向自己的交谈对象表示恭敬之意的一些特定的用语。在教学岗位上面对学生时，常用、多用敬人之语，是对教师的一项基本业务要求，同时也是教师礼仪的一项主要的规范。

业已指出，学生所要求的理想化学习，是既能够获得知识上的满足，又能够得到精神上的享受。具体而言，教师在课堂教学过程之中对学生使用恰当的敬人之语，往往就是使对方获得精神上的享受的先决条件之一。正因为如此，敬人之语理当被归入教师的课堂用语之中。

教师日常所使用的课堂用语，主要就是由专业术语与敬人之语两大主要内容所构成的。教师在课堂上使用的所谓敬人之语，主要包括礼貌用语、文明用语以及自谦用语，等等。

教师在具体运用敬人之语时，要重在落实，重在持久，重在言行一致，重在普及与提高并重。在教学岗位上，每一名教师都要常讲、多讲敬人之语，并且还要表里如一、长期坚持、永不懈怠。千万不要在提倡敬人之语这一问题上搞形式主义的一风吹，走过场。

（三）课堂忌语

在进行课堂教学时，教师禁止使用课堂忌语。

所谓课堂忌语，通常是指教师行业里上课时的忌用之语，亦即教师在进行教学之时不宜使用，并且应当努力避免使用的某些特定的词语。站在提高教学质量这一角度上来讲，不使用课堂忌语，应是要求广大教师使用规范化的课堂用语的必然结果。

当代美国知名学者保罗·福塞尔曾经有言：语言最能表现一个人。某个人一张口，我们就能了解他。一个人怎么说话，说什么话，当然毫无例外地显示着他的品位。保罗·福塞尔由此进一步认定：一个人平日所使用的具体词汇，实际上都如实地表现了他自身的教养与待人的态度。用保罗·福塞尔的观点来解释教师不得使用课堂忌语的原因，同样是行得通的。

使用课堂忌语的最大恶果，在于它往往出口伤人。这种伤害往往是相互的。它在伤害了学生的同时，通常也会对教师的自身形象造成严重的伤害。

就具体内容而论，教师在工作岗位上绝对不宜使用的课堂忌语主要有如下三类。

不尊重之语

在课堂教学的具体过程之中，任何对学生缺乏尊重的语言，均不得为教师所使用。在正常情况之下，不尊重之语多是触犯了学生的人格尊严、个人忌讳，尤其是与其生理条件方面相关的某些忌讳。

例如，对学习成绩比较差的学生讲话时，绝对不宜说“笨”“蠢”“愚昧”“废物”。面对身体存在残障的学生时，切忌使用“残废”一词。一些不尊重残障学生的提法，诸如“傻子”“呆子”“侏儒”“瞎子”“聋子”“麻子”“瘸子”之类，则更是不宜使用。接触身材不甚理想的人时，对于他们对自己所最不满意的地方，诸如体胖之人的“肥”、个低之人的“矮”，教师均不应直言不讳。

不友善之语

在任何情况之下，都绝对不允许教师对学生采用不够友善，甚至满怀敌意的语言。只有摆错了自己的实际位置，或者不打算做好教学工作的教师，才会那么做。

例如，在学生要求教师为其解答问题时，教师不可以用鄙视前者的语气询问“你没有听懂吗”“你这号人为什么这么笨”，等等。

当学生对教师的课堂教学感到不满，或是提出一些建议、批评时，教师不应该生气，更不可以说“朽木不可雕也”“你们懂什么啊”“谁怕谁呀，我还不想侍候你这号人呢”“你算什么东西”“瞧你那副德行”“我就是这个水平”“愿意去哪儿告都行”，等等。

凡此种种，皆属于不友善之语，教师如果在其课堂上如此对待学生，既有悖于其职业道德，又有可能无事生非。

不耐烦之语

教师在工作岗位上要做好本职工作，提高自己的教学质量，就要在其面对学生时表现出应有的热情与足够的耐心。正因为如此，教师绝对不宜使用不耐烦之语。

平时，教师要努力做到：有问必答、答必尽心、百问不烦、百答不厌、不分对象、始终如一。假如使用了不耐烦之语，不论自己的初衷是什么，都是犯规的。例如，当学生询问某个具体问题时，不允许教师答以“我也不知道”“从未听说过”。

当学生询问某些问题的具体细节时，教师不可以训斥对方“你自己上网查去”“那上面不是写着了吗”“瞪大眼睛自己看去”“没长眼睛吗”，等等。

当学生要求提供帮助时，不能够告诉对方“着什么急”“找别人去”“凑什么热闹”“那件事情根本不归我管”“老实等着”“吵什么吵”，或者自言自语“累死了”“烦死人了”，等等。

当下课后学生继续提问时，教师不可以驱赶学生，说“我马上下班了”“抓紧时间”“赶快点”“你自觉点”“还让不让我吃饭”，等等。

第四节　书面用语

在实际工作之中，教师需要频繁地使用书面用语。书面用语的使用，既有一般语言使用的共同性的要求，也有其自身特点所决定的一些特殊性要求。

书面用语，简称书面语。它所指的，是使用文字、符号书写出来的语言。在一般情况下，书面用语这一提法，往往是相对于口头用语而言的。

应予强调的是，教师所使用的书面用语自有其独特之处。通常认为，教师所使用的书面用语，大都具有以下四个方面的主要特点。

一是实用性。在工作与生活之中所使用的书面用语，自然以实用为其基本目的。

二是权威性。对于广大学生而言，教师所使用的书面用语，经常会被视为一种具有一定权威性或约束力的语言。

三是缜密性。为了更好地沟通于人、更为严谨而准确地为交往对象所理解，并且避免造成被动、麻烦或纠纷，教师所使用的书面用语往往需要非常严谨，具有缜密性。

四是严肃性。教师以教书育人为主要目的而使用的书面用语，以及教师使用于正规场合的书面用语，必须以严肃、认真、规范为第一要旨。

在日常工作之中，需要教师使用书面用语之处甚多。小到便条、通知、作业批改，大到专著、诗文、书信、传真、电子邮件、学生鉴定、开题报告、论文评阅、工作总结，教师随时都有可能需要亲自动手书写。在工作与生活之中，教师所使用的书面用语，务必做到正确无误、工整清晰、内容完整、简明扼要。

一、正确无误

在正式场合中，正确无误，是对教师使用书面用语的一项首要的要求。其原因十分简单，假如教师在使用书面用语时稍有失误，例如，在写作论文、通知，或编写教材、讲义之时出现笔误，或者错字、掉字，则既有可能直接影响到自己的工作，又有可能引起误会，甚至还有可能使自己授人以柄。

教师在使用书面用语时，要力求正确，就要从两个方面着手。一方面，在使用书面用语时必须审慎对待，一丝不苟。有了思想上的高度重视，平时就不大容易在这方面犯错误。

另一方面，在使用书面用语时，必须注重具体行文的规范。而要达到这一要求，通常又要注意三点。

（一）书写正确

在使用书面用语时，一定要做到书写正确。平时，教师使用书面用语时应当依法使用规范汉字。换言之，在使用汉语时，一般应采用标准的简化字，而忌用繁体字、非标准的简化字以及古体字、异体字、错别字。在使用民族文字、外语时，则必须要采用正确的拼写方式，并且要严守语法规则。某些并未普及的网络用语、缩略用语，以及社会上比较小众的流行用语、符号图标，一般也不宜滥用。在需要书写数目时，该用汉字还是该用阿拉伯数字，该大写还是该小写，均必须依照有关规定。

（二）理解正确

在中文与外文里，每个词语都有自己的本义与引申义，每一种具体的表达方式往往约定俗成。因此，教师在使用书面用语遣词造句时，应力戒不懂装懂或想当然地滥用词语。因为个人理解上所存在的偏差常会影响到书面用语使用的正确性。

（三）格式正确

书面用语的使用，大都需要借助于一定的具体格式。不同格式的行文，通常都有一些不同的具体要求。在使用某一文体写作时，对其格式必须认真地“照章办事”。该空格处，就要空格；该分段时，就要分段；该使用某种约定俗成的表达方式时，就必须加以使用。

二、工整清晰

在正式场合之中使用书面用语时，通常必须努力书写得工工整整、清清楚楚，使人容易辨认。如果教师在使用书面用语时不注意工整清晰与否，不仅有可能妨碍效果，而且还有可能会令人感到使用者过于马虎大意。教师在具体使用书面用语时要使之工整清晰，重点应当在下列四个方面有所注意。

（一）一笔一画

使用书面用语时，写起字来必须一笔一画、按部就班，以便阅读者容易辨认。在任何情况下，教师都要杜绝字迹潦草的情况出现。如果写起字来龙飞凤舞，要么如同狂草，要么好似小篆，犹如天书一样让人难以辨认，则只能证明书写者孤芳自赏、目中无人。

（二）大小适中

教师在使用书面用语的过程之中，要注意规范自己所书写的具体字的大小。需要指出的是，字过大，显得过于张扬；字过小，则使人阅读困难。显而易见，二者都是不合适的做法。在具体进行书写时，既要善于在谋篇布局上进行宏观的把握，又要巧于在字的大小上缜密构思。在条件允许的前提之下，应力求使字的大小恰到好处。还要注意的是，在使用信笺、表格进行书写时，必须使字入行、入格，不可随随便便地在行、格之外“自由行动”。

（三）整洁美观

在使用书面用语时，相当重要的一点，是要保持书写之后书面的美观与整洁。要做好这一点，在下笔之前要深思熟虑，在行文之中要专心致志，以免笔误或墨迹斑斑。万一在书写之中发现了错别字、掉字或错句，要么认真使用涂改液进行补正，要么重新写一遍，千万不要将错就错、得过且过。不要随意在已经完成的篇幅上打叉、勾画、圈点、涂改或者添加。在自己书写的文字中到处乱打“补丁”，只能说明自己马虎大意。要是以之应付交往对象，则更不易使对方产生好感。

（四）符合习惯

在使用书面用语时，要在选择具体的书写工具时符合习惯做法。用以进行书写的纸张应当薄厚大小适度、耐折耐磨，并且吸墨好、不易洇。其色彩与光洁度亦应符合书写的特定要求。教师在工作岗位上进行书写时，所选择的笔具主要有粉笔、白板笔、钢笔、毛笔与圆珠笔。粉笔与白板笔主要用以在课堂上进行板书。钢笔与毛笔，主要用以书写正规的文本。例如，工作总结、实验报告、论文评阅、作业批改、考试阅卷。而圆珠笔的使用，则多见于书写便条或填写票据。在一般情况下，比较正规的写作均不宜使用铅笔。在书写正式文件时，通常不宜使用圆珠笔，而只能采用毛笔或钢笔。选择墨汁、墨水或圆珠笔油时亦有一定的讲究。使用毛笔时，只宜采用黑色墨汁，而不准代之以各色油彩、水彩。使用钢笔时，宜用黑色或蓝黑色墨水，而不宜使用纯蓝或其他各种彩色墨水。使用圆珠笔时，只宜选用黑色与蓝色的圆珠笔油，不宜滥用其他颜色的圆珠笔油。在电脑上写作较为正式的文件时，通常要采用标准化的格式，并忌用不必要的符号、代码、表情包或背景音乐。

三、内容完整

在正式场合使用书面用语时，其具体内容的完整与否，从某种意义上讲，往往比正确无误、工整清晰显得更为重要。因为只有内容完整的书面用语，才能真正起到其本应起到的作用。

要使教师所使用的书面用语真正做到内容完整，除扩大阅读、勤学多练之外，更重要的是在具体写作时必须认真牢记并做到语句完整、结构完整、表达完整。

语句完整，是内容完整的基本前提；结构完整，是内容完整的重要条件；而表达完整，则是内容完整与结构完整的主要目的之所在。三者相辅相成，相互关联。如欲做到写作的内容完整，对这三个方面要给予同等重视，任何一方面都不可疏忽大意。在具体运用书面用语时，出于确保其内容完整的需要，广大教师还应注意两个问题。

（一）注重细节

在写作过程中，需要认真注意许多具体的细节。在不少情况下，内容的不完整往往并非其写作者的水平不高所致，而是写作中的某些细枝末节发生了问题。对教师的书面写作而言，最容易导致相关内容被其阅读者误解的主要原因出自下列六个方面。

（1）**随意杜撰词语**

任何词语的使用，都有约定俗成之规，以免人们在沟通过程中产生障碍或误解。随意杜撰词语，往往难为他人所理解或接受。

（2）**任意使用外文**

外文的使用，只有在特定的情况之下才更容易奏效。任意使用外文，如果面对的是不认识外文或对其似懂非懂、一知半解的对象，肯定不利于写作内容的完整表述。

（3）**滥用方言俚语、流行用语与网络用语**

只有在面对同乡或文化背景相近之人时，使用方言俚语、流行用语与网络用语才会给人以亲近之感。反之，则会使交往对象读不通、看不懂，不明白其具体含义，进而从内心里产生不快。

（4）**语句长短不当**

在写作之时，语句的长短一定要根据具体需要而定，当长则长，当短则短，千万不要任意行事。句子过长，通常会使人产生阅读方面的困难；句子过短，则又有可能有碍于其具体内容的完整表达。

（5）**错用标点符号**

在各类应用文的写作中，标点符号经常发挥着画龙点睛的功效。在不少情况下，点错了一个小数点，便会使自己损失严重；少写了一个逗号，本意便会被人理解得差之千里。因此，对标点符号千万不可错误地使用。

（6）**数据日期不准**

教师在具体进行写作时，对于事关重大的某些数据、日期，一定要慎之又慎。应当注意的是，既要防止错写、漏写、写作不规范等错误的出现，又要严防在书写数据、日期时考虑不周，导致其易于被个别不良之人涂抹、篡改。

（二）反复检查

在写作之后，要反复阅读检查完成的内容。前人关于写作曾有一句经验之谈："文章是改出来的。"此话可谓至理名言。虽然教师的写作不以流传千古为目的，但是如果在一挥而就之后对其再也不读、不看、不改，搞不好就有可能会出现误人误己的"次品"或"废品"。本着对个人负责、对他人负责、对学校负责、对社会负责的宗旨，教师在其工作之际使用书面用语时，每当写作完成之后，一定要再三予以核查、推敲、修改，至少也要将其认真通读、检查一遍。

四、简明扼要

教师使用于工作岗位之上的书面用语，绝大多数都可被视为应用文。使用应用文时，自然以一定的用途为目的。因此，教师在具体使用书面用语与其他人进行沟通时要以务实为重。要真正做到这一点，就要求教师所使用的书面用语必须简明扼要。

要求教师所使用的书面用语简明扼要，就是要使之简略、概括、精练、单纯，既抓住要点，又易于理解。在使用书面用语时简明扼要，不仅是书面用语自身的要求使然，而且也是出自教师自己的实际需要。

（一）基本的要求

在具体进行写作时，教师一定要做到行文简明扼要、宁缺毋滥。为此，教师应当特别注意下列四点。

（1）**不写不该写的内容**

有些内容，与写作的根本目的其实毫无关系。对于这类内容，在写作时千万不要随意添加进来。

（2）**不写可不写的内容**

有些具体内容，对于教师而言，既可以写，又可以不写。在一般情况下，对其最佳的处理方式是尽量不要写。

（3）**不写不准写的内容**

按照教师行业的有关规定，某些内容是教师在其写作时所不准书写的。遇到此种情况，教师必须坚决不写。

（4）**不写不好写的内容**

某些具体的内容，对教师而言，往往是不大好写的。除非万不得已，否则此种内容通常可以不写或少写。

（二）主要的禁忌

具体使用书面用语时，教师务必坚持一文一事、实用至上的原则。这些要求，都是简明扼要的具体表现。

要做到书面用语的简明扼要，教师在具体进行写作时，还须时刻提醒自己回避下述三个方面的禁忌。

（1）**忌滥用感情**

使用书面用语时，固然在行文之中要讲究待人热情而礼貌，但是，在这方面要注意适可而止，千万不要滥用感情。行文中对感情若过分使用，只会给人以虚假之感。

（2）**忌滥用虚词**

行文简明扼要的一条捷径，是具体写作时尽量少使用虚词。众所周知，虚词不能单独成句，其含义比较抽象，但它具有帮助遣词造句的作用。在具体的写作中，教师不使用任何虚词不大可能，但若使用过多也毫无必要。

（3）**忌过度修辞**

具体使用书面用语时，往往不可能不使用某些修辞方法。然而教师工作之中的写作与文艺性写作相反的是，修辞方法若是使用过多，效果会适得其反。总之，届时若扮演“文青”，显然不符合教师的身份。

第五节　题写用语

所谓题写，通常是指在人际交往之中，人们应他人之邀，或是出于某种考虑而主动为对方亲笔书写一些文字。通常认为，题写是一种与他人进行交际应酬的高雅而又易行的方式。

从具体形式上说，题写的内容可长可短。可以是古文，也可以是白话；可以是中文，也可以是外文；可以是“古已有之”的诗词、成语、名言、典故，也可以是自行创作、直抒个人胸襟抱负的文字。

从总体上看，可以将其归结为签名和赠言两类。就其本质而言，它们都属于应用文，都是语言文字的具体使用形式。

一、签名

在日常生活中，教师经常有机会到处留下本人的签名。所谓签名，就是“人过留名”的主要方式之一。

在一般情况之下，签名即指在被指定的地方写上本人的姓名。而在人际交往中所说的签名，则大多是指应他人之邀，出于留作纪念的目的而特意为对方写下的本人的姓名。

就礼仪规范而言，尽管签名仅是举手之劳，可以一挥而就，但教师在签名时却不能有违约定俗成之法。否则，不仅会有损本人的“大名”，而且还有可能会失敬于人。

关于签名的礼仪规范，主要分为签名的字体规范与签名的表现规范两个部分。

（一）签名的字体规范

从字数方面来说，签名通常最少。虽然如此，却也不能对签名不加重视。就签名时所用的字体而言，其礼仪规范就面面俱到、要求严格，丝毫不允许教师犯规违禁。

在正常情况下，教师签名就是教师本人认真地写下本人的姓名。由此可见，教师自己所写下的本人姓名就是其全部内容。既然人的姓名往往一成不变，那么，在签名中最能体现个人特征的，便莫过于签名时所用的字体了。因此，要使自己的签名“名副其实”，力求尽善尽美，就首先要把关注的重点放在签名的字体之上。

要想使自己的签名字体符合社交礼仪的要求，主要应当在以下五个方面下一些功夫。

（1）**清晰**

签名清晰易辨，通常是其第一位的要求。教师在书写自己的名字时，必须采用规范的文字、规范的写法，不要自视不同凡响地信笔乱画，签的名字让人感到犹如天书一般难以辨识。

（2）**完整**

签名时，若无特殊考虑，应努力使签名完整无缺。而要做到这一条，一是要使名字完整无缺，二是要使名字中每个字的笔画完整无缺。

（3）**真实**

一般而言，签名的时候所签下的本人姓名应为本人的现用名，或是交往对象所熟知的笔名、艺名、字号。千万不要一时兴起，随手签以本人的化名、假名、小名、外文、民族文字或汉语拼音的缩写，以及对方一无所知的笔名；更不能够采用他人的姓名。

（4）**美观**

人们常说字如其人。就一个人来说，姓名就是他的个人代表符号。一个人的字写得如何，反映了他的个人素质。一个人的姓名写得如何，则往往更能够间接地展示其个人的修养。因此，签名的字体要力求美观、工整、大方，并且一丝不苟。一定要将它作为个人的脸面来看待。

（5）**个性**

按照惯例，个人签名所使用的字体往往可以独具特色、与众不同，具有鲜明的个性化特征。有时，个性化的签名还不容易被模仿。为此，教师平日不可不练习签名。练习签名时，应努力使之体现出自己的个人特色。

（二）签名的表现规范

签名时，教师除应当重视字体外，还有其他一系列的具体问题需要慎而又慎。

签名的请求

平时，教师绝大多数的签名出于自己工作、学习与生活的实际需要，或者应邀而为。

教师如果请求他人为自己签名，通常要看具体的时间、地点、场合是否合适，对方是否方便，同时还要表现自己的耐心，并且要有礼貌地请求，有礼貌地道谢。切勿为了得到签名而死缠硬磨，不顾一切。

他人若请求教师为其签名，对教师而言无疑是一种特殊的尊重。通常，教师应当尽可能地满足其要求。不要置之不理，甚至反唇相讥，或敷衍了事。

签名的态度

和做其他事情一样，任何一名有教养，并且懂得自爱、敬人的教师，在替人签名时，都应当重视自己的态度，切不可怠慢于人。

替别人签名时，教师千万不要大笔一挥了事，显得过分草率。不要把自己的名字签得过大、扬扬自得，但也不宜签得过小。满足他人签名的要求时，要一视同仁，不要挑三拣四；尤其是不要搞“同性相斥”，不要只热衷于为异性签名。

签名的顺序

有的时候，会出现多人同时应邀为某一个人、某一处签名的情况，这就出现了“孰先孰后”的签名时的先后顺序问题。在具体处理这一问题时，教师的常规做法应当是：尊长优先、嘉宾优先。也就是说，教师应当先请长者、上级、来宾签名，自己随后而行。

即使身份、地位相差不多的人一同为某一个人签名，彼此也应相互礼让为佳，而切勿争先恐后。教师对此需要谨记。

签名的位置

为他人进行签名时，必须选择好适宜的签名位置。一般来说，合乎礼仪的常规的签名的位置有以下三处。

（1）请求者所指定的位置

按对方的具体要求操作，往往是最容易做到的事情。

（2）适宜签名的空白位置

签名时，应选择适于书写的空白之处。要是替人所写的签名有碍其他，如有损文字、画面和他人的题字，则大为不妥。

（3）有意礼让他人的位置

在多人同时为某处签名时，不要所占“地盘”过大，或是不自量力地抢先将本人姓名签于正中或抬头等应当请尊长落笔的地方。

签名的保存

得到他人签名后，理当妥善地进行保存、收藏。不要动辄展示于人，企图以其抬高个人身价。不要利用他人的签名进行商业性活动，以之为自己谋利。不要对他人的签名说三道四，或是“见异思迁”地将他人的签名乱扔、乱丢、乱放。

二、赠言

在人际交往中，赠言时常为人们所采用。在题写的具体形式之中，赠言的重要性大大地高于签名。在适当之时赠人以言，在升华情感、鞭策激励于人等方面所起的作用，往往是其他任何一种礼仪性文字所难以代劳的。

所谓赠言，在这里主要是指为了惜别留念或者相互勉励而为别人所题写下来的一段文字。在一般情况下，它主要适用于私人交往的场合，尤其多见于关系较为密切的亲朋好友或师生、同事之间。在日常生活中，教师往往需要为其他人书写赠言。

古人尝言：“赠人以言，重于金石珠玉。”要使赠言在人际交往中真正发挥它本应发挥的作用，那么至少有以下四个方面的问题是绝对不可轻视的。

（一）赠言的内容

赠言的具体内容，显然是其中心之所在。确定其具体内容时，要因人、因事、因时而异，尤其要着重考虑拟赠对象的性别、年龄、职业、身份、爱好、阅历以及本人与对方之间关系的现状。唯有如此，方能使赠言“有的放矢”。

具体说来，对于赠言的内容，最好思之再三、反复推敲，切莫临阵磨枪、随想随写。一般认为，赠言的内容必须合乎下列三点要求。此外，在具体斟酌赠言的内容时，可以引用他人语句，亦可进行独创。

（1）品位高雅

撰写赠言时，最忌格调低下。内容上低级、庸俗、消沉、颓废，或是又“黑”又“黄”又“脏”又“怪”，都是教师所应当力戒的。

倘若选择的内容，既令人耳目一新、别致脱俗，又催人向上、振奋人心，那么不仅会使赠言读起来品位高雅，而且题写者也会令人刮目相看。

（2）思想健康

用以送人的赠言，在内容上要讲究艺术性，更要讲究思想性。一则好的赠言应当充满真情实感。它既反映着题写者的思想水准，也体现着题写者对受赠者思想状况的个人判断。

举例来讲，以“及时行乐”“难得糊涂”“得过且过”书赠他人者，显得自己的思想境界不高自不待言。它们在受赠对象一方看来，恐怕也会令人产生不良感受。

(3) **言之有物**

好的赠言，通常都有感而发、真实自然，并且言之有物。为他人书写赠言时，千万不要无病呻吟，生编滥造。宁肯使之短而又短，耐人寻味，也绝不能把它搞成长篇大论却空洞无物。从某种意义上讲，浓缩赠言的内容，使其宁短勿长，是写出一则好赠言的先决条件之一。

(二) 赠言的形式

从具体形式而言，赠言有多种多样的选择。在为人题写赠言，选择其具体形式时，有三点需要一并加以考虑。

第一，意欲以其表达什么内容，二者是否协调。

第二，本人是否擅长此种形式，一定不要勉为其难。

第三，此种形式是否适用，即受赠对象对此是否喜欢，书写时有无具体困难，等等。

在一般情况下，常见的赠言形式有如下五种。在书写赠言时，可从中择善而行。

(1) **格言式**

格言大都历经千锤百炼，言简意赅。只要引用得当，均可给人以有益的启迪。格言式赠言，即直接书以格言，相赠予人。赠人的格言，可借用于古人，或略做改造，但不宜完全自造。

(2) **名句式**

名句式赠言，指的是直接在书写赠言时引用名人名言或名作里的名句作为赠言的内容。选择这一形式，既可以诲人不倦，又可令自己免除好为人师之嫌。

(3) **诗词式**

诗词式赠言，就是引用或撰写诗词，并书以赠人。这种形式的赠言颇有感染力，但并非人人擅长此道。不懂诗词格律的人，千万不要随便赋诗赠人。

(4) **对偶式**

对偶式赠言，又叫对联式赠言。显而易见，它指的是以对偶句作为赠言的具体形式。此类赠言，一般对仗工整、朗朗上口、容易记忆，往往很受欢迎。

(5) **公式式**

所谓公式式赠言，即使赠言的具体内容，通过类似于公式的形式出现。这一形式较为新颖，而且会给人留下十分深刻的印象。

(三) 赠言的格式

书写赠言时，必须符合一定之规。

从具体内容方面来说，任何一则书写完整的赠言，通常都应当包括赠言主体内容、受赠者姓名、赠言缘由、书赠者姓名、书赠时间等内容。

受赠者姓名与赠言缘由叫作赠言的上款，书赠者姓名、书赠时间则被称作赠言的下款。二者在书写赠言时可略去其中之一，亦可同时被省略不写。

不论赠言的具体内容是多是少，它都可以被分为横式与竖式两种格式。

横式的赠言

所谓横式的赠言，即将赠言横写。在具体书写时，通常应在左上方顶格写上受赠者姓名与赠言缘由，在下一行正中央书写赠言主体内容，而将书赠者姓名与书赠时间另起一行写在赠言主体内容的右下方。

范依迪同学被授予法学博士学位志贺
上 德 若 谷
德 生 于 和
王越　2022 年 6 月 16 日

教师在日常交往中书写赠言时，横式的赠言往往最为常用。

竖式

竖式的赠言，即将赠言竖写。其具体方法是：先在右上方顶格自上而下书写受赠者姓名、赠言缘由，再自上而下、自右而左地居中书写赠言主体内容，最后再将书赠者姓名、书赠时间另起一行自上而下地写于赠言主体内容的左下方。

在民间交往中，尤其是与长者或海外华人打交道时，此种格式较为适用。在采用诗词式、对偶式赠言时，也以采用竖式为佳。

梁思远同志
君子坦荡荡，
小人长戚戚。
孔峰　二〇二二年三月十六日

（四）赠言的用具

书写赠言时，对于使用的工具不可不慎。在力所能及的前提下，应当尽量使自己所用的笔具和纸张合乎常规。

▌笔具

书写赠言时，出于保存字迹的考虑，最好是根据个人的条件，从毛笔、钢笔、签字笔之中选取其一。在正常情况下，不要选用铅笔、蜡笔或圆珠笔。此外，教师还要切记，不要在书写同一条赠言时使用两种不同类型的笔具，或是使用两种不同颜色的墨水。

倘若擅长书法，教师最好选用毛笔来书写赠言。但不擅此道者，切勿勉为其难。

使用钢笔书写赠言，最好选择黑色或蓝黑色的墨水。不要使用不宜保留字迹的纯蓝墨水，或色泽过分鲜亮的红色、绿色、紫色、金色墨水。

▌纸张

在一般情况下，赠言均被书写于一定规格的纸张之上。用于书写赠言的纸张应当干净、平整、耐折、吸墨，并易于保存。在肮脏、粗糙、残破的纸张上留言，通常都是不合适的。

在许多时候，赠言亦可写在书籍、影集、日记簿、纪念册、明信片以及照片之上。在受赠者指定要求之处书写，通常也是可以的。例如，有人就喜欢恳请别人在自己的手帕、棉布、丝绢、书画、册页、服装、帽子上书写赠言。

教师在替别人书写赠言时，还应充分考虑当时所具体采用的载体面积的大小。

同时需要注意：书写赠言时，切勿涂改，不要出现遗漏，不要超出自己的“规划区”。至于写错字的情况，则更是要避免出现。

第六节　电话用语

在现代信息社会中，电话的应用早已十分普遍。教师在自己的工作岗位上，几乎天天都会利用电话与其交往对象进行交谈。从某种意义上讲，运用电话这一行为本身，对于教师而言也是一种工作。在具体运用电话时，尤其是与交往对象直接通话时，教师的所作所为是否得当，与其个人修养大都紧密相关。

使用电话的一大特点，是通话双方彼此之间互不见面。一方的神态表情、举止动作，另外一方往往是看不见的。在这种情况下，主要发挥作用、影响通话的直接效果的往往便是通话者的声音、通话者的态度和通话者所使用的言词。此三者，一般被称作"电话三要素"。它们不仅与通话内容直接相关，而且也直接影响着通话双方之间的相互关系。

严格地讲，教师所使用的电话用语，实际上是由口头用语与书面用语两部分所构成的。在一般情况下进行电话交谈时，通话双方主要使用的是口头用语。而在某些特殊的情况下，例如，需要进行电话记录或者收发传真时，则通话双方或其中某一方往往还必须使用书面用语。因此，教师在学习、运用电话用语时，对于在口头用语与书面用语两方面的有关礼仪规范均须加以注意。

一、电话的口头用语

教师在正常情况下进行电话通话时，在口语方面具体应当注意的问题主要有以下几方面。

（一）做好必要的准备

要打电话，往往就要提前做好准备。在打电话之前，通话双方，尤其是率先拨打电话的一方，通常都要进行一系列的必要的准备。

拨打电话

教师在拨打电话时所应当进行的准备工作，大体上有下面五点。

（1）**备好电话号码**

在有条件的情况下，拨打电话之前，必须正确无误地预备或查找好对方的电话号码。必要时，还可同时准备好联络对方的其他有效方式，如移动电话号码、传真机号码，或者对方其他的几个电话号码，以备在难以拨通头一个电话号码时使用。

（2）**拟好通话内容**

在联络交往对象之前，大凡重要的电话通话，都应当提前对通话内容有所准备。在进行重要的电话通话之前，最好是备好一份通话提纲。这样做，在正式通话之中既可以节约时间与费用，又可以抓住重点，条理分明，不易遗漏。

（3）**慎选通话时间**

教师在拨打电话给他人时所选择的通话时间，首先应当方便于对方，而不允许利己不利人。即便通话对象是自己的学生，亦应重视此点。在一般情况下，拨打他人的电话，不宜选择过早、过晚或私人休息时间。周末、节日、假日、午休或用餐时间通常均不宜选择。打电话去我国西部地区或国外时，还应当考虑彼此之间的时差等因素。教师与异性特别是异性学生的通话，若选择半夜或凌晨，则绝对不妥。

（4）**挑准通话地点**

因公进行电话通话前，对于通话的具体地点亦应有所斟酌。除了要兼顾现有条件之外，还应当在选择通话地点时考虑以下几个因素：一是电话的主要功能能否满足通话的基本要求。二是通话内容是否具有保密性。需要保守业务秘密的电话一般不宜在大庭广众之下拨打，尤其是不宜在外面使用公用电话拨打。三是不宜利用学校的办公电话去拨打私人电话，假公济私，贪占单位的便宜。四是尽量不要借用外人或外单位的电话，特别是不宜长时间借用。

（5）**恭候对方来电**

要求他人在指定时间来电话时，一定准时恭候在留给对方号码的电话机前，以等待对方打来电话。至少在此前后的1刻钟之内，是不宜贸然离去的。同时还须切记，在此期间应不再使用留给对方号码的电话机通话，否则就极有可能使对方打不进来电话。

接听电话

教师在工作岗位上接听电话，通常也需要事先有备无患。对教师个人来讲，常规的准备工作主要有三。

（1）**确保畅通**

学校的办公电话，尤其是已经对外公布号码的热线电话或值班电话，一定要经常检查。发现故障之后要及时检修。更改号码后，要及时对外公告，以保证其畅通无阻，而非形同虚设。

（2）**专人值守**

本院系乃至本校对外联络之用的电话，一般均应指定专人负责。在上班时间之内，要保证其随时有人接听，免得有碍于工作。

（3）**预备记录**

在不少时候，教师都可能需要将外来的电话全部或部分地记录在案，作为资讯或转达之用。记录电话一般有三种主要方法：簿记、板书和录音。不论具体采用何种记录电话的方法，都应当将必要的工具，如笔、纸、记事板、录音带等等提前一一备好。

（二）检点自身的表现

具体进行电话通话时，通话双方虽然不一定有机会利用可视技术看到对方，但彼此的现场表现，却依旧是对方完全可以感觉得到的。

人们在进行电话通话时的具体表现，主要见诸双方通话之时的声音与态度。要求教师在通话时以礼待人，检点各自的通话表现，实际上就是要求其不论是在拨打电话还是在接听电话时，都要对自己的声音与态度进行有意识的调控。

在通话的整个过程之中，通话双方应在个人表现方面注意的主要问题有以下两个。

声音清楚

电话交谈，主要是借助于声音进行的。由于线路、距离以及其他方面的原因，电话里的声音多多少少总会有一点儿失真。这种情况如果过于严重，就会直接妨碍通话的效果。所以通话双方在打电话时，都要力求使对方听清楚自己的声音。

要在通电话时做到声音清楚，主要有五点注意事项。

（1）**咬字准确**

通话之时，如果咬字不准，含含糊糊，自然难以让人听清、听懂。

（2）**调控音量**

在通话时，音量的高低极为重要。过高的音量会令人耳鼓欲裂，过低的音量又会使人听不清楚。在正常情况下，通话时的音量以对方听得清楚而又感觉舒适为宜。

（3）**速度适中**

与面对面的交谈相比，通电话时讲话的速度应当适当地有所放慢，否则就可能产生重音。但是，通话时的语速也不宜放得过慢，否则就会给人以有气无力、勉强应付之感。

（4）**语句简短**

通电话时，双方所使用的语句力求简练、短小。这样做不仅可以节省双方的时间，而且也会有助于声音清晰度的提高。

（5）**姿势正确**

双方在通话时，皆应站好或坐好。不要随意在通话时走动，或是兼做其他事情。持握电话的正确姿势是：双手将电话轻轻握好，听筒一方靠近耳部约 1 厘米处，话筒一方与口部约有 1 厘米的间隔。电话若与自己间距不当的话，也会使通话的声音不够清楚。

态度平和

教师在利用电话与他人进行联络时，必须有意识地保持平和的态度。在通话时，教师的态度显得亲近异常，或者过度冷漠，都会令人难以接受。

1. 总体要求

要求教师在通话时要做到态度平和，主要是要求其平等待人。要做到这一点，通常要求教师在通话时具体注意三点。

（1）**不卑不亢**

与他人进行通话，不论双方熟悉与否、关系如何，不论人求于我还是我求于人，不论对方是领导、同事、学生还是家长，教师都要以尊重友好的态度去对待对方。既不允许妄自尊大、盛气凌人，也不允许低三下四、曲意逢迎。

(2) **不骄不躁**

在工作岗位上与任何人通话时，教师都要保持头脑冷静，约束自己的态度。在任何情况下，都不允许在电话中乱发脾气、训斥他人，甚至对别人恶语相加。在电话中发牢骚、说气话、讽刺或挖苦人，也是绝对不应该的。

(3) **不忘职责**

教师在本人办公室里打电话时，务必牢记自己是“守土有责”的。该打的电话不打，该接的电话不接，该转的电话不转，随意中断通话，或者在通话过程中对对方保持沉默、不理不睬，无论如何都是失职的行为。

2. 具体规定

在通话的具体过程之中，拨打电话的一方与接听电话的一方，通常还有一些在态度上各自需要注意的事项。

一方面，作为拨打电话的一方时，教师在通话态度上所必须注意的主要事项有四。

(1) **通话要见机行事**

打电话时，主动权一般掌握在拨打电话一方的手里。尽管如此，教师在拨打电话时亦应注意对方的反应，见机行事，切勿居高临下。倘若感到对方反应不够及时或积极，可询问一下对方此刻通话是否方便。必要时，可过一会儿再打。

(2) **错拨要及时道歉**

万一因为误记、误拨等原因而将电话打错了地方，在得到确认以后，一定要主动向对方赔礼道歉。不要若无其事地一声不吭，更不宜去向对方发脾气。

(3) **时间要有所限制**

在正常情况下，出于对交往对象的尊重，拨打电话时切勿时间过长。一般来讲，每次通话的具体时间，以3～5分钟为宜。拨打电话时拖延的时间过长，对于交谈对象是不够尊重的。

(4) **话筒要轻轻挂上**

依照惯例，应由通话双方之中地位较高者负责挂断电话。若拨打电话者希望中止通话，应依例在挂断电话时先向通话对象暗示此意，然后再以双手轻轻将话筒放下。挂断电话时切勿一言不发，随手猛掷；切勿在对方意犹未尽之时，自作主张地戛然而止。

另一方面，作为接听电话的一方时，教师在通话态度上所必须注意的主要事项大致有三点。

(1) **及时接听**

在接听电话时，不要有意拖延时间，或是对其存心置之不理。教师礼仪要求，当电话铃声响起之后，应在铃响三次左右及时予以接听。在通话中如请对方稍等，不宜长于1分钟。

(2) **积极回应**

接听外人拨打进来的电话时，切

勿表现得漫不经心。当通话无故中断后，接听的一方应立即拨打电话给原拨打电话的一方，并说明电话中断系线路原因所致，免得对方对此产生怀疑。

（3）**善解人意**

遇上错打进来的电话，教师不可因此而对对方大发脾气。有可能时，不妨协助对方核实或查找一下对方所要拨打的电话号码。因故不宜接听他人的电话时，必须先向对方道歉并讲明原因，随后再在双方约定的时间里，主动而准时地打电话给对方。请对方过一会儿再打进来的做法，未必适当。

（三）讲究具体的内容

在整个电话通话进行的过程之中，有关双方都要对通话的具体内容有所讲究。

教师礼仪规定：在通话初始、通话中途以及通话告终之时，教师通话的基本内容不仅各异，而且具体规范也多有不同。

通话初始时的规范

通话初始，是打电话的第一个阶段。在这个阶段，对于通话双方的主要要求是：互相问好、自我介绍、进行确认。

1. 双方互相问好

在通话之初，双方开口所讲的头一句话，就是问候对方。既可以恭敬地问候对方“您好”，也可以和蔼地问候对方“你好”。不允许张口闭口对对方“喂”个不停，也不应当开门见山地直奔通话的主题而去，连半句问候语都不用。需要由总机接转电话时，问候话务员同样必不可缺。如果通话对方率先向自己问好，应立即以相同的问候语回上对方一句。

2. 双方自我介绍

为了让通话对象了解自己的身份，通话双方在通话之初均应以适当的方式向对方略做自我介绍。在一般情况下，正式通话之初的自我介绍，主要分为六种类型。

（1）**只报单位的全称**

例如，“中国人民大学”“中国科学院大学”“新华中学”“解放路小学”，等等。它一般适用于本单位的电话总机或服务热线电话。

（2）**报出单位的全称与具体部门的名称**

例如，“市第二中学教务处”“天津大学人文艺术学院”，等等。它主要适用于办公室电话。

（3）**报出电话的号码**

例如，“7654321”“021-333553

38”，等等。这一类型的电话自我介绍，主要适用于录音电话的使用。

（4）报出通话人的全名

例如，“吕亮”“王建”“李再复”“徐秋菊”“章佳妮”，等等。它通常用于由专人负责值守的电话，或是专人使用的电话。

（5）报出通话人的全名与所在具体部门的名称

例如，“研究生院毕忠良”“财务处赵思思”“外交学系刘昕”，等等。它主要适用于内线电话和由总机接转的电话的使用。

（6）报出通话人的全名与单位的全称以及具体部门的名称

例如，“四方中学党委陈洪海”“市第一小学校长办公室吴苇”，等等。它大多适用于较为正式的对外电话联络。

以上六种类型的自我介绍，通常均应在通话双方相互问好之后使用。一般而言，其中以第六种类型最为正式，它的适用范围也是最广泛的。

3. 双方进行确认

与当面交谈有所不同，若非使用可视电话，则在通话之初有必要相互确认一下对方的身份。在许多情况下，即使是熟人之间进行通话亦须这么做。进行确认的具体方式有二：双方自我介绍或相互之间进行了解。后一种方式，主要是在通话的另一方未做自我介绍时使用。拨打电话的一方，可以下述方法之一发问：“请问是北大考古系吗”“请问王三勇老师在不在”，或“我想与贵校的负责人说话”。

接听电话的一方，则可以询问对方“您想找哪个部门”“您找谁”，也可以询问“请问您是哪一位”“请问您如何称呼”。

通话中途时的规范

通话中途，是打电话的第二个阶段，也是其核心阶段。在这一阶段，通话双方既要讲究礼待对方，表达好自己的意愿，又不可不注意一些非常重要的细节问题。

（1）内容紧凑

在办公室内与人通话，主要是为了有效沟通，教师对于这一点务必谨记在心。在一般情况下，通话时除了互致问候之外，不宜谈论与本意无关的话题。在接打电话时与通话对象东拉西扯，是一种缺乏个人修养的表现。当对方对此类内容表现冷漠时依然故我，则更是不恰当的。

（2）主次分明

在相互问好之后，通话双方即应立即转入主题。此时，拨打电话的一方应当单刀直入地告诉对方为何而打电话。有什么事情、有几件事情，应当首先讲得一清二楚。例如，可以告知对方：“有一件事情想和您商量一下”“学院有两件事情需要通知你”，等等。也就是说，此时首先给对方一个整体印象，接下来再把自己预先声明的几件事情依次叙说一遍，以做到主次分明、有条不紊。

（3）**重复重点**

在通话过程中，为了确保重点内容被对方理解得明白无误，必要时应对其加以适当的重复。诸如时间、地点、名称、尺寸、价格、数据、号码等等，通常都是在通话之中应予重复的重点。在通话之中，教师遇上自己认为的重点之处，即应告知对方："请允许我重复。"而不要不管不顾，或是冒昧地询问对方："你能不能听清楚""记住了没有"。对事关重大的重点内容可以重复再三，并且为确保万无一失，可以恳请对方："请您重复一遍我刚才所说的内容。"

（4）**积极回应**

通话时间如果较长，或者通话之中的一方以较长的时间叙说某件事情时，另外一方必须全神贯注，认真倾听。不论自己认为对方谈论的东西是否重要，或者自己对此有无兴趣，都不可以长时间地沉默无语，对对方不进行任何配合。如果在接听电话时长时间地一言不发，往往会使对方怀疑自己听得很不专心，甚至根本没有在听。在通话期间，欲使对方感觉自己始终都在专注地进行倾听，不妨在此过程之中经常以适当的短句对对方应声附和一下。这类短句常用的有："是，是的""好的，好的""没错""我听明白了""我记住了""是这么回事""请您继续说""真跟您说的一样"，等等。

（5）**代接电话**

教师在接听电话时往往会遇上这种情况：拨打电话者希望找到的人暂时不在现场。在这种情况下，帮助对方是教师一种义不容辞的义务。接听电话后，如果发现对方所找非已，应一如既往地保持友好的态度，不要语气大变，立即挂断电话，更不要对对方的其他请求一概拒绝。

一般而言，教师在代接电话时会遇到三类情况。

（1）**通话对象要找的人就在附近**

此时，应告知对方稍候片刻，然后立即去找。需要注意的是，不要立即大声喊人，不要让对方等候过久，也不要直接询问对方与所找之人是何关系，找他到底有何贵干。

（2）**通话对象要找的人已经外出**

此时，应首先告知对方他要找的人已经外出，然后再去询问对方：来系何人，是否有事需要转达，或者愿不愿意留下姓名和电话号码。对方如有事需要转达，应认真记录下来，并尽快予以转交。如果事关重大，则最好不要再委托他人代劳，以防泄密。

（3）**通话对象要找的人不便接听**

有些时候，对方要找的人正在忙于他事，不便立即接听，此刻代接电话的人可以据实相告于对方。随后，可询问一下对方要不要自己代劳，或者要不要替双方预约一个此后方便的通话时间。

通话告终时的规范

通话告终，是通话的第三个阶段，也是最后一个阶段。在这一阶段，通话双方都应当遵守基本的礼仪规范，以便使双方的通话修成正果，善始善终。在通话告终之时，通话双方应当遵守的具体的礼仪规范主要涉及下述五个方面。

（1）**再次重复重点**

在通话即将告终之际，拨打电话的一方在自认为必要的情况下，可将通话内容的重点再次向对方复述一遍。为避免给对方以烦闷之感，在重复时应多多采用礼貌用语。接听电话的一方，有时也可以这么做。

（2）**暗示通话结束**

通话的双方，尤其是准备终止通话的一方，可首先向通话对象发出结束通话的暗示。例如，“您还有什么吩咐”“那么就这样吧”“我要讲的就是这些”“陈博士您还有没有别的事情”，等等。

（3）**感谢对方帮助**

在通话之中，如果自己的请求对方给予了满足，或者对方直接给予了自己一定程度的帮助，则在即将结束通话时，勿忘向对方正式地进行一次道谢。

（4）**代向他人问候**

假定通话双方已是旧交，那么双方在通话结束之前，不妨相互问候一下对方的同事或家人。如长期未曾谋面或通话，则更应当这么做。

（5）**互相进行道别**

结束通话的最后一句话，通常应当是通话双方互道“再见”。在任何情况下，这句话都是人们在通话告终之际不可缺少的。假定不讲这一句话，教师的电话礼仪水准就会因此而大打折扣。

二、电话的书面用语

教师在进行电话通话时，往往还同时需要使用一些书面用语。作为口头用语的补充，有时书面用语还有可能跃升为主角。在通话时利用书面用语，主要应注意三个方面的问题。

（一）做好电话记录

教师在与交往对象或其他人通电话时，尤其是在接听对方打进来的电话时，经常需要对对方的电话进行必要的记录，用以备忘。在进行电话记录时，除了要选择适当的记录工具之外，最重要的是要力求记好要点内容，并在记完要点之后进行核实。

按照常规，在进行电话记录时，其内容大致上应当包括“六 W”在内。所谓

"六W"，即以"W"为其首字母的六个关键的英文单词。

（1）who

who，即"什么人"。它应当包括通话对象的姓名、单位、部门、职务、职称、学衔、电话号码，等等。在记录总机接转电话或外地、外国电话时，分机号码与电话区号、国家电话代码等等，皆不可缺少。

（2）when

when，即"什么时间"。它应当包括通话对象打来电话的具体的年、月、日、时、分。必要时，还必须记下每次通话所用的时间长度。

（3）where

where，即"什么地方"。它应当包括通话对象所在的地点，以及接听电话者当时所处的具体地点。

（4）what

what，即"什么事情"。它主要是指通话时双方所讨论的具体事情。

（5）why

why，即"什么原因"。它所指的是通话的主要原因，或者通话双方所讨论的某些事件的前因后果。

（6）which

which，即"什么处理方式"。它一般指的是进行电话记录的一方事后对该记录所做的处理。

（二）管理电话记录

做好电话记录之后，还须认真地对它进行妥善的管理。只做记录而不事管理，往往会使自己前功尽弃。

要管好电话记录，主要要求经手办理此事的教师做到如下四点。

（1）**精心保管**

做好电话记录之后，一定要对其精心加以保管。切勿随手将其乱扔乱放，导致在需要它时难以找寻。有鉴于此，尽量不要在书籍、课本、报刊、碎纸或便条上进行重要的电话记录。

（2）**予以保密**

对于重要的电话记录，尤其是当其涉及内部秘密之时，务必做好保密工作。在一般情况下，学校专用的电话记录簿须由专人负责保管。不准将其广为传阅，或者随意向外界披露。其他教师，未经允许，不得随意翻阅所在学校或部门专管专用的电话记录簿。

（3）**及时处理**

进行电话记录后，有关人员应及时对其进行必要的处理。该汇报的要汇报，该转告的要转告，该办理的要办理。要注意时不我待，不准随意拖延处理时间。在交接班时，有关负责人员要认真做好未曾处理的电话记录的交接。

（4）**迅速反馈**

接阅电话记录后，应尽快对需要着手办理的事宜进行处置。必要时，要向相关人员通报处置情况。对于尚不清楚的情况，可再进行必要的了解。

（三）有效利用传真

目前，许多学校都在使用电话、传真一体机对外保持联络。在使用传真时，教师应当注意下列三点。

（1）**掌握功能**

假如对传真的主要功能了解不够，就难以使其真正发挥作用。例如，某些图案、表格的传真效果有可能失真，因此需要慎用。

（2）**拟好文稿**

用来传真的文稿，一定要简单明了，以便节省费用。无关大局之事，一般不必利用传真。书写或打印传真稿时字体要稍大而清楚，并要保持适当的间隔与行距，不然交往对象所收到的传真就有可能不够清晰。

（3）**联络确认**

为防止失误，发出传真前应先向接收方拨打电话。这样做，既是为了确认对方号码是否有误，也是为了告知对方准备接收。传真发送完毕之后，如有必要，亦须再次拨打电话问询一下对方是否已经收到。

第四章 师行

师行，在此特指教师在其日常工作、学习与生活中的个人交际与应酬活动，即私人行为。尽管此类活动多属个人行为，但其仍与教师的形象和素质直接相关，并被视为教师为人师表的有机组成部分之一。本章所讲授的内容，包括办公礼节、会面礼节、拜访礼节、交通礼节等。

学习目的

- 重视个人的交际与应酬。
- 身体力行地约束师行。
- 了解正确的交际法则。
- 掌握常规的交际技巧。
- 约束私人之间的人际交往。
- 避免在交际与应酬中贻笑大方。

习近平同志指出：对教师来说，想把学生培养成什么样的人，自己首先就应该成为什么样的人。[①]

坐着谈，何如起来行？言行一致，向来都是人们对完美人格的基本要求。而所谓的“听其言，观其行”，则是人们观察他人的基本经验。

师行，在此指的是教师平时在其工作、学习与生活中个人的交际应酬活动。一般认为，它是教师日常表现的主要内容之一。如前所述，荀子曾说过：“礼者，所以正身也；师者，所以正礼也。无礼，何以正身？无师，吾安知礼之为是也？”在他看来，教师的所作所为皆为他人学礼、守礼、行礼之楷模。

《礼记》曰：“人有礼则安。”子曰：“非礼勿动。”在规范师行时，教师所须关注之点有二：其一，严于律己。在学生面前，教师的“身教”往往重于“言教”，因此理当检点其个人行为。即使并未面对学生，教师也不可为所欲为。其二，以礼节之。在正式场合，尤其是在大庭广众之下，教师必须在其个人行为上依礼而行。

第一节　办公礼节

在学校上班时，每一名教师都必须严格地遵守办公礼节。所谓办公礼节，亦称办公室礼仪，是指教师在其所属学校内部工作时，尤其是置身于本人的办公室时，所应当遵循的最为基本的行为规范。

在具体运用办公礼节时，对下述要求应予重视：一是就适用对象而言，它仅仅适用于本学校内部；二是就适用地点而言，它仅仅适用于办公室等特定的办公地点；三是就适用时间而言，它仅仅适用于正常的上班时间。超越上述特定的范围之外，办公礼节通常就会失效。

办公礼节的宗旨，实际上是要协调、处理好学校内部的各种人际关系，以便使学校全体教师上下一心、同心同德、团结友善。由此可见，办公礼节的主要使命，就是要建立学校与教师彼此之间和谐融洽的人际关系，以便增强学校的向心力与凝聚力。

一般而言，在具体规范学校内部的各种人际关系时，办公礼节的基本宗旨是：约束自我，善待他人。

---

① 习近平在中国人民大学考察时强调坚持党的领导传承红色基因扎根中国大地 走出一条建设中国特色世界一流大学新路．人民日报，2022－04－26.

一、约束自我

就本质来说，人是各种社会关系的总和。因此，每一名正常人不论置身何处，都应当自觉地、积极地、主动地处理好人际关系。在现代社会中，忽略人际关系、我行我素、率性而为往往是行不通的。

“要做好事情，须先做好人。”处理不好人际关系，其实就是不懂做人之道。不懂得做人之道，反过来往往又会直接或间接地有碍自己的本职工作。

每一名教师，不论其职位高低，在处理自己在本校的内部人际关系时，首先要学会约束自我。所谓约束自我，在此主要是要求教师在待人接物方面一定要严于律己。在处理本校内部的人际关系时，必须有意识地对自己有所要求。

按照常规的礼仪规范，每一名教师在自我约束方面，主要应当关注爱岗敬业、训练有素、保持自尊三大要点。

（一）爱岗敬业

爱岗敬业，是对教师的基本要求。在工作中，每一名教师都应自觉自愿地对此身体力行。就目前而言，教师的爱岗敬业主要应当表现在如下方面。

（1）全心投入

常言说：“三百六十行，行行出状元。”要想在工作上有所成就，就一定要认真对待自己的工作。热爱是最好的老师，专心是最佳的途径。在工作上认真负责，锲而不舍，教师就一定会取得长足的进步。

（2）努力进取

教师在工作上不仅要专心致志，而且还要奋发向上、不断进取。人生唯有目标明确，才不至于虚度。在工作中只有不断进步，才能使自己立于不败之地。在工作之中没有努力进取的精神，就会失去上进的动力，就有可能在激烈的竞争之中遭到淘汰。

（3）坚忍不拔

一个人想要做多大的事情，他就要承担多大的压力。在事业上与生活上，任何人都不可能一帆风顺，被他人误解、遭受挫折，甚至饱受委屈的事情也会时有发生。此时此刻，教师应当坚忍不拔，甚至忍辱负重，经受住任何形式的考验。

（4）以苦为乐

在自己的工作岗位上要想赢得他人的好评，教师不仅需要努力学习、勤于钻研，而且还应能吃苦耐劳，不为名利所动，不计较一时一事的得失。

（5）取长补短

毛泽东同志说过：“虚心使人进步，骄傲使人落后。”[①] 子曰：“见贤

① 建国以来毛泽东文稿：第6册．北京：中央文献出版社，1992：204.

思齐焉，见不贤而内自省也。”在工作中，教师既要承认自己的长处，又要正视自己的短处，并且还要善于取人之长、补己之短。

(二) 训练有素

在社会上，受人尊重的人，往往在其事业方面也有所成就。在具体的工作之中，不论自己是一位校长、行政人员、后勤员工，还是一名普通教师，都应当努力使自己拥有一技之长，使自己在工作的各方面都表现得训练有素。下述六点尤须注意。

(1) **精通业务**

一名教师如欲在工作中表现得训练有素，首先要精通业务。而要真正做到这一点，就必须从现在做起，从点滴做起，认真学习，努力实践。在钻研业务时要热心，更要有耐心。

(2) **学识渊博**

每一名教师除了要熟悉自己的业务外，还应当视野开阔、善于观察、勤于思考，努力学习掌握其他方面的新知识、新观点、新方法、新信息，以便与时俱进。

(3) **遵守法纪**

在日常工作与生活之中，每一名教师都应做到：在社会上遵守法律、遵守社会公德、遵守公序良俗；在学校中遵守纪律、遵守职业道德。

(4) **守口如瓶**

有的时候，人们往往会掌握一定的行业秘密或者别人的隐私。而一名教师训练有素的标志之一，就是在外人面前要对此守口如瓶。即便对学生出于信任而主动倾诉的个人隐私，教师也有责任、有义务为之保守秘密。这不仅是一种个人素养，而且也是一种最基本的职业操守。

(5) **注重效率**

在工作之中，既要认真做事，更要讲究效率；不但要追求质量，也要保证数量。如果教师在工作中拖拖拉拉、敷衍了事，必然会为其他后来者所赶超。

(6) **恪守承诺**

子曰：“信则人任焉。”在工作中，人们十分强调“一诺千金”。在因公交往中，一个讲信用的教师才有可能广交朋友，而一个不讲信用的人则往往举步维艰。有人曾说：“信用是每一家社会组织的最佳广告，也是现代人在职场的立足之本。”此言宜为每一名教师所谨记。

(三) 保持自尊

在处理各方面的人际关系时，教师都要有意识地保持自尊。尊重自己，教师才有可能真正地获得他人的尊重。一个没有自尊的人，永远也不可能受到他人的尊重。每一名教师在维护其自尊时均应遵守下列五项细则。

（1）**珍惜形象**

在工作中，教师必须对个人形象倍加珍惜。教师的衣着、举止、谈吐，尤其是其所作所为，既反映着其精神风貌，又表现出其素养、品位与身份。在此方面稍有差错，就会使个人形象受到损害。

（2）**公私分明**

处理具体工作时，公私分明是对每一名教师的起码要求。一方面，要分清学校的大局与个人的情感，不要将个人情感夹杂到工作关系之中；另一方面，则要爱惜学校的财物，自觉防止贪占学校财物的事情发生。此外，平时不任意地役使学生，更不能让学生替自己改作业、做家务、干私活。

（3）**争分夺秒**

在现代社会中，时间就是生命，时间就是效率，时间就是资源。在具体工作之中，每一名教师都应当善于有效地分配时间、利用时间，分秒必争，并且懂得珍惜别人的时间。

（4）**安排有方**

学校中的日常工作，往往千头万绪。要想达到举重若轻的境界，就一定要善于进行合理安排。在安排各项事务时，一定要注意轻重有别、缓急有序、条理分明、有条不紊。

（5）**维护环境**

要想在工作中给他人留下良好印象，还须认真地维护好自己的办公环境。具体而言，办公环境又有“大环境”与“小环境”之分。前者指的是办公室内外的整体环境，后者则是指个人的办公桌、文件柜等具体环境。对它们的基本要求是：干净、整齐、有序。

二、善待他人

教师在学校内部从事任何一项具体的工作，都会涉及各种各样的人际关系。应当承认，协调、处理人际关系的能力，是一名教师所应具备的基本工作能力之一。在现实的人际交往中，一个人的人际关系如何，不仅反映着其个性如何，而且往往影响着其事业的成功与发展。

在公务交往中，每一名教师在协调与处理人际关系时都要始终不渝地善待他人。善待他人，一般又涉及下列五个层面的问题：一是主动接受他人；二是高度重视他人；三是认真尊重他人；四是努力理解他人；五是友善对待他人。

在学校的内部管理中，每一名教师所面临的最重要的人际关系不外乎与同事的关系、与上司的关系、与下属的关系、与异性的关系等。若想在实际工作中真正做到善待对方，自然应根据交往对象的不同而有所区别。

(一)与同事的关系

同事，在这里指的是与自己在同一所学校里共事的、朝夕相处的其他教师，或其他的行政、后勤人员。在学校里工作时，教师的同事往往是不能由自己选择的。唯有主动接受他们，并力争与其和睦相处，才有助于自己工作的顺利开展。

必须牢记：尊重同事是一种本分。具体来讲，要处理好与同事的关系，应注意下列六点。

(1) 平等相待

与同事共处，要亲切友善，不能分亲疏远近。在一般情况下，对待同事应当一视同仁，不偏不倚。在同事之中拉山头、画圈子、搞宗派，或者过于偏向一部分人，虽有可能受到一些同事的青睐，但也可能由此而失去另外一些同事的好感。这些庸俗的做法，最终只会损害教师与同事之间的关系。

(2) 搞好团结

平时与同事打交道时，既要讲究公事公办、开诚布公、直言不讳，敢于开展批评与自我批评，又要斟酌、讲究具体的方式方法，不搞歪门邪道，不借题发挥、煽风点火、挑拨离间、破坏团结。

(3) 待人以诚

正常的同事关系，本质上应当是君子之交。此种君子之交的同事关系，要求双方豁达大度、互信不疑、以诚待人。苏东坡曾经说过："服人以诚，不以言。"人与人之间最大的信任来自诚实无欺，同事之间的相互信任亦应以真诚为基础。对同事虚情假意、不讲诚信，必然会失去对方的信任，甚至伤害对方。

(4) 相互支持

既然同事是自己工作上的伙伴，那么在工作之中就应当主动地关心对方、帮助对方。当同事需要支持或帮助时，应当挺身而出，全力相助，而不要附加什么条件、要求，也不能为此而抱有怨言。应当确认的是，支持同事的工作不仅会赢得对方的支持，而且也会直接有助于本学校的发展。

(5) 距离适度

不论帮助、关心、支持同事，还是对方主动有求于自己，都要注意就事论事、适可而止。处理自己与同事的关系时，始终都要把握好分寸，要防止热情"越位"、违反规定、强人所难、干涉对方的私生活，甚至引起对方的反感。

(6) 戒骄戒躁

在工作之中，要虚心待人，善于向周围的同事学习。要真正地视同事为良师益友，认真地向对方学习其所长。在同事面前，任何时候都要力戒自高自大、目空一切、忘乎所以。对同事指手画脚、盛气凌人、简单粗暴，都是要不得的。

（二）与上司的关系

在学校中，上司指的就是自己在教学、工作关系上的上级领导。妥善地处理好自己与上司的关系，通常被视为教师的本职工作能否顺利开展的基本前提。

必须牢记：尊重上司是一种天职。要处理好自己与上司的关系，下述五点均须谨记。

（1）**服从领导**

与上司共事，首先需要摆正自己的位置。既然在上司面前自己是下属，那么在工作之中就必须服从上司的领导。在工作上，允许教师以正当方式向上司提出意见或建议，但一旦上司做出了决策，就必须积极地遵照执行。对上司的指令阳奉阴违、任意曲解，甚至公然大唱反调，都是绝对不许可的。

（2）**维护威信**

在工作中，不论为了维护学校的形象，还是出自下级服从上级的纪律约束，每一名教师都必须有意识地维护上司的个人威信。一方面，不宜在背后议论、评论、指责上司的个人能力与基本决策；另一方面，在大庭广众之下，也不宜当众顶撞、指责上司，或者取笑、捉弄上司，使其当众出丑。

（3）**敬重上司**

不论自己与上司之间的私人关系如何，都要在工作场合，尤其是在外人面前时时、处处、事事对对方以恭敬之心相待。要明确自己与上司在工作中所处位置的不同，该向上司请示时就要请示，该向上司汇报时就要汇报，对待上司的建议要认真考虑，对待上司的批评亦应虚心接受。称呼上司时要使用尊称，与上司交谈时要使用敬语，同上司外出时勿忘对对方“礼让三先”。

（4）**明确权限**

在学校中，每一名教师不但分工不同，而且工作之中的权限范围也有所不同。在实际工作中，每一名教师对自己的具体工作既要开拓进取、积极主动，也要讲究量力而行、注意权限。一所学校犹如一部机器，要保证其正常运转，就要求其所有部件各就各位、恪守本分。假如教师在其工作中率性而为，擅自做主，不懂得各司其职的重要性，往往就会导致学校这部机器“运行出轨”。

（5）**全力以赴**

在日常工作中，教师对上司最佳的支持、最好的回报，就是认认真真、尽心尽力地做好自己的本职工作。在平时，积极做好本职工作，实际上就是主动地配合上司工作，就是为上司分忧，同时也是对上司的最大支持。真正做到了这一点，无疑会使上司对自己另眼相看。

（三）与下属的关系

所谓下属，在学校内部一般是指在工作中归属自己管理、领导的部下。俗话说："一个好汉三个帮。"任何一名领导，不论其多么精明强干，如果失去了下属的支持、配合与拥戴，往往就会变成一事无成的孤家寡人。

必须牢记：尊重下属是一种美德。要想处理好与下属的关系，对下列五点应予重视。

(1) **充分信任**

一位成功的领导，必须懂得对下属必须"用人不疑，疑人不用"。在实际工作中，一旦将某项具体任务交给了自己的下属，就要给对方以相应自主安排、自行发挥的空间，要充分信任下属的经验、能力与决断。除必要的指令之外，一般不要给予下属过多的限制与干涉。这样做既是对对方的一种信任，也是一种支持。

(2) **量才而用**

在向下属具体分配、下达任务时，首先应当对对方在工作上的能力、经验与潜质综合加以考虑，然后在此基础上量才而用。对下属量才而用而不是逼迫对方勉为其难，不仅有助于工作任务的顺利完成，而且也是现代管理科学对领导者提出的起码要求。

(3) **礼贤下士**

在工作中所存在的上下级关系，不过是由于分工不同而形成的一种普通的人际关系。在上司与下属之间，既存在一种领导与被领导的关系，又存在着一种同舟共济的同事关系。一名高明的领导必然懂得：尊重下属是一种做人的规则，礼贤下士则是领导所必备的一种素养。在任何时候，领导对其下属都要平等相待、态度温和，尤其要在人格上尊重对方。

(4) **热情相助**

在实际工作中，每一名领导都应积极而主动地对自己的部下给予力所能及的、必要的帮助。在下属需要帮助时，一定要尽力相助。当下属未曾要求帮助，而自己发现确有帮助对方的必要时，亦应出手相助。对上司而言，为下属排忧解难属于其本职工作；帮助下属，其实就是帮助自己。

(5) **体谅保护**

为下属所爱戴的上司，通常都是善于对下属体谅保护之人。在工作中处理人际关系时，上司不能搞任人唯亲；评估工作时，上司不应对下属求全责备；下属遭遇困境时，上司要敢于同下属风雨同舟；下属遇到挫折时，上司对下属要在生活上帮助、工作上支持、精神上理解；下属在工作中发生失误时，上司理当主动承担必要的责任。

（四）与异性的关系

在每所学校内部，人们在协调、处理人际关系时，均须考虑性别因素。在任何场合，男女之间的关系都是十分敏感的问题。在学校中，这一点当然也不会例外。

必须牢记：尊重异性是一种风度。处理与异性之间的相互关系时，教师不可忽略以下四点。

（1）**男女平等**

在学校里，男女之间的社会地位完全平等。要坚决反对在工作中所存在的性别歧视，尤其是要反对男尊女卑、重男轻女或女权至上、重女轻男的极端主义做法。

（2）**彼此包容**

在坚持男女平等的同时应当承认，在具体的行事风格方面男女确有差异：男性大都处事果断，却往往为人粗犷、散漫；女性往往温柔细心，却时常拘谨、敏感。因此，男女相处时要彼此包容、忍让，彼此都不宜苛求于对方。

（3）**相互配合**

要做好工作，就要善于同异性搞好配合。在工作中，既要善于与同性合作，也要学会如何与异性打交道。总之，要在工作中充分调动各方面的积极性。在工作中，经常需要不同性别的教师相互配合，不论缺少了哪种性别的教师，都有可能造成整个工作上的损失。

（4）**掌握尺度**

与异性相处，要掌握好必要的分寸。面对他人时，不论熟人还是生人，不论同事还是学生，不论成年人还是未成年人，对异性的关心和帮助都不要超过限度。与异性交往，教师切忌距离不当。语言上不检点、举止上不自尊、共处时没有风度，都是典型的不当之举。

第二节　会面礼节

会面，就是一个人与别人见面。在人际交往中，特别是在正式交往中，会面作为“开场白”，通常都是值得人人重视的重要环节。

心理学证明：在人际交往中，尤其是在初次交往中，一个人留给其交往对象的第一印象往往是至关重要的。在一般情况下，它不但直接左右着对方对自己的评价与看法，而且还会在很大程度上影响到双方今后的交往。

一般而论，会面是人际交往的第一个环节。科学研究证明：一个人留给他人的第一印象，大都形成于同对方会面之初。有鉴于此，珍视自我形象的教师，务必对自己与他人的会面慎之又慎。

教师在与他人会面时，要想留给对方良好的第一印象，一个最重要的做法，就是要掌握并且恰到好处地运用会面礼节。

会面礼节，亦称见面礼仪，指的是人与人在会面之际所应遵守的主要的行为规范。称呼、问候、介绍、握手等，都属于教师所应当掌握的会面礼节的基本内容。

一、称呼他人

称呼，通常是指人际交往之中所使用的称谓语。教师在与别人打交道时，能否使用恰如其分的称呼，不但体现着其自身的修养和对对方尊重的程度，而且还反映着彼此之间的关系与整个社会的风尚。

在人际交往中，称呼尽管短而又短，往往被人们一带而过，但是在实践中它却备受关注。教师在日常生活中使用称呼时，切莫对其马虎大意。

（一）称呼的作用

要引起对称呼的重视，教师首先就必须充分了解称呼在人际交往中的重要作用。一般而言，称呼至少发挥着下列四个方面的作用。

（1）它体现着一个人对他人的基本评价

称呼的一大特点，是它具有鲜明的褒贬性。尊重一个人时，自然应当对其采用尊称。而轻视一个人时，则往往会对其采用有失敬意的蔑称。

（2）它标志着一个人自身情感的显著变化

一个人自身情感的变化，通常会对其人际交往产生一定的影响。当一个人心情甚佳时，他对别人的称呼往往会充满亲近、友善。当一个人情绪低落时，他对别人的称呼则难免会有意无意地表现出冷漠或距离。

（3）它反映着一个人与其他人的亲疏远近

在人际交往中，人与人之间的亲疏远近有所不同，其所采用的具体称呼时常会相去甚远。双方之间的关系越是亲近，彼此所用的称呼往往越是随便。双方之间的关系越是疏远，彼此所用的称呼则越是郑重其事。

（4）它展示着一个人与其他人的地位差异

一个人在其人际交往中，通常会与自己的交往对象在地位上存在着一定的差异，包括职务、职称、年纪、辈分等。在正式场合里称呼他人时，往往会显现出双方之间所存在的地位差异。

（二）称呼的类型

具体而言，称呼有着许多用途不尽相同的类型。教师们如欲正确地使用称呼，就必须既能够区分称呼的不同类型，又善于在具体使用称呼时选择恰当的类型。

常用的称呼

(1) **正规称呼**

正规称呼，主要适用于人与人之间的初次交往、因公交往和对外交往。正规称呼总体要求是：通过称呼的具体使用，来体现出称呼者对被称呼者的谦恭与敬意。

进而言之，教师所使用的正规称呼具体又可以分为六类：一是以“您”相称；二是以“同志”相称；三是以“同学”“老师”相称；四是以“小姐”“先生”“女士”或“夫人”相称；五是以学衔、军衔或警衔相称；六是以职务、职称或职业相称。

(2) **非正规称呼**

非正规称呼，主要适用于各类非正式场合，并且多为亲朋故旧之间所采用。非正规称呼的主要特点，是要借助于此类称呼的使用，去表达称呼者对被称呼者的亲近与随和。

一般来讲，非正规称呼大体上有下列五类：一是以“你”相称；二是以姓名相称；三是以“大”“老”或者“小”加上姓氏相称；四是以名字或者小名相称；五是以辈分相称，诸如“恩师”“前辈”“学长”“学弟”“学妹”等。

（三）称呼的规则

在称呼他人时有一些原则性的规定，即称呼的规则。教师所应遵守的称呼的规则，主要有以下两项。

(1) **考虑彼此的关系**

在称呼他人时，教师必须优先考虑相互之间的具体关系。在人际交往中，彼此之间的关系若有不同，具体使用的称呼自当有所区别。举例而言，老师在称呼学生时，可以直接称呼其姓名；而学生如果直接称呼老师的姓名，则属于不敬之举。

(2) **兼顾具体的场合**

在称呼他人时，教师必须兼顾当时所处的具体场合。同样一种关系的人，在不同的场合里，彼此之间所使用的称呼往往会有所不同。一般而论，在正式场合，或是在外人面前，需要采用正规称呼；在非正式场合，或是在自己人面前，则往往可以采用各种非正规称呼。

（四）称呼的禁忌

教师在人际交往中，为了使自己对他人的称呼不失敬意，通常应当避免犯下列几种主要的禁忌。

(1) **不宜使用绰号作为称呼**

以绰号作为称呼，尤其是自作主张去给他人起上一个绰号，既显得过于随便，也是不尊重他人的表现。

(2) **不宜使用流行性称呼**

某些流行性称呼，例如，“宝贝”“亲们”“家人们”“甜心”“帅哥”

“爷们”“兄弟”“美眉”“靓女”“集美”“死党”“闺蜜”“哥们儿”“姐们儿”“大腕儿”“小鲜肉”“小哥哥”“小姐姐”“小仙女”“小盆友”“小伙伴”“亲爱的”等，要么显得过分亲昵，要么粗俗不堪，统统都是难登大雅之堂的。

（3）**不宜使用歧视性称呼**

在现代社会中，人与人之间应当是完全平等的。因此，在称呼他人时，切勿有意居高临下，歧视对方。不允许随意以称呼去贬低对方，更不准在称呼中带有对对方国家、民族、宗教、肤色或者生理、性别、职业、学历、出身等方面的歧视。

（4）**不宜滥用行业性称呼**

有的称呼，仅仅适用于某一特定的行业。如果超出了这一范围，便会显得不伦不类。“师傅”“老板”“伙计”“战友”“出家人”之类的称呼，均属于这类不宜滥用的行业性称呼。

（5）**不宜滥用地域性称呼**

不少称呼，只有在某一特定区域内使用才名正言顺，不会招致误会，它们即为地域性称呼。例如，老一辈中国人常用的“爱人”这一对配偶的称呼，到了境外则往往会被人理解为“情人”。

二、互致问候

问候，又叫作问好或者打招呼。它适用于人们见面之初，主要用以向他人询问安好、表示关切或者致以敬意。在正常情况下，教师在与熟人见面时，双方理当相互致以问候。否则，就是一种目中无人的表现。

在会面时，人们彼此之间互致问候虽说是一件很简单的事情，但依然不可对其掉以轻心。在问候他人时，教师主要应当注意下列三个方面的问题。

（一）问候的内容

人们在问候他人时，所使用的具体内容往往多有不同。通常，问候语的具体内容具有明显的地域性特征。在一般情况下，人们常用的一些问候语是约定俗成的。根据具体内容加以区分，问候语大致可以分为三类。

（1）**问好型**

所谓问好型的问候语，即见面时直接问候交往对象：“您好”“早上好”“周末好”或者“大家好”。它言简意赅、直截了当，既不失礼貌，又可避免东拉西扯，故而最为正规，适用范围最广。

（2）**寒暄型**

所谓寒暄型的问候语，即人们在平日问候他人时所讲的一些应酬话，诸如“吃了没有”“上哪里去”“忙什么呢”等。对于这类问候语，一般没有必要予以实质性的答复。它多适用于熟人之间，在跨文化交际时需要慎用。

（3）**交谈型**

所谓交谈型的问候语，即人们在问候他人时直接找到一个话题，在问候对方的同时，希望就此交谈下去。此类问候语，多适用于公务场合。

（二）问候的顺序

在问候别人时，往往有一些先后顺序方面的具体问题，理当引起教师的重视。越是正式的场合，越是要重视这一点。

（1）**两人见面**

两个人见面时，双方均应主动问候对方，而不必非要等待对方首先开口。不过在正常情况下，标准的做法是“位低者先行”，即双方之中地位较低的一方，应当自觉并主动地首先问候地位较高的一方。

（2）**一人与多人见面**

当一个人与多人见面时，问候对方有以下两种具体方法可循：一是由尊而卑，依次问候对方。二是统一问候对方，而不必一一具体到每个人。例如，“各位好”“老师们好”“同学们好”，等等。

（三）问候的态度

在问候他人时，教师要使自己言行一致，因为此时此刻，人们往往是讲究对交往对象“听其言，观其行”的。教师在问候他人时，一定要力求态度热情而友好，切勿显得傲慢冷漠、敷衍了事。

在问候他人时，要使自己的态度热情而友好，关键是要使自己的表情与举止能够同问候语的具体使用彼此协调、相互配合。以下几点，尤其需要注意。

（1）**起身站立，迎向对方**

问候别人时，教师既不应该坐而不起，也不应该等待对方走向自己。但凡有可能，就要站起身来，并且主动走向被问候者。一般来说，问候他人时，双方之间的距离以1～3米为宜。

（2）**面含微笑，待人友善**

问候他人时，教师通常应当面含微笑。这样做，既是对对方的一种接纳，也是对对方友好之意的直接体现。倘若在问候别人时不苟言笑，甚至显得过度冷漠，就会使自己显得排斥对方。

（3）**目视对方，专心致志**

在问候他人时，教师必须做到“三到”，即口到、眼到、心到。所谓口到，指主动地向对方问好；所谓眼到，指届时必须双目注视对方；所谓心到，指不论问候对方还是注视对方，均应聚精会神，不得三心二意。唯其如此，才会使自己的问候显得实心实意。问候别人时，眼到与心到往往直接关联。假如在问候他人时左顾右盼，则会给人以心不在焉之感。

（4）认真对待，及时回应

在任何情况下，问候别人都是一种不可或缺的基本礼节，教师们对此一定要重视，并且认真对待。特别重要的是，当他人问候自己之后，一定要谨记“来而不往，非礼也”，应及时地对对方予以回应，认认真真地问候对方，千万不可有来无往。

三、进行介绍

介绍，一般指的是在人际交往中使双方互相有所了解的说明性语句。在人际交往中，互不相识者之间唯有通过介绍才能够彼此认识，进而建立联系。所以说，介绍是人际沟通的出发点。

按照被介绍者的不同，介绍通常被分为介绍自己、介绍他人和介绍集体三种基本类型。在礼仪方面，它们各有一些不同的规定。

（一）介绍自己

介绍自己，亦称自我介绍。它所指的是自己把自己介绍给其他人，以便使对方认识自己。主动向别人介绍自己，称作主动型的自我介绍；应邀而向别人介绍自己，则称作被动型的自我介绍。不论采用何种类型介绍自己，均应注意下述四个主要问题。

▌掌握时机

教师向别人介绍自己，通常要选择有必要之时进行。不然的话，便会劳而无功。注意这一点，才会使自己所做的自我介绍引起他人的重视，并且为对方所记牢。一般来讲，干扰较少的时机、想认识对方的时机、对方有兴趣的时机、初次见面的时机，都适合于进行自我介绍。

▌简明扼要

介绍自己时漫无边际地信口开河，滥搞长篇大论，不但毫无必要，而且还会给人以华而不实的印象。因此，在进行自我介绍时以简短为佳。

▌内容有别

介绍自己时，应当根据具体的情况而在内容上有所区别。就具体内容而论，介绍自己可以分成三种方式。

（1）**应酬式**

应酬式介绍，即只介绍自己的姓名。此种介绍适用于面对不愿与之深交者之时。

（2）**交流式**

交流式介绍，即除了介绍自己的姓名之外，还同时介绍自己所在的具体单位、所担负的具体职务、所研究的主要方向、所讲授的主要课程，或者所教授的具体班级或专业等。其目的是要使他人对自己的基本情况有初步了解。

（3）**答问式**

答问式介绍，即根据交往对象所提出来的具体问题，来选择自我介绍的基本内容。届时应当有问有答，答其所问。

上述三种自我介绍，各有其适用的场合。应酬式自我介绍，适用于面对泛泛之交时；交流式自我介绍，适用于面对意欲结交之人时；答问式自我介绍，则主要适用于在自我介绍时兼以答复他人的询问。

▌诚实无欺

进行自我介绍之时，教师务必实事求是、诚实无欺。具体涉及个人的情况，尤其是需要进行自我评价时，既不必过度谦虚，再三地贬低、否定自己，也不应该自吹自擂、夸大其词、弄虚作假。既然介绍自己主要是为了让别人了解自己，那么在具体内容上就应当力求真实可信。

介绍他人的规则

（二）介绍他人

介绍他人，又叫作第三者介绍或替他人做介绍，指由介绍者作为第三者，来为彼此不相识的双方相互进行介绍。在人际交往中，教师往往免不了要充当介绍者，来替他人做介绍。介绍他人时，有下述四点应予注意。

▌介绍者

在人际交往中，介绍他人时究竟应由何人充当介绍者，通常有一定的讲究。在一般情况下，介绍他人时，介绍者应由具有下列身份者担任。

第一，与被介绍双方相识者。

第二，社交聚会中的主人或师长。

第三，公务往来中专职的接待人员。

第四，在场之人中的地位、身份或年纪最高者。

第五，应被介绍人一方或双方要求者。

▌介绍前的准备

欲使介绍他人得以顺利进行，介绍者应事先有所准备。其中最重要的，是要记住以下几点。

第一，需要了解被介绍的双方之间是否认识，免得令自己的好心好意变成多此一举。

第二，需要了解被介绍的双方是否希望相互认识。当他们一方或双方无此愿望时，大可不必去强人所难。

第三，需要了解介绍他人的具体时机是否合适。时机如果选择得不好，介绍的效果便不会太好。

介绍的顺序

具体介绍两人相识时，总存在着一个孰先孰后的先后顺序问题。一般的规则，是讲究“尊者居后”。它具体是指：介绍双方时，应当先介绍位低者，后介绍位高者，以便使位高者能够优先了解位低者的情况。

具体而言，介绍长辈与晚辈时，应当先介绍晚辈，后介绍长辈；介绍老师与学生时，应当先介绍学生，后介绍老师；介绍女士与男士时，应当先介绍男士，后介绍女士；介绍已婚者与未婚者时，应当先介绍未婚者，后介绍已婚者；介绍职务高者与职务低者时，应当先介绍职务低者，后介绍职务高者；介绍客人与主人时，应当先介绍主人，后介绍客人；介绍外人与自己人时，应当先介绍自己人，后介绍外人。

介绍的方式

介绍他人相识时，介绍者所采用的具体方式需要根据具体情况加以斟酌。介绍他人的具体方式，常用的主要有下述四种。

（1）简介式

简介式，即只提及双方的姓名或者姓氏，其他内容则留待被介绍者自己接下来见机行事地予以介绍。

（2）标准式

标准式，即将双方的单位、职务、专业、年级、学位与姓名一并道来，它适用于正式场合。

（3）引见式

引见式，即当一方认识另一方，而不为对方所认识时，由介绍者将前者引见给后者。至于后者的情况，则可以略去不谈。

（4）强调式

强调式，即为了加深被介绍者双方之间的相互印象，而对其中的一方或者双方的某一方面的情况加以重点介绍。

（三）介绍集体

介绍集体，乃是介绍他人的一种特殊情况。它指的是由介绍者为两个集体之间，或者为个人与集体之间所做的介绍。在正式场合，教师经常有必要介绍集体，此时，有两项礼仪规则应予重视。

▍介绍集体的类型

进行不同类型的集体介绍时，在礼仪上有着不同的具体要求。一般来讲，介绍集体可以分为两大基本类型。

（1）替集体与集体进行介绍

替集体与集体进行介绍时，讲究“双向介绍”，即对于双方的情况都要进行介绍。

（2）替个人与集体进行介绍

替个人与集体进行介绍时，讲究的则往往是“单向介绍”，即只需要介绍个人的情况，而不必介绍集体的情况。

▍介绍集体的顺序

介绍集体时，依礼亦有顺序上的先后之别。在一般情况下，介绍集体同样应当遵守“尊者居后”的规则。

例如，替两个集体进行介绍时，通常应当首先介绍东道主一方，随后方可介绍来访者一方。至于具体的介绍方式，则有以下两种。

（1）只做整体介绍

所谓只做整体介绍，即只介绍双方集体的情况，而不具体涉及个人情况。

（2）介绍个人情况

在介绍集体时若须涉及个人情况，一般讲究“双方对等”，即在遵守“尊者居后”的介绍规则的同时，对双方的个人情况均应一一地予以介绍，在具体介绍各方的个人情况时，则应当由尊而卑地依次进行。

四、彼此握手

人们在见面时，通常都会相互行礼，以便向交往对象致以敬意。对中国人来说，握手便是相互见面时使用最为普遍的礼节。在日常生活中，握手虽为司空见惯之事，但是这方面却颇有讲究。教师对其若是疏忽大意，搞不好就会弄巧成拙。

（一）握手的方式

与他人握手，有必要对具体的方式加以讲究。只有采用正确的方式，方能使握手发挥作用。一般来讲，与别人握手时，应当注意以下七点。

（1）**起身站立**

在他人面前起身站立，含有对对方的恭敬之意。因此，在与别人握手时，教师均应起身站立，只有女教师在社交场合才可以有所例外。

（2）**使用右手**

与别人握手时，必须使用右手。用左手与别人握手，一般被认为是不礼貌的，只有在特殊情况下才允许那样做。

（3）**手位正确**

与别人握手时，手位应当力求正确无误。标准的做法是：握手的双方相互握住对方右手除拇指之外的其他四个手指与部分手掌。仅仅握住对方手指的指尖，握住对方的整个手掌，或者去握对方的手腕，都是失当的。

（4）**时间适中**

教师与别人握手的具体时间，既不宜过短，也不宜过长。握手的时间太短，好似敷衍对方；握手的时间过长，则会显得热情过度。在正常情况下，与他人握手的时间以3秒钟左右为宜。

（5）**力量适度**

握手时所用的力量，必须适度。用力过轻，会令人感到自己缺乏热情；用力过重，则会给人以挑衅之感。

（6）**神态友好**

一般来讲，与别人握手时，应目视对方双眼，并且面含微笑。此刻若是东张西望，或者面无表情，都会给人以不专心、不友好的感觉。

（7）**稍事寒暄**

与别人握手时，总要同时与对方交谈片刻。要么是问候对方，要么是叙叙家常。如果始终一言不发，甚至始终不苟言笑，则往往会导致冷场。

（二）握手的顺序

与他人握手时，双方伸出手来的先后顺序有着一定之规。最基本的讲究，是"尊者在前"。此项规则的含义是：双方握手时，应由地位较高者首先伸出手来。地位较低者若是首先伸出手来，则是失礼的表现。

当客人与主人握手时，情况则较为特殊。客人抵达时，应由主人率先伸手；而当客人告辞时，则应由客人率先伸手。前者是主人为了体现自己对客人的欢迎之意，后者则是客人为了请主人就此留步。

如果一个人需要与数人一一握手，合乎礼仪的顺序有二：一是由尊而卑地依次进行；二是由近而远地依次进行。前一种做法适用于握手对象地位尊卑较为明显之时，后一种做法则适用于握手对象地位尊卑不甚明显或者难以区分之时。

（三）握手的禁忌

教师在与别人握手时，如欲使自己的所作所为表现得彬彬有礼，就不宜犯下述八种握手的禁忌。

（1）**不宜戴着手套**

戴着手套与人握手，通常被视为失礼。只有女士在社交活动中才可以戴着薄纱手套与别人握手。

（2）**不宜戴着墨镜**

戴着墨镜与别人打交道，通常被视为“拉开距离”之意。唯有眼部患病、刚刚整容或存在缺陷者，才可以那么做。

（3）**不宜以手插兜**

与别人握手时，另外一只手不仅应当空着，而且应当在身体的一侧自然垂放。届时要是插入衣兜之内，容易给人以过分随便之感。

（4）**不宜掌心向下**

伸出手来与人相握时，假如掌心向下，通常会给人以居高临下之感。握手时掌心向上，表示待人谦恭；握手时手掌垂直于地面，则表示待人平等。

（5）**不宜双手同握**

只有在亲朋故旧或恩师、同学相见时，方可以双手与对方相握。与初交之人握手时，尤其当对方为异性时，以双手与其相握是不合适的。

（6）**不宜推拉抖动**

与别人握手时，动作与幅度应当适度。既没有必要握着对方的手推过去、拉过来，也没有必要握着对方的手抖动不止。

（7）**不宜跨着门槛**

在握手时，双方的身体一般均应保持静态，站立不动。不要一边握手一边走动，尤其是不要跨着门槛，一脚门内、一脚门外地与别人握手。

（8）**不宜争先恐后**

不论与要人握手，还是与多人握手，均应讲究先来后到、依次而行。在任何情况下，与他人握手都不要推推搡搡、不守秩序、争先恐后。

第三节 拜访礼节

拜访，又称拜见、拜会。在一般情况下，它指前往他人的工作地点、私人居所或者其他事先商定的地点会晤、探望对方，或是与之进行工作方面的接触。不论在因公交往还是在因私交往中，拜访都是教师习以为常的一种社交方式。

作为交往方式之一，拜访实际上是一种典型的双向应酬活动。在拜访中，访问、做客的一方为客，称为来宾；做东、待客的一方为主，称作主人。任何一次正式拜访的顺利和成功，都离不开宾主双方的密切配合与共同努力。对于宾主双方而言，在拜访的整个进程中都必须恪守本分、善待对方，依照相应的礼仪规范认真行事。从总体上讲，充当客人拜访他人时，一定要讲究客随主便；充当主人款待他人时，则一定要讲究主随客便。下面就来分别介绍做客与待客的常规礼仪。

一、做客之规

做客，乃是拜访的基本组成部分。它虽是正常的人际交往中不可缺少的应酬，但若不谙做客之道，则难免会使拜访不能尽如人意。

所谓做客，通常是指登门拜访他人。在拜访中，做客的一方一般属于主动的一方。就做客礼仪而言，其核心之处则在于客随主便、尊重主人。具体而言，则应当注意下列三个主要方面。

（一）有约在先

在所有的做客礼仪规范之中，有约在先是最为基本、最为重要的一项。它的基本含义是：拜访他人，尤其是进行正式拜访或者初次拜访时，一般应提前与拜访对象有所约定。换言之，拜访应当以两相情愿、双方方便为基本前提。即使进行家访，教师亦应重视此点。不提倡随意进行顺访，尤其是对待一般关系的交往对象不宜充当不邀而至、打乱对方计划的不速之客。

从某种意义上讲，做客时有约在先，既体现着拜访者的个人教养，更是对主人的尊重。因此，在进行拜访尤其是进行正式拜访或者初次拜访时，有约在先绝对不可予以省略。

对教师来说，在拜访时做到有约在先，主要应当对以下三个具体问题加以关注。

约定时间

在约定拜访时，一定要在两相情愿的前提下，协商议定到访的具体时间与停留的具体时间长度。对主人所提出的具体方案，应予以优先考虑。由客人自己提出方案时，最好给对方多提供几种选择。

在一般情况下，主人本人表示不方便的时间或工作极为忙碌的时间，以及人们难得一遇的节假日、不宜打扰的凌晨与深夜、常规的用餐时间和午休时间，都不宜进行正式拜访。

约定人数

在预约拜访时，宾主双方均应事先向对方通报届时到场的具体人员、人数及其各自的身份，并征得对方的同意。在拜访中，宾主双方都要竭力避免使自己一方中出现对方所不欢迎甚至极为反感的人物。

通常，双方参与拜访的人员一经约定，便不宜随意进行变动。做客的一方特别需要注意，切勿任意变更、拼凑或者扩大自己的队伍，尤其是不要临时捎带一些毫不相干的人物前去赴约。在任何时候，来宾队伍过于庞大都会令主人措手不及、手忙脚乱，干扰其事先所做的安排和计划。

▌如约而至

拜访者一旦与拜访对象正式约定拜访时间之后，必须认真予以遵守，不应轻易更改。万一有特殊原因，需要推迟或者取消拜访，应当尽快以适当的方式通知对方。不要若无其事，让对方空等。除此之外，当拜访者下次与对方见面时，最好还要再次表示歉意，并详细说明一下自己上次爽约的具体原因。

拜访者在按照宾主双方的正式约定登门进行拜访时，应准时到达，既不要早到，让对方措手不及，也不要迟到，令对方望眼欲穿。总之，按照约定准时登门，才是拜访者最得体的做法。

（二）上门有礼

登门拜访他人时，每一位教师都必须时时处处注意有关的礼仪规范，进行自我约束。不论宾主双方的私人关系如何，不论自己所进行的是因公拜访还是因私拜访，拜访者都必须认真注意如下五点。

▌轻装上阵

做客之前，拜访者一定要对本人的着装进行认真的选择。越是正式的拜访，就越要注意这一点。在正常情况下，拜访时的着装应当以干净、整洁、高雅、时尚为基本原则。应当注意的是：过分轻佻、暴露、随便的服装通常是教师所不宜选择的。

对自己衣着的某些重要细节，拜访者一定要提前检查再三。例如，衣服上的纽扣、拉锁一定要扣上、拉好，袜子一定要无洞、无味。不然进门后一旦需要更换拖鞋，可能就要当众出丑。

▌先行通报

进行拜访之前，往往需要先向拜访对象进行必要的通报。较为重要的正式拜访，在其进行之前的头一天，或者当天出发之前，拜访者应当与拜访对象再次进行联络，以便与对方再作确认。这一做法，同时还暗含提醒拜访对象之意。

抵达拜访对象的办公室或私人居所门外后，倘若对方无人迎候，应首先采用合乎礼仪的方法，向对方通报自己的到来。通常，拜访者可请其秘书或家人转告，也可以自己上前敲门或摁门铃。

拜访者在敲门时，以食指轻叩两三下即可；摁门铃的话，则让铃响两三声即可。若室内没有反应，过一会儿可再做一次。千万不要用拳头擂门、用脚踢门、把门铃摁个不休，或者在门外大呼小叫。此类举动显然有可能会骚扰四邻。

即使与主人关系非常之好，也绝对不要不打招呼便推门而入，否则既有可能显得自己少调失教，又有可能遭遇让人尴尬的场面，令自己进退两难。

问候施礼

登门拜访时，拜访者与拜访对象见面之初，前者应当主动向后者进行问候，并且与对方握手为礼。一般而言，宾主双方握手时，应由主人首先伸出手去，而由客人对其予以回应。

倘若宾主双方初次谋面，拜访者则还须略做自我介绍。若拜访者的同行人员之中有与主人不相识者，则拜访者还有义务替双方进行相互介绍。在拜访中，如遇到主人的同事、家人或其他客人，不论此前是否认识对方，均应主动同对方打招呼、问好，而不宜旁若无人、不搭理对方。

前往亲朋好友或同事的私人居所做客时，如有必要，可为对方预备一些适当的小礼物，如鲜花、水果、书籍、小型工艺品，等等。进门之初，一般即应向主人奉上自己所准备的礼物，并且对其加以适当的说明，不要等到告辞之时再说。

有除有放

进入他人室内做客时，按照礼仪规范，拜访者应将身上的一些物品或者随身携带的一些物品加以去除、放下。这种做法，被视为向主人致敬的方式之一。登门做客时，需要除去或者放下的物品通常有下列几种。

（1）帽子

俗话讲“脱帽为礼”。在上门拜访时，客人们必须自觉地这么做。唯有秃顶或头上患有疮疾者，方可有所例外。

（2）手套

客人登门时，除女士所戴的用以装饰的薄纱手套之外，其他人所戴的一切种类的手套，均应在进门后摘下，以方便宾主双方之间进行握手。

（3）墨镜

墨镜主要适用于室外佩戴，以供保护眼睛之用。进门之后如果佩戴如故，既有拒绝交流之嫌，又显得煞有介事。

（4）外套

大衣、风衣、棉衣、羽绒服之类的外套，多用于遮风、御寒、挡尘。在室内如继续穿着，则会弄脏座椅。

（5）手袋

当自己就座后，随身携带的手袋应被置于右手下方的地板上，切勿将其放到桌、椅、床、柜或窗台之上。

应邀就座

被主人邀请进入室内时，客人应主动随行于主人身后，切勿抢先一步，贸然充当“开路先锋”。

如若主人开门之后并未主动邀请拜访者进入其室内，通常表明拜访者的到来不合时宜。此时此刻，知难而退才是拜访者的最佳选择。遇到此种情况时，拜访者切勿不看眼色、不邀而入，或者向主人的室内进行窥视。

在一般情况下，主人会邀请来客在其指定之处就座，届时恭敬不如从命。与此同时，拜访者在就座时还需要注意以下三点：一是不要自行找座；二是与他人同至时应相互进行谦让；三是最好与其他人，尤其是主人、主宾一同落座。有时落座于其后亦可，但不宜抢先就座。

（三）为客有方

在他人的办公室或私人居所做客期间，拜访者对于自己的所作所为应当多加注意。从总的方面来讲，拜访者要自觉地要求自己、管束自己。具体而论，则要注意围绕主题、限定范围、适时告退三件要事。在这些方面如果出现大的闪失，会使自己的整个拜访行为大受影响。

围绕主题

任何一次登门拜访，对拜访者而言，都必然有其目的性。既然如此，那么在拜访做客之时，就应当使自己的所作所为紧密地围绕着自己进行拜访的主题而行，绝对不允许“跑题”。倘若专程前去家访，教师务必谨记：届时不要东拉西扯。

在一般情况下，宾主双方尤其是拜访者一方在拜访过程中，应尽快地直奔主题，接触实质性的问题，并力争达成共识，令双方均有所获。不要临阵怯场，言不及义，或是随意变更主题，令对方无所适从，从而令拜访变得徒劳无益。

对于正式拜访所事先议定的主题，拜访者更是要恪守不渝。否则，就会引起拜访对象的不满，并打乱双方原定的计划。

限定范围

要使拜访围绕主题而行，一项得力的措施是：客人应当自觉地限定个人的交际范围与活动范围。从某种程度上来说，在拜访时限定范围，也是拜访者自身所应具有的基本教养。这一要求，通常具有两层含义。

（1）限定拜访时的交际范围

它的含义是：要求客人不要对当时在场的主人的亲属、友人表现出过多的兴趣。比如，询问对方与主人的私人关系，就未必合适。

（2）限定拜访时的活动范围

它的含义是：要求客人一定要自觉地尊重主人的个人隐私，限制自己在拜访时的具体活动范围。未经主人允许或邀请，拜访者通常不宜在主人的办公室或者私人居所之内到处乱走乱看。一般而言，主人家里的卧室、书房、贮藏室等处均属外人的“禁地”。在拜访之时，随手乱动、乱拿、乱翻主人的个人物品，也绝对不允许。

适时告退

拜访时，拜访者一定要适可而止，适时告退。如果客人与主人双方对会见的时间长度早已有约在先，则客人务必谨记在心，并认真遵守。假如双方无此约定，通常一次一般性的拜访应控制在 1 小时以内。初次拜访，则不宜长于半个小时。

若非事出有因，或者宾主双方的关系异常密切，拜访者一般不宜在主人家里留宿，尤其是不宜临时或者主动地表达此意。

在拜访之中遇有他人到访，拜访者应适当缩减自己的停留时间，不要有碍于主人，更不要反客为主，硬找对方攀谈一番。

拜访者一旦提出告辞，便要“言必信，行必果”。任凭主人百般挽留，都要坚辞而去。需要明白的是，主人的挽留有时是出自诚意，有时则可能出于礼貌的“例行公事”。无论如何，都不要一而再再而三地拖延时间，赖着不走。

在出门以后，拜访者即应与主人握手作别。作别之时，一般应由拜访者首先伸出手去与拜访对象相握，以示请对方就此留步，并同时对其给予自己的款待表示感谢。不要听任对方“十八相送”，或是长时间地在门外与主人恋恋不舍地大说特说毫无意义的“车轱辘话”。

二、待客之道

在拜访期间，待客是一个重要的组成部分。如果离开了拜访对象对拜访者的接待，拜访就会变得既不完整，也难以成立。

所谓待客，一般指的是拜访对象对登门拜访者所进行的接待活动。在拜访中，待客的一方通常属于被动的一方，即主人。待客之时，主人有必要遵守常规的待客之道。如《论语》所言，“洒扫、应对、进退”即主人所应知晓的待客之道的要点。

待客之道的核心之点在于：主随客便、待客以礼。具体来说，这一待客的指导思想，主要应当落实在以下三个方面。

（一）细心安排

与来访者约定拜访之后，主人应着手从事必要的准备工作，以便令客人到访时受到周到的款待，并且令其产生宾至如归之感。一般而言，主人先期需要准备安排的，主要有四项工作。

搞好环境卫生

在客人到来之前，往往需要专门进行一次卫生清洁工作，以便创造出良好的待客环境，并借以完善个人的整体形象，同时体现出对来客的重视。届时，千万不要忘了“一屋不扫，何以扫天下”的古训。

进行卫生清洁工作的重点，应当是门厅、走廊、客厅、餐厅、阳台、卫生间等来客必经之处。此外，对于门外、走廊、楼梯等公众共享空间的卫生，亦应加以注意，不要只顾“自扫门前雪”。

进行清洁卫生的基本标准是：空气清新、地面爽洁、墙壁无尘、窗明几净、用具干净、摆设整齐。

进而言之，还须对会客地点的室内及其周边环境加以适当的布置。进行环境布置的总体要求是：以少为佳、整洁为上、简化装饰、务求实用。

备好待客用品

通常，有客来访之前，教师需要准备好必要的待客用品，以应客人之需。在一般情况下，必不可少的待客用品有以下三类。

（1）**饮料、糖果、水果和点心**

饮料、糖果、水果和具有地方特色的点心，被人戏称为中国人款待来客的“四大名旦”，通常在待客时必须做到有备无患。

（2）**报刊、图书**

报刊、图书在待客之时既可供客人消闲之用，又可由宾主一道进行阅读、讨论。

（3）**娱乐用品**

有时间、有条件的话，宾主可以以之在一起进行娱乐活动，以同享欢乐，亦可用以打发客人带来的孩子。

安排膳食住宿

在待客时，是否需要由主人安排客人的膳食住宿，往往需要分别而论。一般的规则是，在商定正式的拜访时，宾主双方即应同时议定是否应当由主方安排来宾的膳食住宿。而在商定一般性的拜访时，则无此议题。对主人一方而言，在正常情况下，待客时是讲究所谓“备膳不留宿”的。

具体来说，接待来客时，主人一方均应预先为对方准备好膳食，并且在会面之初便向对方表明留饭之意。千万不要忽略此事，尤其是不要只顾自己用餐而不顾招待来客，让对方空腹而归。

一般而言，主人一方是不必为来宾尤其是本地的来宾安排住宿之处的，尤其不宜请异性的朋友、同事、学生留宿。不过假如“有朋自远方来”，还须为其安排住宿。家中或本单位不具备留宿条件的话，事先须向对方说明。在这一问题上，是含糊不得的。在必要时，可代为联络住宿之处。

准备交通工具

接待来宾，特别是接待众多的来宾或者重要的来宾时，主方还须对来宾所使用的交通工具问题予以考虑。

接待本地客人时，若对方往返时乘坐自己的交通工具，应事先告知其正确的交通线路，并为其交通工具安排存放地点；若对方往返时需要乘坐公共交通工具、网约车或者步行，亦应提前详细地告知对方正确的交通路线。在必要时，主方还需要为后者安排、联络交通工具。

接待远道而来的客人时，一般应由主方主动协助对方解决交通问题。如果力所能及，则最好主动为其安排或提供交通工具。

为来宾安排交通工具，讲究善始善终，不但来时要管，走时也要管。这样做，不仅是为客人排忧解难，而且也能体现主人的待客之诚与善解人意。

（二）迎送礼让

在拜访中，客人对于自己抵达之时主人是否对其表示欢迎是十分敏感的。因此，在客人抵达之后，主人所要做的头一件事，就是要向对方表示热烈欢迎，并且待之以礼。

为来宾送行时，主人亦须表现出应有的热情与礼貌。唯有如此，才可以使自己对来宾的友好之意贯穿拜访的始终。

具体来讲，礼让迎送来宾，主要要求主人在以下五个方面表现得当。

迎候

对于重要的客人和初次来访的客人，主人在必要时要亲自前去迎候，以示对对方的重视或者照顾有加。

迎候来宾的具体地点颇有讲究。一般而言，迎候远道来访的客人，可恭候于其抵达本地的“第一站”，即本地的机场、港口、车站，或是其下榻之处，并要事先告知对方。

迎送本地的客人，宜在大门口、楼下、办公室或居所的门外，以及双方事先所约定之处。迎候来宾的具体地点，一般应由主人先行通报给来宾。为了防止自己晚到一步，令宾主双方失之交臂，主人或者其代表应在来宾预定抵达时间之前一刻钟左右先行到达迎宾的既定位置。

对于常来常往的客人，虽不必事先恭候于室外，但一旦得知对方抵达，即应立即起身，相迎于室外。不要在客人到来之时“岿然不动”，不要让别人尤其是孩子代替自己迎接客人。

致意

与来宾相见之初，不论彼此熟悉与否，教师均应面含微笑，与对方热情握手。此刻，由主人率先伸手与来宾相握，是对来宾热烈欢迎的一个具体表示。与此同时，主人还应当对对方真诚地表示“欢迎，欢迎”，并致以亲切的问候。

在一般情况下，现代人在待客之初，握手、问候与表示欢迎，被视为必不可少的“迎宾三部曲”。随意对此有所删减，即为失礼。

来宾抵达时，假如自己这里还有家人、同事、学生或其他客人在场，主人有义务为其进行相互介绍。要是任其互不搭理，或是自行进行接触，只能说明主人考虑不周，或是怠慢客人。

让座

如约而来的客人到来之后，主人应尽快将其请入室内，并安排其就座。若是把客人拦在门口寒暄不止，通常等于在向客人暗示其不受欢迎。

在具体处理主人为客人让座这一问题时，主要有两方面问题应当注意。

第一，主人一定要把“上座”让给来宾就座。所谓“上座”，在待客时具体所指的通常是下列位置。

（1）**“面门为上”**

“面门为上”，即宾主相对而坐时，面对屋门者为“上座”，背对屋门者则为下座。

（2）**“以右为上”**

“以右为上”，即宾主双方面对屋内并排就座时，右侧的位置在座次上高于左侧的位置。

（3）**“以远为上”**

“以远为上”，即宾主双方并排在屋门的一侧就座时，以距门远者为“上座”，以距门近者为“下座”。

（4）**“居中为上”**

“居中为上”，即座椅排序有中央位置时，应以位于中央的位置为“上座”。

（5）**“高座为上”**

“高座为上”，即座椅有高有矮时，应以高者为“上座”。

（6）**“舒适为上”**

“舒适为上”，即舒适度较高的座椅应当被视为待客时的“上座”。

第二，在就座时，为了表示对客人尤其是对主宾的敬意，主人通常应邀请客人先行入座，或者与对方“平起平坐”，即宾主双方一同落座。千万不要抢在来宾之前入座，更不可以不向对方让座，或者让错座。

均等

所谓均等，是指当主人在同一时间、同一地点接待不同单位、不同身份的来访者时，应当对各方来访者在礼仪上给予合乎情理的平等待遇。简言之，就是在同一时间、同一地点之内接待多方的来访者时，应当在礼遇上平等相待。具体而言，在下述两个方面，主人在接待多方来访者时应多加注意。

（1）**一视同仁**

一视同仁，在此的主要含义是：主人在同一时间、同一地点接待来自不同方面的多方来访者时，应当有意识地在态度上与行动上对其一律平等相待。在这方面分亲疏、论贵贱、厚此薄彼，都是绝对不允许的。

（2）**待客有序**

待客有序，通常是指在与客人握手、问候客人以及让座、献茶时，主人应按照惯例由尊而卑地依次而行。在正常情况下，待客的具体次序有下列六种讲究：女士先于男士、长者先于晚辈、老师先于学生、已婚者先于未婚者、职位高者先于职位低者、先来者先于后到者。越是正规的场合，就越需要关注待客有序的问题。一视同仁与待客有序是均等规则的两个不同侧面，二者相辅相成，并无矛盾。

送别

送别，亦称送行。作为待客的尾声，送行必须为主人所高度重视。常言道“迎来送往”，可见在待客时不能有迎而无送。否则，教师在迎宾时所付出的种种努力便会付诸东流。

一般而言，告辞的要求应由来客首先提出。届时，主人应认真加以挽留。倘若客人执意要走，主人方可起身送行。不到万不得已，不允许主人以自己的语言、表情、动作暗示“送客”之意。当客人辞行时，亦不允许坐而不起，有意不为对方送行。

送行的具体地点可以有所不同。对远道而来者，可以是机场、港口、车站或其下榻之处；对本地的客人，则应为大院门口、楼下，或是其所乘车辆离去之处。至少，也要将客人送至室外或电梯门口，不然就算是对客人的失礼。

与客人告别时，主人要与对方握手，并道以“再见”。只是双方在握手时，最好先由客人伸出手来。要是主人在此情况下首先伸手与客人相握，则带有极不耐烦的“逐客”之意。与平时难以谋面的客人道别时，还应请其“多多保重”，并请其代向家人或同事致以问候。

在一般情况下，当客人正式离去时，主人应主动向其挥手致意。只有当对方离开之后，主人方可离开。应当特别强调的是，前往机场、港口、车站为来宾送行时，若对方所乘的交通工具尚未开动，主人抢先离去是不应该的。否则万一来宾所乘坐的交通工具误点，或者有其他事情发生，可就无人相助了。

（三）热情相待

在接待客人之时，教师一定要表现出自己的热情、真诚之意。做到了这一点，会让客人更好地感受到主人的友善完全出自真心实意，而不仅仅是循例而行。

热情待客，是拜访进行之中对于主人一方的基本要求之一。接待前来做客的友人、同事、家长、学生以及其他晚辈，尤其是对方初来乍到时，教师务必要友善、热情。要真正地做到热情待客，既要求主人感情热烈，对客人的关怀、照顾无微不至，又要求主人的所作所为合乎礼仪、讲究形式，力求形式与内容相统一。在下述三个方面，尤其需要主人有所表现。

▌一心一意

在拜访进行期间，主人对待客人必须自始至终、始终如一地表现出一心一意。对主人而言，客人就是主人的“上帝”，待客就是主人的“工作重心”。因此，在接待客人时，一定要真正做到时时、处处、事事以客人为中心，尽心尽力地对其关照有加。切不可在接待过程中显得三心二意、用心不专。那样一来，必然会顾此失彼、因小失大、冷落客人，甚至令对方产生不满。

主人在面对客人的时候，如果爱答不理、闭目养神、大打哈欠、看书看报、听广播、看电视、忙于处理家务、打起电话没个完、与家人聊天、浏览社交媒体，甚至抛下客人扬长而去，只能说明自己轻视或者不欢迎对方，而且在待客礼仪方面也表现得不及格。

▌兴趣盎然

子曰：“有朋自远方来，不亦乐乎？”在待客之际，教师应该精神饱满，并且对宾客的所言、所行表现出极大的兴趣。

交谈，不仅是宾主相见之际的基本交际方式，而且也是主人借以表现自己对来宾的谈吐、见识充满兴致与敬佩的主要途径。在宾主进行交谈之时，主人不仅要准确无误地表达和接收信息，而且还要扮演一个称职的“主持人”和最佳的听众。无论如何，主人都不宜使宾主之间的交谈冷场，或是对客人的谈吐明显地表现出毫无兴致。

作为“主持人”时，教师有义务为宾主之间的交谈引起话题、寻找话题，使大家不至于相对静坐，无话可说。万一客人之间的交谈不甚融洽，主人还须出面转移话题。

作为听众时，教师则需要在客人讲话时洗耳恭听，并对此抱有浓厚的兴趣。

有时，还可主动向客人讨教，以引发对方的话题。这些做法，均可令对方谈兴骤增。

主次分明

主次分明，是主人待客不可忽略的重要注意事项之一。具体而言，其要求有两点。

第一，主人的私人事务，届时均应从属于来宾接待这一中心任务。在任何情况下，都不允许主人将私人事务的处理凌驾于来宾的接待之上，尤其不允许当着来宾的面堂而皇之地那么做。

第二，主人在待客之时，应当将此时此刻正在接待的客人视为自己最重要的客人。它的主要含义是：主人既要接待后到的客人，又不能“喜新厌旧”，转而冷落甚至抛弃当前正在接待的客人。万一主人在待客时客人有先来后到之分，则可以合并在一起进行接待，或是先请他人代为接待一下后来之人，自己打过招呼即应回来。即便先来与后到的客人在身份、地位上有所差别，待客时主人所必须讲究的“先来后到”也不容改变。当然，有可能的话，最好还是不要安排多批重要的客人同时到场。

第四节　交通礼节

交通，往来通达之谓也。在日常工作中，教师不论进行何种活动，往往都与交通不无关系。不论个人徒步行走、驾驶车辆，还是乘坐公用交通工具，教师均应自觉地遵守必要的礼仪规范。不遵守必要的交通礼节，既会破坏交通秩序，也会因此而给人以表里不一、缺乏自律之感。

交通礼节，是对与交通相关的各种具体的礼仪规范的一种泛称。对教师而言，应认真掌握并遵守的基本交通礼节主要集中在徒步行走、驾驶汽车、乘坐汽车、乘坐火车、乘坐轮船以及乘坐飞机六个具体方面。

一、徒步行走

徒步行走，又称步行或者走路。对于每一位正常人来说，徒步行走都是其平日进行活动的基本方式。教师平常在徒步行走时，尤其是在公共场所或室外正规的道路上徒步行走时，对于基本的礼仪规范必须有所了解，并应在下述四个方面端正自己的态度。

（一）遵守交规

在室外的道路上行走时，尤其是在交通干道上行走时，教师首先必须严格地遵守交规。交规是对交通规则的简称。所谓交通规则，是指国家为了确保交通的顺畅与安全，而专门规定出来以供全体社会成员共同遵守的有关交通的章程制度。遵守交规是每一位公民义不容辞的义务，每一名教师自然也不能例外。

教师在遵守交通规则时，尤其需要认真关注下列五个方面的问题。

（1）**走人行道**

在室外行走时，一定要选择人行道。若是没有明显的人行道，也要尽量靠路边行走，千万不要在机动车道上行走，更不要在交通干道的正中央行走，或者有意与车辆抢夺道路。

（2）**靠右行走**

为了确保交通的顺畅，我国不论行人还是车辆，在道路上一般均应靠右侧行进。在室外行走时，特别是在正规的道路上行走时，教师一定要切记此点。

（3）**通过街道**

需要横穿道路时，要走指定的过街人行横道，或是专用的过街天桥、地下通道等等。千万不要随随便便地横穿马路，或是任意跨越专用的隔离护栏。

（4）**看红绿灯**

按照交规，行人或车辆通过路口时，均应遵从红绿灯的指示。一般的做法是：红灯禁行，绿灯通行，黄灯警示“停一停”。对于这一点，既要了解，更要遵守。不要对红绿灯视而不见，贸然抢行。不论是否有人监督，均应遵守规定。

（5）**服从管理**

在路上行走时，教师切莫自高自大、我行我素。对于交通警察与其他交通管理人员善意的批评、教育，应当表现得心悦诚服。对对方的正常管理，不但要自觉服从，而且还应当积极予以配合。

（二）明确方位

徒步行走时，在方位方面有一定的讲究。在正式场合里，教师一定要重视这一点，并且要在平时努力养成良好的习惯。在行走时，当前则前，当后则后，当左则左，当右则右。

行走时的方位问题，主要是在与其他人一道同行时才会有所涉及。对广大教师来讲，需要注意以下五点。

（1）**单行行走**

当多人一同单行行走时，通常以前排为上。因此，当教师与领导、长辈、贵宾一起单行行走时，应当自觉地随行于其后。唯有当对方初来乍到、不认路时，方可在前方为其引导带路。

（2）**并排行走**

假若许多人一同并排行走，其方位的讲究应视具体人数的不同而有所不同。当两人并排行走时，一般以内侧为上，即靠道路内侧、靠墙的位置较为尊贵。而当三人或三人以上并排行走时，则往往以中间为上。

（3）**出入房门**

当教师与其他人一同出入房门，特别是当自己以学生、晚辈、主人的身份陪同他人一起出入房门时，应当谨记“后入后出”的规则，即出于礼貌，自己应当在他人之后进入房门，在他人之后走出房门。

（4）**上下楼梯**

在一般情况下，上下楼梯，包括使用自动扶梯时，教师一定要牢记“单行右行”的规则，即不要在楼梯上并行，不要不分左右地横行占道或者居中而行，以免阻挡他人。礼貌的做法是：要单行行进，居右而行。此外，与领导、客人、长辈、女士、儿童一道走下楼梯时，为安全起见，还必须主动行走在前。

（5）**进出电梯**

使用升降式电梯时，必须切记“先出后入”的规则，即电梯内的乘客出来之后，电梯外的人方可进入。陪同他人一同乘坐升降式电梯时，若无人控制，陪同者通常应当先进后出，以便操控电梯；若有人控制，陪同者则应当后进后出。

（三）礼让他人

教师在徒步行走时，尤其是在大街小巷、公共场所、校园之内或所居小区行走时，难免会路遇他人。与他人一道行走时，一定要不分亲疏地一律以礼相待，并且彼此谦让。

（1）**不争抢道路**

多人一同行走时，大都讲究先来后到，依次而行。若有急事，教师可轻声对身前之人道一声“对不起，请让一下”，然后侧身通过，并随后向对方道谢。切勿争先恐后、横冲直撞，毫不在乎其他人。

（2）**不阻塞交通**

在道路狭窄之处，应当快速通过，不要逗留。切莫席地而坐、徘徊不前，或在此处与人交谈。还须注意，不要在通过道路狭窄之处时与同行者并行，尤其是不要与其勾肩搭背、携手而行。

（3）**不目无弱者**

徒步行走时，对于老、幼、病、残、孕者，教师不但应当予以礼让，还应当在必要时主动对其加以照顾。对于问路的外地人、外国人，更应该尽量地提供帮助。

（4）**不蛮横无理**

在道路上或者公共场所内行走时，教师一定要礼待他人，以保持风度。通过狭窄之处或门庭时，可请他人首先通过。需要让路时，应当立即采取行动。不小心碰撞、踩踏别人之后，则应立即向对方致歉。得到他人的礼让、帮助后，应当道谢。切不可自高自大、目中无人，待人蛮不讲理。

（四）严于律己

即便是一个人独来独往，教师也应对自己严格要求，在种种细微之处多多留意。除要严格遵守上述各项规定之外，还必须注意以下五点。

（1）**忌手舞足蹈**

在人多之处手舞足蹈，不但显得自己缺乏教养，搞不好还会因此而冒犯他人，进而酿成事端。

（2）**忌吃吃喝喝**

在行走之时大吃大喝，不仅吃相不雅，而且极不卫生，甚至会有损于个人健康。在人多、拥挤之处那么做，有时还会妨碍别人。

（3）**忌过度亲昵**

与至亲至爱的异性外出时，教师务必对个人举止多加检点。不要在大庭广众之下与之表现得过分亲热，显得轻浮浅薄。

（4）**忌围观尾随**

外出行走时，为了自觉维护公共秩序，教师切莫少见多怪，动辄在街头巷尾围观、起哄。不要对陌生人过分好奇，不要极其失礼地对对方指点、议论，不要长时间地尾随其后。

（5）**忌使用手机**

行走之时，尤其是在大街小巷、公共场所行走时，不论接打手机，还是查看手机上的各种信息，往往都有碍于人，而且还有可能威胁到自己的生命安全。

二、驾驶汽车

现代生活中，越来越多的人钟情于汽车驾驶。对许多教师而言，驾驶车辆不仅是其日常出行的一种手段，而且也是提高生活质量与工作效率的一大乐趣。

驾驶汽车时，每一名教师都必须牢记出行有礼、礼让三分，时时刻刻不允许忘乎所以、目中无人。具体来说，必须做到技术合格、服从管理、安全驾驶、礼让他人。

（一）技术合格

在世界各国，驾车上路均应提前取得正式的资格，并进行系统的知识学习、技术培训与正规考试。技术不合格者，绝对不允许驾驶汽车外出。

具体而言，每一名驾驶汽车的教师均应一丝不苟地对待下述各点。

（1）**掌握驾驶技术**

熟练掌握驾驶技术，是每一名驾驶汽车的教师畅行无阻的前提条件。只有在驾驶车辆的过程中找到“人车一体”的感觉，并且能够逐渐对车辆的速度、位置，车辆所在的空间及其与周边的各种动态、静态物体的间距了然于心，才算是自己所驾驶的车辆的真正主人。

（2）**精心维护车辆**

任何一名具有责任心的驾驶汽车的教师，都必须爱车如己，精心地对自己驾驶的车辆进行定期或不定期的保养、检查与维护。经验证明：汽车自身状况的好坏、涉及行车安全的相关部件是否齐全有效，往往是发生交通事故与否的关键因素。

（3）**取得正式资格**

根据《中华人民共和国道路交通安全法》的规定，我国的每一名机动车驾驶者，均须经过管理机关考试合格，领取驾驶证后，方可驾驶车辆。申请机动车驾驶证时，申请者在身体条件、技术掌握、交规学习、手续合法等方面，必须符合规定。此外，我国还规定：对机动车驾驶者进行定期审验。

（二）服从管理

教师驾驶汽车外出时，如欲高兴而出、满意而归，就必须认真遵守有关规定，虚心接受管理。

▌遵守规定

依照《中华人民共和国道路交通安全法》，我国的每一名机动车驾驶者都必须自觉地遵守如下几点。

第一，驾驶人应按照驾驶证载明的准驾车型驾驶机动车；驾驶机动车时，应随身携带机动车驾驶证。与此同时，还应随车携带机动车行驶证。

第二，驾驶人驾驶机动车上路行驶前，应对机动车的安全技术性能进行认真检查；不得驾驶安全设施不全，或机件不符合技术标准等具有安全隐患的机动车。

第三，机动车驾驶人应遵守道路安全法律、法规的规定，并按照操作规范安全驾驶、文明驾驶。饮酒、服用国家管制的精神药品或者麻醉药品，患有妨碍安全驾驶机动车的疾病，过度疲劳影响安全驾驶者，均不得驾驶机动车。

第四，应定期接受公安机关交通管理部门对机动车驾驶证的审验。

接受管理

在驾车行驶时，每一名教师为了自己与他人的安全，为了交通的畅行无阻，都应以小我服从大我，自觉接受管理。

（1）**严格地遵守交通法规**

在任何时候、任何情况下，每一名汽车驾驶者均应严格地遵守各种交通法规。此乃保证自己安全驾驶的第一准则。

（2）**自觉地服从交警管理**

对于交通民警的指挥、检查、处罚与管理，必须无条件地予以服从。

（3）**及时地了解临时状况**

要及时地掌握交通管理部门就有关重大活动场所、路线所发布的有关道路交通管理通告，以便确定、调整自己的行车时间与路线。

（4）**认真地进行车辆检验**

依照国家的有关法规与标准，公安交通管理部门负责对机动车进行初次登记检验、核（补）发牌证、变更、转籍、过户、报废、停驶、定期检验。对驾驶机动车人员的交通违规、违法行为，有关部门要进行教育、处罚。此外，每一辆机动车还须定期缴纳养路费、保险费。以上环节，都不可忽略。

（三）安全驾驶

俗话说，“行车走马三分险”，“安全是金”。教师驾驶汽车外出时，不论为了自己还是为了他人，都必须始终牢记安全第一。

树立安全意识

有道是“观念决定思路”。每一名驾驶汽车的教师均应认真地树立安全意识，力求有备无患。具体而言，所谓树立安全意识，就是要认真地做到“查一查”“想一想”“严一严”“看一看”“停一停”“让一让”“放一放”。

（1）**“查一查”**

开车出门前，一定要耐心细致地再次对所要驾驶的汽车进行例行检查。

（2）**“想一想”**

为了自己、家人与他人的安全与幸福，在驾驶车辆时，始终都要想到安全第一。

（3）**“严一严”**

在驾驶期间，律己务必从严。务必切记：没有休息好不要开车，吃了容易令人嗜睡的药品不要开车，喝了酒不要开车，情绪欠佳不要开车。

（4）**“看一看”**

通过陌生路段时，一定要首先看清楚路况再行驶。

（5）**“停一停”**

遇到黄灯、拥堵、道路管制时，当停则停。

(6) **“让一让”**

万一遇到其他驾驶者不遵守交通法则，不必争强好胜。不要为此去充当“路怒族”，当让则让。

(7) **“放一放”**

在驾驶期间，务必放下手机，不打，不接，不查看信息。万一有此需要，则应先在适宜之处停车，然后再使用手机。

此外，绝对不允许开“飞车”，更不允许充当“飙车党”。

采取安全措施

要真正做到安全驾驶车辆，教师还应当采取一些必要的安全措施。

(1) **掌握道路特点**

通过平坦道路时，不可麻痹大意。通过高速公路时，应当保持合理的车速。通过坡路、窄路、胡同、隧道、坑洼、沟槽、泥泞和涉水路段，或者幼儿园、中小学校门附近时，则需要依据具体情况低速、减速、限速。

(2) **关注异常天气**

当遭遇大风、降雨、下雪、下雾、结冰等异常天气时，应尽量减少驾车外出。万一有此必要，要及时了解道路管制情况，并要谨慎再三。

(3) **重视夜间行车**

有必要夜间行车时，一定要关注个人休息、人身安全、夜灯使用等问题。切勿疲劳驾驶，或用大灯乱照、乱晃其他车辆与行人。尤其要集中精力，保持警惕，因为夜间能见度差、视野变窄、光亮有限，往往易于产生问题。

(4) **善于处理危险情况**

在驾驶汽车出行时，万一发生危险情况，不论自己的车辆出了问题，还是前方道路或车辆发生问题，均应沉着冷静，机智勇敢，善于面对。

(四) 礼让他人

行车之礼，相让第一！在任何条件下，驾驶汽车的教师均应以自己的实际行动对其他人、其他车辆多加礼让。

礼让其他机动车

驾驶机动车行驶时，应当具有人与人、车与车完全平等的意识。大车不宜欺负小车，新车不宜欺负旧车，高档车不宜欺负低档车，私家车不可欺负出租车、网约车。同样的道理，老司机不可欺负新司机，大车司机不可欺负小车司机，本地司机不可欺负外地司机。

在行驶期间，每一名驾驶汽车的教师都要遵守交通法规。不要强行超车，不要动辄挤占其他车辆的车道。万一有人那样做，不妨主动避让，让出车道，令其先行。

一旦自己的车辆与其他车辆发生事故，不要与对方吵嘴、打架，更不要制造交通拥堵，应与对方协商处理办法，或听从交通民警的处理意见。

礼让非机动车与行人

对“实力”不如自己的非机动车与行人，驾驶汽车的教师更要认真礼让。切勿在行驶时“唯我独尊”“仗势欺人”，更不可以“车匪”或“路霸”自居。

（1）礼让非机动车

对自行车、三轮车、架子车、电动车、畜力车、轮椅车、平衡车、滑板车等非机动车，最好避免与其并行，而应错开行驶。

（2）礼让行人

对行人，尤其是老人、孕妇、孩子、残疾人，一定要予以照顾。该避让就要避让，该减速就要减速，该停车就要停车。遇雨雪天时，要防止自己的车辆通过时溅起的污泥浊水有碍于行人。

（3）礼让外国贵宾

遇到外国贵宾所乘坐的车辆通过时，不论当时是否实行交通管制，对其都要予以礼让。

三、乘坐汽车

在日常工作与生活中，教师乘坐汽车的机会甚多。在正常场合乘坐汽车时，上下车的顺序、就座时的座次、乘车时的表现等，无一不与礼仪密切相关。下面就来介绍乘坐公共汽车、轿车时教师应当恪守的主要礼仪规范。

（一）上下车的顺序

上下车时，顺序问题十分重要。从总体上讲，上下车时必须礼让他人。但具体来说，车辆的类型不同，则又有其各不相同的讲究。

乘公共汽车

在乘坐公共汽车时，需要注意的有关顺序的礼仪要点有四。

（1）上车依次排队

需要上车的人数较多时，一般讲究先来后到，排队依次上车。唯有老、幼、病、残、孕者，方可优先上车。在理当排队上车时，切勿蜂拥而上、不讲顺序地与别人乱挤，也不要插队。

（2）讲究先下后上

在上下车时，一般的惯例是“先下后上”。它的含义是：应让车上的乘客首先下车，在此之后车下的乘客方可上车。假如不守这一规矩，上下车的乘客就会混乱不堪，而且还会浪费大家的时间。

（3）**在指定处上车**

上车时，必须寻找规定之处。不允许有门不走，反而爬窗而入。有些无人售票的汽车要求乘客“前门上，后门下”，或者“中间上，两边下”，乘客切不可反其道而行之。

（4）**下车提前准备**

需要下车时，应当提前有所准备，主动向车门靠近，不要在车停之后才急忙这样做。倘若有不少人同时需要下车，亦应讲究先来后到的顺序，自觉地依次下车。

乘坐轿车

在乘坐轿车时，需要注意的有关顺序的礼仪问题则主要包括下列三点。

乘坐轿车的规则

（1）**后上先下**

在一般情况下，教师与他人一道外出乘坐轿车时，为表尊重，均应做到“后上先下”，即后上轿车，先下轿车。这是合乎礼仪的标准做法。

（2）**方便为要**

有些时候，由于轿车上的具体座次安排所限，教师上下轿车时是难以做到“后上先下”的。此时此刻，不必非要墨守成规，应以方便为宜。

（3）**车后绕行**

国内的轿车依照交规，均停靠于道路右侧。因此，当需要在中排、后排左座上就座，而右座上已有他人在座时，应从车后绕行上下车，而不宜在就座者身边强行通过，或从车前绕行。

（二）就座时的座次

在汽车上就座时，如有他人同时在座，通常应当对具体座次的尊卑适当地加以注意。具体而言，乘坐轿车较搭乘公共汽车往往更为讲究。

乘公共汽车

乘坐公共汽车时，在座次方面的基本讲究大致包括如下五点。

（1）**前面的位置高于后面的位置**

在公共汽车就座时，因前面的位置颇簸较少，故其被视为上座。

（2）**面向前方的位置高于背对前方的位置**

在车上就座时，面向前方的位置令人舒适，背对前方的位置则令人别扭，所以前者高于后者。

（3）**位于右侧的位置高于位于左侧的位置**

当车上的座位在车厢两侧面对面排列时，一般应以车辆行驶的方向为准，位于右侧的位置较位于左侧的位置为高。

（4）**位于内侧的位置高于位于外侧的位置**

当车上的每排座椅规定不止一人就座时，通常认为受干扰较少的内侧座位较受干扰较多的外侧座位为高。在一般情况下，临窗的座位因其视野最佳，故被视为车上的最佳座位。

（5）**正式的座椅高于临时的座椅**

在有些车辆上，座椅有正式与临时之别。在正常情况下，大凡正式的座椅均在座次排列上优于临时的座椅。

乘坐轿车

为轿车具体确定座次时，必须注意：座椅排数、座位数量不同的轿车，在具体排定座次时讲究有别。而在同一轿车上，驾车者的具体身份对排定座次亦有相当大的影响。

（1）**双排五座轿车**

此种轿车，在我国内地最为多见。当主人驾车（方向盘居左）时，其座次自高而低依次应为：前排右座、后排右座、后排左座、后排中座。当专职司机驾车时，其座次自高而低则应为：后排右座、后排左座、后排中座、前排右座。

（2）**双排六座轿车**

当主人驾车（方向盘居左）时，其座次自高而低应为：前排右座、前排中座、后排右座、后排左座、后排中座。当专职司机驾车时，其座次自高而低则应为：后排右座、后排左座、后排中座、前排右座、前排中座。

（3）**三排七座轿车**

当主人驾车（方向盘居左）时，其座次自高而低依次应为：前排右座、后排右座、后排左座、后排中座、中排右座、中排左座。当专职司机驾车时，其座次自高而低依次应为：后排右座、后排左座、后排中座、中排右座、中排左座、前排右座。

（4）**三排九座轿车**

当主人驾车（方向盘居左）时，其座次自高而低依次应为：前排右座、前排中座、中排右座、中排中座、中排左座、后排右座、后排中座、后排左座。当专职司机驾车时，其座次自高而低依次应为：中排右座、中排中座、中排左座、后排右座、后排中座、后排左座、前排右座、前排中座。

（5）**多排座轿车**

所谓多排座轿车，指有四排和四排以上座椅的多座轿车，亦称大轿车。不论何人驾车，多排座轿车（方向盘居左）的座次都讲究由前而后、自右而左，依照其距离轿车前门的远近而具体排定。

(三) 乘车时的表现

在乘坐汽车的具体过程之中，教师对于自己在车上的表现一定要认真加以注意。不论有无熟人在场，不管是否有专人进行管理，教师在车上的具体表现都绝对不应当于礼不符。在下列三个基本方面，教师尤须予以注意。

主动让座

与他人一同外出乘坐汽车时，教师应当主动请对方在上座就座。当座位不够时，则应当首先恳请对方入座。在车上就座时，假如发现中途上车而无座位的老、幼、病、残、孕者，教师还须主动发扬互助友爱的精神，将自己的座位让给对方。不要自以为理所应得，而对对方漠不关心。应当说明的是，乘坐轿车时，务必自觉遵守乘车的额定人数，切勿随意违规而使轿车超载。

安全至上

在乘坐汽车时，教师一定要谨记安全至上。无论如何，都不要因为不注意乘车安全而自找麻烦。在上下汽车时，一定要等待车辆停稳。在上下车辆的具体过程中，与身前身后之人要尽可能地保持一定的距离，不要推挤踩踏对方。在车上就座之后，应主动系好安全带。当车辆启动之后，千万不要逞一时之勇，而去扒车或者跳车。在车辆行驶期间，不要主动与司机攀谈，免得分散其注意力；不要在车窗、车厢连接处等危险的地方就座，更不要信手向窗外乱扔东西。不注意他人的安全，同样也是不应该的。

严于律己

在乘坐汽车的时候，广大教师必须处处注意严格要求自己。

（1）**不争抢座位**

在乘车时争抢座位，是极其不文明的表现。

（2）**不设置路障**

在乘车时，既不要在通道上乱放东西，也不要乱伸自己的腿脚，以防阻挡他人。

（3）**不连吃带喝**

在乘车时又吃又喝，或者吸烟，往往会给自己周围的人造成不便。

（4）**不妨碍别人**

乘车时，应使自己的身体距离其他人尤其是不相识者或者异性稍远一些，下雨下雪时所用的雨衣雨伞等物亦应在上车后立即收好。

（5）**不坐特殊座**

在有的公共汽车上，有专为老、幼、病、残、孕预留的特殊座位，其他人是不宜在此就座的。

四、乘坐火车

远距离外出时，中国人目前主要选择乘坐便利实惠的火车，城际列车、普通列车、特快列车、动车与高铁均大受欢迎，教师自然会选择乘坐火车出行。在乘坐火车时，往往旅程漫长，时间较久，而且乘客甚多，难免你来我往，彼此接触较多，因此教师有必要学习并掌握基本的乘坐火车的礼仪。

（一）持票就座

乘坐火车时，不论何人，均应自觉地持票上车就座。具体而言，有以下四点必须牢记不忘。

（1）**预先购票上车**

教师在乘坐火车之前，必须依照规定预先购买车票。万一来不及购票，应在上车之前预先进行声明，并且在上车之后尽快补票。持月票、磁卡通票上火车时，亦应按规定将其出示，进行检票或验票。不允许逃票，或者使用废票或假票。持本人身份证刷证登车、二维码扫码登车或者直接“刷脸”登车时，教师亦应网上购票在先。

（2）**乘坐指定车次**

按照常规，持票乘坐火车时，只能够乘坐票上所规定的车次。这主要与乘客所支付的乘车费用直接相关，而且这也是防止乘客因误乘火车而南辕北辙的必要措施。

（3）**乘坐指定座位**

在同一列火车上，卧铺与座位、软座与硬座、商务座与普通座、空调车厢与非空调车厢等，往往在舒适程度、服务标准方面存在一定的差别。其票价当然也不可能完全一致。因此，教师在乘坐火车时，只能在指定的车厢、指定的铺位或座位上就座。千万不要耍小聪明，企图占用更为舒适的位置。

（4）**每人一票一座**

在一般情况下，人们在乘坐火车时，只能够一个人占用一个座位或者一个铺位。在火车满员或者超载时，尤其应当强调这一点。教师在乘坐火车时，不要多占座位，而漠视其他无座位者的存在。当车上乘客超载时，大家应当互谅互让。必要时，教师应当主动为老、幼、病、残、孕者让座，或者为其他无座的乘客腾出一些地方请对方暂时休息一下。

（二）位次尊卑

与别的交通工具进行比较，火车上的位次尊卑问题相对而言不甚明显。但是，这并不等于乘坐火车时可以对位次的尊卑毫无讲究。在具体确定火车上的位次时，有如下四点应当予以注意。

（1）**舒适之处为上**

在火车上，较为舒适的车厢和座位理当被视为上座。例如，卧铺较座位为佳，软座较硬座为佳，商务座、特等座较一等座、二等座为佳，空调车厢较非空调车厢为佳，等等。

（2）**方便之处为上**

火车上行动方便的位置，一般都被视为上座。就座位而言，内侧的位置高于外侧的位置。就卧铺而言，下铺高于中铺，中铺则又高于上铺。

（3）**面向前方为上**

不论卧铺还是座位，在火车上均以面对火车行驶的方向为上位，而以背对火车行驶的方向为下位。究其原因，主要在于前者令人感觉比较自然。

（4）**临窗之座为上**

乘坐火车时，假定靠近车窗就座，不仅视野开阔，可以饱览窗外的山川秀色，而且空气清新，可以使人免于晕车，故此这一位置被视为上座。

（三）重在休息

由于乘坐火车者大多是在进行长途旅行，为了保存体力，一般而言，休息乃是人们乘车时的第一要旨。不论自己精力多么充沛，广大教师乘坐火车时均应切记此点。

（1）**细声细语**

在火车上，不论平时还是在休息的时间里，都要尽量保持安静，不要无意之中制造有碍他人休息的噪声。在交谈时，应当尽量调低自己的音量。在收听音乐、打扑克牌、玩游戏、播放视频，或者接打电话时，声音越小越好。即使走动、取物、开关门，也要轻手轻脚。身边之人若闭目养神或已经入睡，则教师此刻的最佳表现，应当是悄然无声。

（2）**管好孩子**

有时，教师在外出乘坐火车时会带上自己或亲朋好友的孩子。在这种情况下，一定要自觉地管理好所带的孩子。不要任其哭闹或到处乱跑，打扰其他乘客休息，尤其是不要有意逗弄孩子大喊大叫。与其他乘客所带的小孩玩耍时，亦须注意相同的问题。

（3）**与人方便**

当自己身边的乘客显得疲倦困乏或者已在休息时，要想方设法避免对对方造成干扰，尽量减少自己的走动，更不要反反复复地开灯、关灯，在此时收拾整理自己随身携带的物品，是极不自觉的表现。万不得已需要走动时，不要碰撞对方或者请求对方挪动位置。不要找对方交谈。当自己在卧铺上就寝时，应当头部朝向通道。倘若使自己双脚朝外，睡相既不雅观，又可能会影响在通道上行走的其他乘客。

（四）举止适度

教师在乘坐火车时，务必对自己的举止行为严格进行要求。在以下三点上特别应当加以注意。

（1）**应对得体**

在乘坐火车时，教师可以与自己周围的乘客在两相情愿的前提之下进行适度的交际。主动找人交谈时，不要让对方勉强。他人找自己交谈时，一般应当予以合作。不论与何人交谈，都要检点态度、注意内容，既不要目中无人、言词傲慢，也不要信口开河、东拉西扯。

（2）**装束得体**

教师乘坐火车时的具体装束，应当体现出本人的良好教养。在活动方便的前提下，必须对其文明与否给予高度的重视。在外人面前，教师切不可有失自尊，不可动辄打赤膊，甚至在车上穿着过于短小的背心、内衣、内裤招摇过市。需要更换衣服时，通常应当前往洗手间避人耳目。

（3）**饮食得体**

在火车上，教师对于享用饮食时的举止需要加以注意。有可能的话，最好去餐车就餐。在车厢内用餐时，最好“速战速决”，并且不要享用气味刺鼻的食物。不要对自己剩余的食物置之不理，或者将其扔到地上、窗外等处。不要在车厢内吸烟，尤其是不要在禁烟的车厢内吸烟。当自己用餐时，可请身边的其他乘客加以品尝。而当对方如此对待自己时，则宜婉言谢绝。

五、乘坐轮船

轮船，是水上交通的现代化工具。当教师需要跨越江河湖海，尤其是在进行旅游、观光时，乘坐轮船往往不失为一种合理的选择。

教师在乘坐轮船旅行时，既要遵守通行于世的有关规则，又要对相关的礼仪规范有所了解。具体来讲，在确保安全、各就各位以及和睦相处三方面，均应处处依礼而行。

（一）确保安全

乘坐轮船旅行时，安全第一是教师绝对不容忽视的。对于缺乏乘坐轮船经验的教师来讲，安全问题则更为重要。在乘坐轮船时所要特别注意的安全问题，具体主要涉及下列四点。

（1）**上下有序**

在上下轮船时，一定要按照先来后到的顺序排队，并且自觉地依次而行。在正常情况下，上船或下船时，都要与身前身后之人保持一定的距离，并且全神贯注、小心翼翼。这样做，既是为了讲究社会公德，也是为了确保安全。在上下船时假如一拥而上、乱挤乱跑，通过舷梯时就难以保证不出现闪失。此刻东张西望，对脚下毫不留神，则也有可能面临危险。

（2）**活动有忌**

在乘船旅行途中，进行室外活动亦有一定之规。凡有碍安全的地方，均应敬而远之，切勿为了逞英雄、充好汉而去拿自己的生命安全冒险。诸如船上的轮机舱以及桅杆、救生艇等处，都不是可供常人观光戏耍之处。至于没有护栏之处，则更是不宜只身前往。在夜深人静或者风大浪险之际，尽量不要在甲板上自我陶醉、流连忘返。否则，被风浪无情地卷入水中，或者失足落水的可能性是很大的。

（3）**禁止离船**

乘船途中，若未经允许，任何乘客均不得擅自离船进行自由活动，尤其是严禁不告而别。以下两种擅自中途离船的情况，特别应当被禁止。

一是擅自下水游泳。当轮船所在的水域状况不甚明了时，下水游泳无异于“自投罗网”。

二是擅自登陆。在轮船因故暂时靠岸而禁止乘客登陆时，切勿反其道而行之。否则，就很有可能使自己在该地离队失踪。

（4）**逃生有法**

万一在乘船旅行途中遇上了难以预料的天灾人祸，例如，撞船、触礁、劫船、沉船、台风、火灾等，教师一定要处变不惊，与其他乘客同舟共济，进行自救，并且在力所能及之时给予他人援助。需要弃船逃生时，应当听从船员的指挥，不要惊慌失措、夺路而逃，更不要慌不择路。

（二）各就各位

在乘坐轮船时，具体的顺序、座次有着一定之规。教师对于这一方面的礼仪规范，必须了解并遵守。在如下三个方面，尤其不可大意。

（1）**上下轮船的顺序**

在上下轮船时，顺序上是有一定讲究的。除了要遵守先来后到，依次排队而行的规定之外，与同行者的先后顺序通常颇有讲究。正确的做法是：在上船时，应当主动请同行之人在前而行，尤其是应当请同行的领导、客人、老师、长辈、妇女、儿童走在自己的前面。而在下船通过舷梯时，则应当自己在前而行，而请同行之人走在身后，尤其是应当请同行的领导、客人、长辈、妇女、儿童走在自己的后面。

（2）**客舱之内的位次**

在船上专供乘客休息的客舱，是分档次、讲位置的。根据常规，以垂直于水平面而论，越是往上的舱位越是舒适，其位次因而也就越高。在同一平面的舱位之中，单人间通常优于多人间，多人间则又优于通铺。而就普通的客舱来讲，卧铺高于座位，软座高于硬座，下铺高于上铺，空调舱高于非空调舱。具体到一间多人住宿的客舱内，则以距离舱门远者为上位，距离舱门近者为下位。

（3）**就座于规定之处**

在轮船上，不同档次的舱位通常在票价上相去甚远。因此，凡购买标有房号、座号、铺号的船票者，均应自觉对号入房、入座、入铺。不要占据不属于自己的位置，也不要随便与其他不相识的乘客互换房号、座号、铺号。倘若自己所持的是散座船票，则上船后应当在指定之处就座，一人一座。既不要多占位置，也不要再三调换自己的位置。

（三）和睦相处

乘坐轮船时，教师与船上的其他一切同船之人均应友好相处，彼此之间以礼相待。在下列三点上，教师尤须注意。

（1）**照顾同行之人**

当教师与自己的长辈、同事或亲朋好友一同结伴乘船时，应当给予对方力所能及的照顾和帮助。在客舱之内休息时，应将较好的位置让给对方。在日间活动时，应当主动与对方在一起进行交谈、娱乐，或者外出观光、散步。发现对方身体不适时，应当积极为其寻医问药，并且对对方进行安慰和照料。在任何情况下，都不应当在乘船时只顾自己，有意或无意之中疏远或者冷落自己的同行之人。

（2）**礼待其他乘客**

乘船之时，可以适度地与其他乘客进行交际活动。与其他乘客进行交往时，勿忘待之以礼。在船上，只要双方情愿，教师完全可以同自己所遇到的任何人进行交往。大家可以在一起谈天、散步、娱乐，甚至是共同进餐，但是不要忘记给对方留下私人活动的时间。与异性进行交往时，既要光明磊落、大大方方，又要讲究分寸，不要对对方热情过高，不要与对方如影随形。与其他乘客交谈时，对于火灾、触礁、撞船、沉船、劫船、台风等一类骇人听闻的话题应当免谈。当刚刚结识的异性乘客对自己热情相待时，既不要自作多情，受宠若惊，也不要对对方来者不拒，不存任何戒心。

（3）**尊重全体船员**

按照乘船礼仪的基本规范，任何身份的乘客在搭乘客轮时，都要给予全体船员应有的尊重。教师在出差或旅行时，对此务必加以重视。以下四点，特别应当尽力做好。

第一，要尊重船员的人格，不要对对方颐指气使。

第二，要感谢船员的服务，不要自觉自己对其受之无愧。

第三，要配合船员的工作，不要有意无意给对方平添麻烦。

第四，要听从船员的管理，不要一意孤行、惹是生非。

六、乘坐飞机

飞机，是目前最为先进的交通工具。它一方面具有安全可靠、快速便捷、乘坐舒适等显著的优点，另一方面在礼仪方面对其乘客也有着更高的要求。目前，在日常工作与生活中，教师乘坐飞机的机会越来越多了。

教师所应掌握的乘坐飞机的礼仪，具体而言，主要涉及严守规定、尊重他人、自尊自爱三方面。

（一）严守规定

为了确保飞机的飞行安全，民航方面对于乘客在乘坐飞机时的表现，有着一系列的具体要求和规定。对此如果违反，有时不仅会受到严厉的批评，而且还有可能被依法进行惩处。

（1）购买机票的规定

在我国境内购买机票时，必须出示有效证件，如居民身份证、护照等，否则不能购票。在机场或网上购买机票时，必须如实填写购票者的真实姓名与证件号码。购票之后，可以按规定退票，但不得转让他人。

（2）乘客行李的规定

因飞机载重有限，所以对乘客随身携带或交付托运的行李，都有专门的规定。在我国，持头等舱票者，每人可随身携带两件物品。持公务舱或经济舱票者，每人则只可随身携带一件物品。每件物品的重量不得超过 5 公斤，其体积应限制在长 55 厘米、宽 40 厘米、高 20 厘米之内。乘坐飞机时，每位乘客均可免费托运一定重量的行李。具体的数额是头等舱 40 公斤，公务舱 30 公斤，经济舱 20 公斤。超额的行李则应付费托运。凡托运的行李，每件不得重于 50 公斤。除包装完好之外，其体积应限制在长 100 厘米、宽 60 厘米、高 40 厘米之内。凡违规物品，诸如锂电池、移动电源、贵重物品等，均不得私自交付托运。

（3）登机检查的规定

在登上飞机之前，每位乘客均应依照有关规定接受例行的检查。

一是要出示登机卡与个人有效证件。

二是要接受个人安全检查。所

谓安全检查，指对每一位乘客及其随身随带物品进行的以维护航空安全为目的的技术检查或者人工检查。按照规定，枪支、弹药、刀具、液体、易燃易爆物、剧毒放射物、涉毒涉黄之物以及榴梿、波罗蜜、臭豆腐等带异味之物等等，均不得携带登机。

（4）**乘机期间的规定**

乘机旅行期间，对于所有乘客亦有一定的要求。在飞机起飞或降落时，应在座位上坐好，系上安全带，调直座椅，并且收起身前的小桌板。当飞机颠簸时，不要起身站立、四处走动，不要使用卫生间、取放个人行李。凡禁止触动之处，均不得随意乱摸乱动。机上专用的救生用品，不得私自携带下机。在飞行期间，一切有碍于飞机正常工作的电子用品，诸如手机、个人电脑、电子玩具、电子游戏机等，均不得使用。

（二）尊重他人

乘坐飞机期间，教师必须处处尊重其他人，否则就会使自己显得少调失教，从而贻笑大方。

（1）**尊重机场工作人员**

教师在上飞机之前、下飞机之后，都要始终如一地对值机、安检、地勤、摆渡车司机等机场工作人员表示应有的尊重。享受对方所提供的服务之后，要向对方道谢。得到对方的帮助之后，亦应不忘致谢。接受对方的检查时，则应全力进行配合，既不要有意为难对方，更不要借机对对方吹毛求疵。

（2）**尊重机上乘务人员**

乘机期间，对机上的所有乘务人员，不论对方是同性还是异性、年轻还是年长、中国籍还是外国籍，都要礼貌有加。在上下飞机时，对于来自对方的问候要积极回应。当对方为自己送上食物、饮料、书刊、纪念品时，勿忘向其道谢。请求对方帮助时，不要给对方出难题。可以自己解决的问题，则最好不要去麻烦对方。当对方对自己提出建议时，一般均应欣然接受，而不宜顶撞对方或充耳不闻。

（3）**尊重其他同行乘客**

乘机旅行的时间通常较短，因此在机上与其他乘客进行交际的时间较少。虽则如此，亦应注意下列五点。

第一，上下飞机、乘坐摆渡车时要排队依次而行。

第二，在机上走动或摆放行李时不要阻挡别人。

第三，不要因为个人行为不检点而影响别人休息。

第四，不要盯视、纠缠明星、异性或者外宾。

第五，不要拒绝与别人进行交谈；但也尽量不要找他人攀谈，尤其是不要高声喧哗、喋喋不休。

（三）自尊自爱

教师在乘坐飞机期间，必须注意以实际行动体现自己的自尊自爱。在下列六点上，尤应多加注意。

（1）**不大声喧哗**

当别人休息时，尤其是飞机在夜间飞行时，千万不要高声谈笑、喋喋不休或放声高歌，从而有碍于其他乘客的休息。此时如确有必要说话，则声音越低越好。

（2）**不危言耸听**

在飞行期间，不要对飞机的性能说三道四，尤其是不要谈论有关劫机、撞机、坠机等问题。否则既吓唬了别人，还有可能因此而使自己违法。

（3）**不乱走乱动**

不要在飞机飞行期间从座位上进进出出，或者在通道上走来走去。身前的小桌板、身后的椅靠，亦不得反复调试，以免令人厌烦。

（4）**不手脚乱伸**

不论自己周围的座椅或通道上是否有人，均不应将自己的手脚随意乱伸出去。至于身子躺在别人的座椅上或将自己的手脚搭放上去，则更是不可以的。

（5）**不当众更衣**

万一有必要在机上更换衣服，应前往洗手间进行，而不宜当众进行。随意在机上脱去鞋袜，虽说较为舒适，但因其污染空气，亦为不雅之举。

（6）**不占小便宜**

在机上享用食物、饮料时，应当量力而行。机上专用的报刊、画册、毛毯、枕头、靠垫等物品，均不得据为己有。

第五章 师缘

师缘，在此是指教师在其工作、学习与生活之中所形成的人际关系。对教师而言，处理好人际关系，不仅是岗位要求，而且也是为人师表的题中应有之义。本章所讲授的内容，包括校园交往、友邻交往、家庭交往、涉外交往、媒体交往等。

学习目的

- 妥善处理好自己的各种人际关系。
- 身体力行地升华师缘。
- 掌握基本的人际交往技巧。
- 尽可能地扩大自己的交际圈。
- 避免在人际关系上陷于被动。

习近平同志指出：“教师是人类灵魂的工程师，承担着神圣使命。”①

马克思曾说：人的本质……是一切社会关系的总和。② 在现代社会中，每一个人都必须同他人打交道，每一个人都有必要妥善地处理好自身的人际关系。

师缘，此处特指教师在其工作、学习与生活中形成的人际关系。人生一世，相逢即是有缘，交往即有关系。珍惜师缘、重视师缘，妥善处理自身的人际关系，不辱自己的光荣称号与神圣使命，是每一名教师进行自我发展、自我完善的题中应有之义。

第一节　校园交往

就具体时间与空间而论，教师平时的人际交往，主要是在校园之内进行的。因此，重视校园交往、规范校园交往，是每一名教师均应置于首位的人际交往的基本问题。

一般而言，教师在校园之内所需要面对的人际关系，主要包括师生关系、教师关系、集体关系三种。在具体处理这些方面的人际关系时，教师既要维护自身形象，又要遵守相关的礼仪规范。

一、师生关系

如果说校园交往是一名教师平时最主要的人际交往的话，那么可以说师生关系是一名教师所面临的各种校内外人际关系之中最基本、最重要的人际关系。

师生关系

所谓师生关系，指教师与学生之间的相互关系。作为一种人际关系，师生之间自然相互影响、相互作用。但是这种相互影响、相互作用却具有其特殊性。《礼记》曰：“学然后知不足，教然后知困。知不足，然后能自反也；知困，然后能自强也，故曰教学相长也。”从某种意义上讲，师生关系其实就是教学相长的关系。

从总体上讲，教师对学生的影响与作用，主要体现在为人师表、善待学生等

① 习近平．论党的宣传教育工作．北京：中央文献出版社，2020：278.

② 马克思恩格斯选集：第 1 卷．2 版．北京：人民出版社，1995：56.

方面。学生对教师的影响与作用，则主要体现在听从教诲、学而不厌、尊重教师等方面。

在处理师生关系时，教师既要明确自己所处的教书育人的重要位置，又要在为人师表、善待学生等诸方面对自己从严要求。

（一）为人师表

教师是学生获取知识的源泉，是学生人生之路上的向导，同时也是学生为人处世的楷模。作为人类灵魂的工程师，教师有责任、有义务时时处处为人师表。

具体而言，在为人师表方面，教师平时应主要从恪尽职守、完善自我、严于律己等方面约束自己。

恪尽职守

子曰："夫仁者，己欲立而立人，己欲达而达人。"

韩愈云："师者，所以传道、授业、解惑也。"

《中华人民共和国教育法》规定："教育必须为社会主义现代化建设服务、为人民服务，必须与生产劳动和社会实践相结合，培养德智体美劳全面发展的社会主义建设者和接班人。""教育活动必须符合国家和社会公共利益。"①《中华人民共和国教师法》则规定：教师应当"贯彻国家的教育方针，遵守规章制度，执行学校的教学计划，履行教师聘约，完成教育教学工作任务""对学生进行宪法所确定的基本原则的教育和爱国主义、民族团结的教育，法制教育以及思想品德、文化、科学技术教育，组织、带领学生开展有益的社会活动"。②

凡此种种，都是教师的神圣天职。在恪尽职守方面，对教师的具体要求有二。

一要认真工作。即认认真真、踏踏实实把自己的本职工作做好。

二要勤奋工作。即勤奋地、努力地争取把自己的本职工作做得好上加好。

完善自我

《资治通鉴》上说："经师易遇，人师难遭。"平时，教师的基本任务是教书育人。但是，在教书育人的过程中，教师自身也需要不断地充实提高、自我完善。假使教师故步自封、自以为是，不能够与时俱进、不断地进行自我完善，则

① 中华人民共和国教育法 中华人民共和国义务教育法 中华人民共和国教师法．北京：中国法制出版社，2021：3.

② 同①43－44.

难以更好地为人师表。

教师进行自我完善，其具体要求有四。

（1）**不断地更新专业知识**

时代在变化，知识在更新，教师亦须不间断地学习专业知识、更新专业知识。

（2）**不断地钻研教学方法**

对多种有效的教学手段、教学方法、教学经验，教师亦有学习的必要。

（3）**不断地了解学生与社会需要**

邓小平同志曾经要求："教育要面向现代化，面向世界，面向未来。"[①] 不了解社会与学生的实际需要，就不能更好地为学生服务。

（4）**不断地学习党和政府的教育方针与相关政策**

及时学习并掌握党和政府的教育方针与相关政策，不仅可以使教师思想上、政治上、行动上更好地与党和政府保持一致，而且也有助于更好地完成教学任务。

严于律己

《中华人民共和国教师法》规定："遵守宪法、法律和职业道德，为人师表"[②]，是教师所应当履行的义务之一。习近平同志曾经指出："教育是国之大计、党之大计"，教育的任务是要"培养担当民族复兴大任的时代新人"。[③] 作为一名从事崇高、神圣事业者，教师必须严于律己

在严于律己方面，对教师的基本要求有三。

（1）**做合格的公民**

在社会上，教师首先是一位公民。作为一名中华人民共和国公民，教师理当爱国守法、明礼诚信、团结友善、勤俭自强、敬业奉献，并且爱祖国、爱人民、爱劳动、爱科学、爱社会主义。

（2）**做称职的教师**

在学校里，教师理当尽心尽力、认真做好本职工作。一方面，要按时、保质地完成属于本职的教学任务；另一方面，则要积极主动地培养学生、爱护学生、关心学生。

（3）**做社会的楷模**

平时，教师有必要内强素质、外塑形象，在各个方面严格要求自己，争取做一个高尚的人、一个纯粹的人、一个有教养的人、一个脱离了低级趣味的人、一个真正地有益于国家和社会的人。

---

① 邓小平文选：第3卷．北京：人民出版社，1993：35.

② 中华人民共和国教育法 中华人民共和国义务教育法 中华人民共和国教师法．北京：中国法制出版社，2021：43.

③ 习近平谈治国理政：第4卷．北京：外文出版社，2022：339.

（二）善待学生

在校园里，在教师的工作岗位上，学生既是教师的主要交往对象，又是教师的基本工作对象。子曰：“仁者，爱人。”作为一名教师，理当无条件地善待学生。善待学生，就是教师所给予学生最好的关爱。

在师生交往中，善待学生应具体体现在以学生为本、尊重学生、爱护学生三方面。

以学生为本

在师生关系中，有必要首先明确双方之间孰主孰次。这一问题，直接关系到教师对学生的根本态度。

当代中国是一个实行社会主义制度的国家。在社会主义中国，人民群众是国家的主人，人民政府推崇“以民为本”、为人民服务。显而易见，在社会主义中国的师生关系中，教师必须“以学生为本”，这是社会主义教育事业的题中应有之义。

在具体处理师生关系时贯彻“以学生为本”的规则，主要应当强调如下两点。

（1）平等相待

在校园里，尤其是在学生面前，教师有必要维护师道尊严。但是，这并不意味着教师高高在上、与学生处于不平等的位置。与此相反，在师生交往中，教师必须对学生平等相待，即在人格上、政治上、知识面前、真理面前完全平等。

（2）服务学生

必须强调的是，师生关系既是一种合作关系，又是一种服务与被服务的关系。既然师生关系属于一种服务与被服务的关系，那么教师就必须明确自己服务于学生的具体身份。为学生服务时，教师必须诲人不倦、不厌其烦，尽力满足学生的各种正当要求。

尊重学生

子曰：“修己以敬。”在处理师生关系时，教师应当礼待学生。礼待学生的基本要求，就是要全心全意地尊重学生。

在日常性的师生交往中，教师对学生的尊重应具体体现在下述两个方面。

（1）在行动上尊重学生

在师生交往中，教师必须以自己的实际行动尊重每一名学生。下述“五不”，尤其需要教师付诸实践：不训斥学生、不挖苦学生、不讽刺学生、不蔑视学生、不怠慢学生。

（2）在态度上尊重学生

教师对学生的尊重，必须做到

表里如一。在态度上，教师必须对学生予以应有的尊重。首先，要尊重学生人格。《中华人民共和国教师法》规定，教师有义务“关心、爱护全体学生，尊重学生人格”[①]，此点不容置疑。其次，要重视师生交流。有接触才有了解，有交流才能沟通。进行经常性的师生交流，实质上就是“以学生为本”，就是在态度上尊重学生。再次，要听取学生建议。对学生有益的意见与建议，教师不仅要重视，而且要及时予以听取或采纳。

爱护学生

予以四教

《中华人民共和国教师法》规定：教师有义务“促进学生在品德、智力、体质等方面全面发展”[②]。爱护学生，是善待学生的具体体现，同时也是教师的基本职责之一。

在师生交往中，教师对学生的爱护应主要体现于以下三个方面。

（1）学习上从严要求

《论语》曾记载，“子以四教：文、行、忠、信”。所谓“严师出高徒”“教不严，师之惰”，在学习上，教师必须对学生高标准、严要求，教育学生服务人民、报效社会、忠于祖国。在学习上对学生降低标准、得过且过，实质上就是对学生最大的伤害。

（2）生活上予以关心

一般而言，学生生理上有待成熟、心理上较脆弱、经验上不够丰富，在生活中难免遇到这样或那样的问题。为人师者，有义务在生活上对其加以关心，并给予其正确的指导。

（3）权益上加以维护

《中华人民共和国教师法》规定：教师有义务“制止有害于学生的行为”[③]。与此同时，教师亦不得做出有害于学生的行为或者其他侵犯学生合法权益的行为。

二、教师关系

在校园里，教师之间朝夕相处、情同家人。在社会上，教师之间常来常往、互相促进。因此，处理好教师彼此之间的关系，亦是教师正常地进行其校园交往的题中应有之义。它既有助于展现教师个人的良好教养，又有助于教师做好其本

①②③ 中华人民共和国教育法 中华人民共和国义务教育法 中华人民共和国教师法．北京：中国法制出版社，2021：44.

职工作。

在校园内部，教师关系可以划分为上下级关系与同事关系。

（一）上下级关系

《礼记》曰："在上位，不陵下；在下位，不援上。"由此可见，上下级之间关系的处理，必须遵守一定之规。

学校内部的上下级关系，指职位高者与职位低者彼此之间的关系。它属于垂直型的人际关系。由于当事人所站的角度有所不同，又可具体分为下行关系与上行关系。

下行关系

所谓下行关系，在学校内部，就是指作为上级的教师所必须处理的与自己下属之间的关系。它所讨论的，其实主要是如何才能当好领导者的问题。

在校园交往中，教师要想处理好自己与下属之间的关系，或说想要当好领导者，应重视以下六项礼仪规范。

（1）**以身作则**

不论做什么事情，作为一名领导者，都必须身先士卒。倘若"对别人马列主义，对自己自由主义"，则将毫无威信可言。

（2）**平等待人**

当领导的人，最令下属反感的莫过于拉帮结伙、任人唯亲。要想成就一番事业，就一定要唯才是举、任人唯贤、平等待人。

（3）**礼遇下属**

对待下属，一定要予以礼让。以"礼"服人，既要讲原则，又要讲礼貌。不要随心所欲地批评、挖苦、训斥、责骂下属，更不要侮辱对方的人格。

（4）**关心下属**

"关心群众生活"，是赢得下属人心的最佳方法，同时也是领导者的本职工作。因此领导者有必要将下属的安危冷暖挂在心上，并主动为对方排忧解难。

（5）**信任下属**

对下属而言，最需要的是领导者的尊重。而最好的尊重，当属信任对方。"士为知己者用"，就是对领导信任的积极回报。

（6）**接近下属**

要当一名称职的领导，必须讲究工作方法。平时，不要自封为"尊者"，不要高高在上，不要脱离群众。在可能的条件下，要主动接近下属，与对方交朋友，知无不言、言无不尽、下情上达、上情下达。这样做，下属不仅会更尊重领导，而且还会体恤上情。

上行关系

所谓上行关系，在学校内部，就是指作为下属的教师所面临的与上级之间的关系，其实质是怎样做好被领导者的问题。

在学校内部，要处理好自己与上级之间的相互关系，换言之要当好一名被领导者，需要注意的礼仪规范主要有以下五点。

（1）**尊重上级**

在学校中，要搞好学校管理，就必须树立各级领导的权威，确保有令必行。必须明确的是：在工作中，每个人都要尊重上级。不要因为个人恩怨而泄私愤、图报复，不要有意同上级唱反调、有意损害其威信。

（2）**支持上级**

只要有利于本校的发展，有利于做好工作，就要积极主动地支持上级，配合上级开展工作，一切行动听指挥，确保本校上上下下都拥有一流水准的良好执行力。能够主动替上级分忧的人，定能使上级“过目不忘”。

（3）**理解上级**

所谓“人人都有一本难念的经”，上级自然也是如此。因此“理解万岁”这句话，在处理自己与上级关系的问题上同样是适用的。在工作中，应尽可能地替上级着想，善于进行换位思考，而不是“我”字当头，有意为难上级。

（4）**保持距离**

不论自己同上级的私人关系有多么好，哪怕双方存在着师生关系、同学关系、亲戚关系，在工作中也要公私分明。在学校内部，同上级关系过分亲密，特别是有意宣扬这一点的做法，是非常犯忌的。

（5）**不卑不亢**

不要有意跟上级“套近乎”，切忌对上级溜须拍马。同时也不要走另一个极端，不要不把上级放在眼里。上下级关系本是一种工作关系。自己做下属时应当安分守己。

（二）同事关系

在学校内部的人际关系中，还存在着一种平行型的人际关系，即平常所讲的同事关系。一般来说，它往往是指教师与教师之间的关系。在处理这一关系时，通常也有一定的礼仪规范可循。

（1）**真诚合作**

同事者，一起共事于某单位之谓也。既然大家有幸共同“效忠”于同一所学校，在工作中就应真诚合作，要为其他同事的工作尽可能地提供方便。不要心怀嫉妒，在工作中有意刁难对方。

（2）**同甘共苦**

“一个好汉三个帮”，相互支持、荣辱与共，本是同事关系的题中应有之义。在工作中，切勿享受在前、吃苦在后，不要担子拣轻的挑，更不能在关键时刻充当逃兵。

(3) **公平竞争**

在工作中，总有先进与落后之分、成功与失败之别。任何人都希望自己能在工作中有所发展，但是一定要做得光明正大，要实行公平竞争。如果与同事搞不正当竞争，则是非常错误的。

(4) **宽以待人**

"人非圣贤，孰能无过。"正所谓"有容乃大"，对待同事一定要宽和、宽厚、宽容一些。朋友关系可以选择，同事关系则往往不可选择。为大局着想，教师们在工作中切勿对同事过分刻薄、吹毛求疵。正确的态度应当是：懂得欣赏别人，善于求同存异。

在处理同事关系方面有一大禁忌，即远交近攻，将同事全都看成"洪洞县里无好人"。此种人在做人上是不会很成功的。他们不明白，团结同事不仅是一种工作上的要求，而且还是做好本职工作的基本保证。孔子说："君子求诸己，小人求诸人。""躬自厚而薄责于人，则远怨矣。"由此可知，我们的"敌人"，通常都是自己寻找和制造出来的。

应当指出的是，教师之间的同事关系往往还会越出校园这一界限，而形成于学校、地区之间，即所谓同行关系。在处理同行关系时，教师所应秉承的基本规则与其处理校内同事关系的基本规则相仿。其基本要求是：尊重、互助、团结、合作。

三、集体关系

校园生活，在很大程度上来讲是一种集体生活。所谓集体，通常是相对于个人而言的，它一般是指由许多个人联合起来组织而成的一个整体。教师所经常接触的集体，既有班级、年级、专业、教研室、系所、学院、学校，又有各式各样的社会组织、学术团体。它们都是教师在处理其学校中的各种人际关系时必须予以正视的。

具体而言，教师在其校园生活中所面对的集体关系又可以区分为个人与集体的关系、集体与集体的关系。

(一) 个人与集体

在校园里，每一名教师个人与其所在集体之间的关系，实质上属于一种特殊的工作关系。教师平时所接触到的各种形式的集体，就其总体而言，基本上都属于以教师或学生为主要成员的集体。而这种性质的集体，往往又是联结教师之谊、师生之谊的一种最好的纽带。没有这种纽带的存在，教师之谊、师生之谊往往难以建立。

一般来讲，在处理个人与集体之间的相互关系时，每一名教师既要注意关心集体，又要始终热爱集体。

关心集体

毫无疑问，校园生活并不排斥每一名教师或学生展现其个性、发展其所长。每一所学校，只有培养出富有专长与特色的教师或学生，在社会上才会有其良好的口碑与立足之地。然而，这一切都不应当成为使一名教师对集体漠不关心、麻木不仁的借口。每一名教师，在日常工作与生活里都必须自觉地关心其所处的集体。

教师对其所在集体的关心，主要应以其实际行动来体现。具体来讲，教师应当努力在以下三个方面有较为出色的表现。

（1）**参与集体**

教师对其所在集体的关心，首先应当以积极参与集体为主要表现。如果与集体保持距离，拒绝参与一切集体活动，对集体的一切事宜不闻不问、漠不关心，是根本谈不上关心集体的。参与集体，在此主要是指教师对集体活动的参与。在参与集体活动时，教师一方面应当是积极而主动的，另一方面则应当是不存在任何附加条件的。只有兼顾了这两个方面，教师参与集体活动才具有其真正的意义。

（2）**支持集体**

在任何情况下，教师都要以本人的实际行动对集体表示支持。支持集体，是关心集体的一种重要表现。要支持集体，就要主动为其效力。在力所能及的范围之内，要在精神上、物质上、行动上积极替集体排忧解难。要支持集体，还要自觉为其分忧。要严格要求自己，努力完成集体所交付的各项任务，绝不给集体添麻烦，这些具体做法都是为集体分忧的自觉表现。

（3）**服从集体**

个人服从集体，在现实生活中是一条广泛适用的行为准则。在参与集体活动时，倘若个人利益与集体利益发生了矛盾，通常要求个人利益服从于集体的利益；当个人愿望与集体愿望发生抵触时，一般也要求个人愿望服从于集体的愿望。这就是个人服从集体的本质含义。要求教师个人服从集体，主要是要求其践行集体主义，维护团队意识；反对其崇尚极端个人主义，反对其凡事“我”字当头、个人至上，反对其不注意维护集体利益、不注意服从集体需要。

热爱集体

身为集体的成员之一，每一名教师都要爱护自己所处的集体。教师对集体的爱护，具体来说应当在以下两个要点上有所表现。

(1) **维护集体**

置身于集体之内的每一名教师，都有责任、有义务悉心对其加以全力维护。教师对其所在集体的全力维护，一方面应当表现为对于集体利益的维护。教师要在为集体创造价值、捍卫集体利益的同时，敢于同损害集体利益的一切行为进行坚决的斗争。另一方面，则应当表现为对集体荣誉的维护。在任何时候，教师都只能为自己的集体争光，而不能为其抹黑。

(2) **奉献集体**

生活在集体之中的每一名教师，都必须对自己所在的集体具有一种强烈的责任感。既要对于需要自己承担的集体工作当仁不让，又要努力为集体多做奉献。对于需要自己承担的集体工作，每一名真正热爱集体的教师都不可以躲躲闪闪。为此而与集体讨价还价，则更是不应该的。

(二) 集体与集体

在校园里，当教师参与集体活动时，往往还会身不由己地面对集体与集体之间的关系。集体之间的关系，不仅较为复杂，而且其牵涉面往往也十分广泛。教师在具体处理集体之间的关系时，下述五点要慎之又慎。

(1) **相互学习**

当教师代表自己所在的集体与其他集体进行交往时，不仅要努力维护自己所在集体的声誉，而且也要向其他的集体虚心学习。必须实事求是地看待交往双方的具体情况，学习对方集体的一切长处。这样做既有利于自己所在集体的成长与进步，也是对自己所在集体最好的爱护。

(2) **彼此帮助**

集体与集体之间，犹如个人与个人之间一样，如果想要友好相处，就必须相互帮助。相互帮助，不仅在客观上真实地体现着集体与集体之间相互依存的关系，而且也是集体与集体友好相处的重要基础。任何一个集体，如果拒绝对其他集体提供帮助，或是拒绝来自其他集体的帮助，则必将使自己孤立无援、隔绝于世，从而难以在社会上真正立足。

(3) **友好协作**

每一个正常的社会集体，要使自身取得成功与发展，就要争取、创造机会，与其他社会集体进行友好协作。集体与集体之间所进行的友好协作，可以采用一切合法的、可行的形式。只要对双方、对学校、对社会有利，各种形式的集体协作均可予以考虑。进行集体协作的主要长处有三：一是可以调动有关各方的积极性；二是可以集中力量将彼此的事情办好；三是可以促进各方之间相互关系进一步发展。

（4）**公平竞争**

集体与集体之间，尤其是同一类型或是面临共同处境的集体之间，难免存在一定的利益之争。对于集体之间的利益纠纷，重要的并不是有意加以否认，而是应当采取正确的态度予以对待。在一般情况下，处理集体与集体之间存在的利益冲突时，应当提倡公平竞争。在集体之间提倡公平竞争，有下列两点必须予以注意：一是对于合理竞争要鼓励而不要否定；二是在进行竞争时必须强调公平、公正、公开，并要有规可循。

（5）**共同进步**

在提倡集体竞争时，必须明确的重要的一点是：集体之间进行竞争的最终结果并非两败俱伤、你死我活，而是要相互促进、共同进步。这就是说，在正常情况下，集体与集体进行竞争时，都需要事先设定“双赢”“双胜”的终极目标。每一个集体参与集体竞争之时，都必须牢牢记住这一目标，并且围绕这一目标不懈努力。必要时，要善于妥协、善于“求同存异”。

第二节　友邻交往

事实上，与他人结识，并与之保持较为密切的联系，是人类的一种本性。结交他人，既是为了寻觅知音、互相交流，也是为了相互帮助、相互支持。结交他人，虽说有着主动与被动之分，但是在现实生活中不与他人相结交的人往往是不存在的。

一般而言，教师结交他人的具体途径甚多。有时，与他人的结交是因为一见如故；有时，与他人的结交则是彼此了解逐日加深所致。

在人际交往中，一个人在个人自主、自愿的前提下与他人结交，并由此而形成的人际关系可以称之为友邻关系。对教师而言，其友邻关系主要有朋友关系、同乡关系、邻里关系三种。有时，它们还会相互交叉。

处理朋友关系、同乡关系、邻里关系时，在总体上都讲究推心置腹、以诚相待。具体而言，则又有着各不相同的具体要求。

一、与朋友相处

在人们的各种社会关系里，朋友关系往往是其中自主性较大、亲密性较强的一种。朋友，亦称友人，它一般是指人与人之间通过相互交往而产生深厚的情谊，志同而道合，并且经常保持联络的一种关系。就人的本性来说，每一个人都需要朋友。在社会生活里，一个人假如没有任何朋友，那么他的人际关系至少是不正常和不完整的。

一个人所结交的朋友往往有多有少，并且各种各样。教师与朋友进行日常交往时，既要维护友谊，也要不失礼貌。教师这样做，不仅是尊重朋友，而且也是尊重自己。

（一）择友条件

益者三友

朋友之间互相影响，故此交友理当有所选择，择善而从之。有道是“近朱者赤，近墨者黑”，可见滥交朋友绝非上策。一般来说，教师在其择友之时应优先考虑下述五项标准。虽不必苛求对方条条达标，但基本上也不可以降格以求。

（1）**志同道合**

孔子曾说：“道不同，不相为谋。”可见选择朋友时，通常要把双方拥有共同的志趣、共同的爱好、共同的见解列为首要条件。因为“唯当同心人，可与论金铁”。若是友人之间“所见不同”，动辄“话不投机半句多”，便难有牢不可破的友谊可言。

（2）**品德高尚**

孟子认为：“友也者，友其德也”。也就是说，只有选择品德高尚的人做朋友才是正确的。与品德高尚者交朋友的最大益处，是可以将对方作为自己为人处世的榜样，通过耳濡目染，取长补短，获得长进，提高自己的道德水准。

（3）**知心敢言**

汉朝哲学家扬雄说过：“朋而不心，面朋也。”教师的交友之道，贵在知心。真正的朋友之间，应当有话明说、有话实说、知无不言、言无不尽。倘若与朋友心腹相隔，双方交谈时对对方察言观色、投其所好、报喜不报忧，就算不上是真正的朋友。

（4）**忠诚可靠**

朋友相交，重在真诚，难在忠厚。结交一位朋友，不应当只看对方在自己身处顺境时的表现和在自己面前的所作所为；更重要的，是要观察对方在自己身处逆境时的表现和不在自己面前时的所作所为。真正的朋友，应当是生死相依、患难与共、坚定不移、忠诚可靠的。

（5）**补己所短**

俗语说：“人往高处走，水往低处流。”结交朋友时，应当将双方之间所存在的某种程度上的互补性列为一项重要的条件。孔子曾经明言“益者三友”，“友直、友谅、友多闻，益矣”，并且主张“无友不如己者”。结交确有所长者，实际上等于是替自己找到了真正的良师益友，对于自己日后的进步必将大为有益。

（二）坦诚相交

与他人一旦结交为友，教师即应坦诚相待，与之热情交往。要成为别人名副其实的朋友，就要在双方相互交往的具体过程中妥善地处理好以下五个问题。

▌互尊互助

俄国伟大的思想家别林斯基曾经指出："真正的朋友，不是把友谊挂在口头上。他们不是互相要求一点什么，而是彼此要为对方做一切办得到的事。"对待朋友，一方面必须予以尊重，另一方面则又要给予对方力所能及、不图任何回报的无私的帮助。互尊与互助，是朋友关系的题中应有之义。

对于朋友的尊重，应具体体现在与之相交的整个过程之中。而对于朋友的帮助讲究的则是主动热情，并且要求在对方所需要的工作、生活、学业等各个方面尽力而为。

▌交流信息

交际之所以对现代人无比重要，就在于人们借此机会可以彼此交流信息。对于亲密无间的朋友而言，经常性地进行信息交流，则更是彼此之间所应尽的一项义务。《礼记》曾说："独学而无友，则孤陋而寡闻。"由此可知交流信息之于交友的极端重要性。

朋友之间的信息交流，重点在于互通有无和于人有益。就交流的具体内容来说，它不应当是家长里短、绯闻巷议、小道消息等信息垃圾，而应当是有助于朋友生活幸福、事业发达的知识性、学术性、时效性信息。

▌相互砥砺

真正的朋友之间，除相互关爱之外，还有必要相互批评、相互砥砺。做到后一点，往往比做到前一点要困难得多，但是却更为重要。这是因为，每一个人的个人成长，都是离不开批评与激励的。朋友之间，只有直言不讳、相互规劝，"如切如磋，如琢如磨"，才能够共同提高。

结交朋友，必须永远使友谊服从于真理。正如苏联作家奥斯特洛夫斯基所言：所谓友谊，首先就是诚恳，就是批评同志的错误。据《孔子家语》记载，孔子亦曾明确指出："良药苦于口而利于病，忠言逆于耳而利于行。"因此，教师交友之道的主旨，就是要做朋友的诤友。不过应当注意，对朋友批评、砥砺，并非要越俎代庖，过多地干涉对方的个人自由，而需要注意讲究其方式方法。

患难与共

“路遥知马力，日久见人心。”结交朋友，不应当只是为了与对方共富贵、同欢乐，而应当能够与对方同风雨、共患难。对于人类而言，拯救朋友是最高的荣誉。朋友之间只有患难与共，才谈得上双方存在着真正的友谊。

一个人在遭受困难、挫折时，通常最需要友人的慰藉；而要去战胜困难、挫折，则更需要朋友的支持。巴尔扎克说过：一个人倒霉至少有这么一点好处，就是可以认清楚谁是真正的朋友。要做真正的朋友，就应当义无反顾地在友人遇到困难、挫折时挺身而出，理解对方，支持对方，与对方坚定地站在一起。

与友同乐

好朋友之间，不但提倡“有难同当”，而且还应当提倡“有福同享”。自己因为友人的支持、帮助而取得的成功，以及由此而带来的欢乐，理所应当地要与友人一道分享。

结交朋友尽管讲究彼此之间患难与共，但这并不意味着非要让朋友去自找苦吃，非让朋友去替自己承担苦难，或者非要设置困境考验朋友不可。如果真是替朋友设想，就应当对对方不报忧，少诉苦，把欢乐带给对方，把痛苦留给自己。总之是要少麻烦对方，少给对方增添负担。这是朋友相交时双方均应具备的一种自觉性。

（三）维持联络

朋友相交，难在坚持。跟人交一天的朋友容易，跟人交一生的朋友则具有一定的难度。要想使朋友之间的关系持之以恒，非常重要的一点，就是要设法维持必要的联络。总之，与人交朋友，而且要做好朋友，双方之间就应当来来往往，有来有往，常来常往。

一般而论，下述四项具体措施对于维持朋友之间的相互联络会有所帮助。

（1）经常走访

如果条件具备的话，朋友之间应当腿脚勤快，彼此经常地上门拜访。朋友之间的相互走访，主要是为了经常性地保持接触，而并不一定非要有明确的目的性。不可否认的是，经常不见面的朋友之间难免会产生疏远之感。而朋友们时常见一见面、叙一叙旧、聊一聊天，往往会使彼此之间的关系更加深化。

（2）定期聚会

除双边交往之外，朋友之间的日常交往通常还可以以多边交往为形式。朋友之间的多边交往，在此指的是三名或三名以上的朋友同时进行交往。其主要的长处，是可以扩大交际面，广泛结交各界朋友。借周末节假日之便，邀约多名朋友一道举行聚会，如举办沙龙、召开家庭音乐会，或者一同游园、相约打球等，都是多边交往的极好做法。在必要时，还可使之定期化。

（3）**利用媒介**

常言道："人在江湖，身不由己。"年纪越大、工作越忙的人，恐怕对此越有体会。万一与友人不在一地，或者在较长时间之内无暇谋面的话，切切不可音信杳无，从而令对方惦念。此时此刻，则须主动联络对方。一种行之有效的方法，就是根据自己的不同需要，利用各种信息传播媒介，例如，写信、通电话、发送手机短信、发电子邮件、使用各种社交媒体等，维持自己与友人之间的联络。

（4）**托人致意**

有些时候，还可以酌情采取委托他人代为传递信息的方式，例如，转达问候，代传口信，转赠礼品等，与自己久未会面的朋友主动保持联系。委托他人致意这一联络友人的具体方式，既可与上述几种方式并用，亦可单独地在必要之时加以使用。

二、与同乡相处

同乡关系，是中国人普遍重视的一种人际关系。在我国，人们自古以来就把"他乡遇故知"视作一大喜事，并且早就有着"亲不亲，故乡人"的说法。

所谓同乡，也称老乡、乡亲，通常是对籍贯相同者的一种泛称。从本质上说，它是以地缘关系为纽带而形成的一种比较特别的人际关系。一般而言，同乡之间相逢未必相识，相识未必深交。然而在人际交往之中，一旦交往双方具有同乡关系，往往便会使彼此之间的心理距离大为缩短。

在教师的人际交往中，同乡交往是一个重要的组成部分。在处理自己与同乡之间的关系时，既应该发展乡谊，又要正常交往。

（一）发展乡谊

民间有言："老乡见老乡，两眼泪汪汪"；"一方水土养一方人"。由于我国的地域极其辽阔，因此生长在不同地区的人们，在生活习惯、日常风俗、地方文化、礼仪讲究等方面往往便多有不同。相对而言，同乡之人在进行交往时，大家"出生地"相同、文化背景相近、生活习俗相仿、口音大体相似，往往会令彼此之间在天然上存在一种无形的亲切感、认同感。所以，双方非常容易建立联系，并且保持和发展相互之间的这种特殊关系。

重视乡谊

人是有情感的，乡谊就是其基本情感的一种。所谓乡谊，一般是指人们相互之间基于同乡关系而建立起来的一种特殊的友谊。在现实生活里，人人都有自己的故乡，所以自然而然也就少不了同乡，离不开乡谊。

对同乡之谊，每个人都应当给予应有的重视。从某种意义上来说，一个人若是不讲同乡之谊，不认乡里乡亲，就等于忘记了哺育过自己的故乡，而忘记了自己的故乡就意味着对她的背叛。

重视乡谊，首先需要善待自己的同乡。对于那些早已相识、相交的同乡，要保持联络，互相关照。不要“一阔脸就变”“翻脸不认人”，不要对一切现今不如自己或者有求于自己的同乡置之不理。需要与同乡进行联系、交往时，不要表现得“穷居闹市无人问，富在深山有远亲”，显得自己过于势利。

对于初次进行交往的同乡，或者是上门相认的同乡，亦须依礼相待，并且表现得既热情，又主动。不要拒绝与对方相认，不要让对方“坐冷板凳”，尤其是不要跟对方摆架子、打官腔。

重在乡谊

与同乡进行常规的交往时，无疑应当确定使之得以维持的侧重点。在一般情况下，必须将同乡交往的重点放在建立乡谊、巩固乡谊、发展乡谊之上。这就是所谓重在乡谊。

同乡之间所进行的交往，自然也提倡交流信息、互相帮助、互通有无。但是，同乡关系既然以乡谊、乡情为基础，那么同乡交往的中心，就应当被有意识地集中于同话家乡、怀恋家乡、支援家乡、共建家乡、为家乡出力之上。

“谁不说咱家乡好?”在同乡进行交往之际，“君自故乡来，应知故乡事”，大家所共有的家乡理所当然地成为被关注的焦点。对同乡而言，聚也家乡、叙也家乡、议也家乡、思也家乡，都是再正常不过的事情了。

之所以特别强调同乡交往重在乡谊，实际上就是不主张以其他方面的内容作为同乡交往的重点。需要特别指出的是，同乡之间所进行的各种交往也要讲究“君子之交淡如水”，反对使之明显地带有任何功利性的色彩，尤其是要反对以发展同乡关系为名，而大行拉帮结派、结党营私、另立“山头”，制造无原则的分裂或纠纷之事。

（二）正常交往

如同处理其他方面的各种人际关系一样，要想妥善地处理自己与同乡之间的相互关系，最为有效的方法就是要使之正常化，而不是使之特殊化。

使同乡之间的相互关系正常化，实际上就是要求在同乡之间进行正常的交往。只有做到了这一点，才不至于损害同乡关系。就一般状况而言，在同乡之间进行正常交往，主要要求注意以下三点。

保持接触

但凡具备条件，同乡之间就要争取多联络、多接触。在这一基础上，双方之间才有可能保持正常的交往。因为只有彼此之间的接触增多了，同乡之间才有机会相互加深了解，增进同乡之谊。由于具体条件各不相同，同乡之间所进行的接触可以采取任何力所能及、合理合法的形式，关键是要彼此之间多走动、多联络。

与同乡进行接触、保持接触，通常最为忌讳的是“现拜佛，现烧香”，或者“用人朝前，不用人朝后”。至于“过河拆桥”的愚蠢做法，则更是同乡相交之大忌。采用那种功利主义的态度与同乡打交道，或许可以得逞于一时，但久而久之必将为世人所共知，从而失信于天下。

相互关照

同乡交往，与朋友交往一样，都需要双方相互关照。与同乡进行具体交往的过程中，既要重视同乡之谊，更要讲究相互理解、相互信任、相互关心、相互帮助。对于主动关心、帮助同乡的一方而言，一定要对同乡诚实无欺，不可以趁机“杀熟”，更不可以愚弄对方。对于有求于同乡的一方而言，则要讲究自觉，不要提过高的要求，不要令被求助的同乡感到为难。

与同乡进行交往时，主动关心对方通常十分必要。对于初来乍到的同乡、条件尚差的同乡、身处逆境的同乡、有求于己的同乡尤其要主动关心、积极爱护、多多照顾。关心同乡，是注重乡谊的一种重要表现。

与同乡进行交往时，主动帮助对方往往也必不可少。实际上，对同乡最大的关怀，就是给予其必要的帮助，协助其解决具体的困难。在帮助同乡方面，不但要讲究力所能及，而且还必须提倡尽力而为，并且不计任何回报。

与同乡进行交往时，主动鞭策对方大都是需要的。同乡交往，理当“其臭如兰”，而不应该是“臭味相投”。对同乡的最好的关照，就是要积极引导或推动对方锐意进取、奋发向上。为此，在必要时要善于指出对方的不足之处，并帮助对方尽快予以改善。

积极合作

在提及同乡之间的正常交往时，对其相互合作不容忽略。同乡相亲，往往在天然上就具有亲近之感，而且双方之间也比较容易找到更多的共同语言。这一“人之常情”，实际上为同乡之间进行合作在客观上提供了可能。反过来说，同乡之间假如建立了某种形式的合作关系，其实又可以进一步增进双方的同乡之谊。同乡之间的合作，通常可以成为同乡之间进行正常交往的重要基础。

同乡之间所进行的合作，一般都是事业上的合作。在进行事业方面的相互合作时，同乡之间既要讲究乡谊，也要分清利益。将二者之间的关系理顺了，使乡谊具备一定的物质基础，也是一桩好事。

寻求同乡之间的合作，切不可强求硬逼。最好的一种方法，是要因势利导、顺其自然、彼此情愿、各有所需。

三、与邻里相处

子曰："里仁为美。"在日常生活里，每一个人都必须择地而居，因而必然会与自己的居住地及其周围的居民形成一定的相互关系。邻里，亦称邻居，就是对上述关系的一种具体表述。严格地说，所谓邻里是指住处相互接近，或者处于同一区域之内的其他人家。

就教师而言，不论居家、住校，还是租住公寓，都必须认真处理好自己与邻里之间的关系。

处理邻里关系时，教师重点要注意彼此了解、彼此体谅、彼此关心三方面的具体问题。它们通常被称为处理邻里关系的基本点，亦称"邻里相处三原则"。

(一) 彼此了解

民谚有云："远亲不如近邻，近邻不如对门。"可见邻里之间由于接触密切、往来频繁，处理好彼此之间的关系极其必要。如果以邻为壑、拒绝与邻里发生任何联系，是既轻率又失当的。

要同邻里建立起真正的良好关系，第一要旨是相互之间必须有所了解。相互了解，从来都是处理好邻里关系的基础。因为只有互相知根知底，邻里之间才会相互信任、相互交融。具体而言，教师在增进邻里之间的彼此了解时，有以下三点注意事项。

(1) 主动接近

与邻里相处，重要的是不能甘当孤家寡人，不能自行与世隔绝。相反，一定要主动地、友善地接近邻里，与对方建立正常关系。不主动接近邻里，就不可能同对方相互往来。而只有接近对方，才有彼此之间的了解可言。具体来讲，接近邻里的方式应当因人而异。相遇时主动向对方打招呼，当对方忙于家务时援之以手，闲聊之时叙叙家常，邀请对方上门做客等，均为可取之法。

(2) 掌握情况

跟邻里打交道，首先有必要对对方的基本情况略知一二。只有熟悉了对方的大致情况，才能够更好地与之和睦相处。掌握邻里的基本情况时，需要注意方式，讲究双方自愿，提倡有来有往，进行双向交流。想要了解对方，就应当同时使对方了解自己。不过，对于邻里的个人隐私以及对方不愿涉及之事，则不宜充当“包打听”，或者“打破砂锅问到底”。

（3）**严守口风**

关系密切的邻里，往往可以彼此倾吐衷肠，相互诉说自己的难言之隐与自己家里的私事。对于邻里的信任，必须自觉地严守口风。任何一位有教养的人，都绝对不可以无视邻里对自己的信任，将对方的个人隐私或者家庭私事视作笑料，任意广为扩散。若是在邻里之间飞短流长，搬弄是非，喋喋不休，甚至添油加醋，则会自己把自己打入“恶邻”的名册。

（二）彼此体谅

与邻里要搞好关系、和睦共处，就必须注意彼此之间的体谅。在邻里之间讲究彼此体谅，就需要相互尊重、宽以待人、自觉自律，与此同时，还必须讲究起码的社会公德。

具体而言，教师与邻里之间要讲究彼此体谅，需要重点注意下述几个方面的细节问题。

（1）**讲究卫生**

在日常生活里，因为人与人之间存在着互相依存的关系，所以每一个人心里都要常为别人着想，并要在处理个人事宜时优先考虑或者兼顾他人的利益。与邻里相处，亦应如此，尤其是要对与人人相关、户户相关的环境卫生问题给予高度重视。平时，要自觉遵守垃圾分类的相关规定，不要在自家的居室门外及其四周乱扔、乱倒、乱撒废弃之物，甚至使之损害街坊四邻的利益。即使“自扫门前雪”，也未必合适。

（2）**保持安静**

人们的居所，自然主要被用以居住、休息。对这一点，与邻里相处时亦须加以明确。就一般人的居住和休息而言，外来的各种噪声当数最大的一种干扰，甚至被人们深恶痛绝。因此，平时每一个人在回归自己的居所以后，都要自觉地保持安静，适时、适量地安排在自家居所之内所从事的家务、装修、维修以及各种聚会、娱乐活动，切勿制造噪声扰邻。在常规的周末、节日、假日等例行的休息时间里，特别需要尽量降低自己活动所发出的噪声，以免有碍于左邻右舍。

（3）**厘清财物**

在邻里之间，相互帮助是极为必要的。邻里之间的相互帮助，自然不能把财物完全排斥在外。必要之时，向邻里提供包括财物在内的援助或是与其进行财物往来，均为正常之事。但平时在与邻里进行正常往来时，切不可见钱眼开、斤斤计较、极端势利，不可过分“唯物”。与邻里打交道时，千万不要贪图小便宜、乱占小便宜。平时向邻里借用的钱、财、物，一定要有借有还、如期归还、好借好还，损坏要赔偿。为邻里提供帮助时，切勿与其讨价还价，更不可以动不动就与对方“秋后算账”。

(三) 彼此关心

邻里之间，通常都需要彼此关心、相互爱护。只有真正做到了这一点，才有可能使邻里关系“更上一层楼”，彼此之间更加紧密。具体而言，邻里之间的彼此关心，重点应当表现在下列两个方面。

(1) **互相照顾**

邻里之间，唇齿相依。邻里之间的互相照顾，对邻里而言本是责无旁贷的。自古以来，中国人在处理邻里关系时，就讲究“一方有难，八方支援”，提倡彼此之间主动照顾对方。正因为如此，古人才有“百万买宅，千万买邻”与“择邻而居”之说。

邻里之间的互相照顾，讲究的是积极主动。它不应当只是纸上谈兵，口头上客气一下而已。更重要的是言行一致，善于从日常生活中的点滴小事做起。诸如代为看门，看护老人、孩子、病人，协助料理家务，送医送药，代收快递等，看起来虽然微不足道，但却是邻里之间互相照顾的不可缺少的具体体现。

(2) **热情相助**

在生活中，每一个人都难免会碰上一些单凭一己之力难以应付的难题。在此情况下，邻里的鼎力相助，无疑是“雪中送炭”，情暖人心。要是邻里之间人人自私自利，“莫管他人瓦上霜”，大家在生活中所遭遇的困难则必将骤增百倍。因此，当邻里碰上困难，特别是当对方求助于己时，每一名教师都理当出手相帮，援助对方，而绝对不可以瞻前顾后、患得患失。总而言之，人求于我时，务必热情相助，并且尽力而为。

需要强调：当自己在生活中遇到一般性的难题时，则还是应当以自力更生为主，以争取外援为辅，不要动不动就开口求助于人，不要处处依靠邻里的帮助，不要事事麻烦邻里代劳。我求于人，总体上还是应当以少为佳。同时，做人还应当善解人意，细心体谅邻里的难处，不要指望邻里时时或事事对自己有求必应，更不要迫使对方勉为其难。永远不要忘记，邻里之间的互相帮助一定要两相情愿。

第三节　家庭交往

人生在世，难以离开家庭。所谓家庭，具体是指以婚姻、血统关系为基础的一个社会的基本单位。通常，每一个家庭都由父母、子女以及其他共同生活的亲属组成。家庭是社会的基本细胞，家庭关系是人人均须面对的最基本的人际关系。

教师在处理自己的家庭关系时，关键是要讲究家庭美德，并且摆正本人在家庭之中的位置，恪守自己的本分。具体而言，教师应当在孝敬长辈、厚待同辈、关照晚辈三个基本方面并重。

一、孝敬长辈

在所有的家庭关系里，长辈与晚辈之间的关系始终都是一种最基本的人际关系。就当今的一般家庭而言，父母与子女之间的关系又是最重要的长辈与晚辈之间的关系。

作为一名晚辈，教师如何处理自己与家庭成员之中的长辈尤其是父母之间的关系，对于每一个人来讲都是一种考验。常言道："老吾老，以及人之老"；"百善孝为先"。任何一名有道德、有良知的教师，在处理自己与长辈尤其是父母之间的关系时，都必须将孝敬对方作为立身之本。

自古以来，"亲慈子孝"就是中国家庭关系的理想模式。作为晚辈，教师对于自家长辈的孝敬通常具有敬重长辈与孝顺长辈两个方面的含义。从总的方面来讲，教师对自家长辈的孝敬，并不应该仅仅见诸言词，更重要的是要将其付诸行动。

（一）敬重长辈

在阐述孝的具体内容时，曾子曾经讲过："大孝尊亲，其次不辱，其下能养。"这表明教师在处理自己与包括父母在内的其他一切家庭长辈之间的具体关系时，必须以尊敬为先。教师对于家庭中长辈的尊敬，必须做到言行一致、表里如一、一视同仁、一以贯之。

具体而言，教师对本家长辈的尊敬，主要应当在以下四个方面有所体现。

毕恭毕敬

对于自家的长辈尤其是父母，教师必须以礼相待，遵守规矩，处处尊重有加。在任何情况下，都不允许自己的一言一行失敬于对方。

不要因为身为教师，自己的身份有所变化，就变得忘乎所以，指望就此可以与长辈"平起平坐"，而不再顾忌彼此之间尊卑有别。有道是"儿不嫌母丑"，在恭敬长辈方面，晚辈永远都不可以忘本。

不允许没大没小，随意与长辈打打闹闹，甚至毫无边际地乱开玩笑。至于成心取笑长辈，有意令其难堪，则更不可取。

特别应当注意的是，不论当面还是背后，在提及包括父母在内的自家长辈时，务必采用尊称。不论对方是否介意，都不可以直呼其名。任意使用诸如“老头儿”“老太婆”之类的谑称去直呼长辈，则更是有失庄重。

虚心学习

长辈所拥有的丰富的人生阅历，是一笔难以估价的宝贵财富。作为晚辈，教师一定要善于利用一切机会，虚心向长辈讨教，以便开阔视野、增长才干。

碰上了难题，或者遇上了麻烦，应及时而主动地向自家长辈反映，并且耐心向对方请求指教。长辈不但会乐此不疲，而且的确在许多大是大非上富有远见卓识，高人一筹。“家有老，是个宝。”不懂得向长辈虚心学习，实乃一大损失。

长辈对自家晚辈的最大希望，是愿其早日成才。晚辈向长辈求教，自然也是为了实现这一目标。作为晚辈，一定要珍惜机会、学而不厌、孜孜不倦。要努力学有所成，不辜负长辈的厚望。

听从管教

管教自家晚辈，对长辈而言，既是一项天职，又是一种关爱。对于自家长辈的批评与指点，晚辈必须洗耳恭听，并且虚心接受。《论语》上记载：“子夏问孝，子曰：‘色难。’”这说明，面对长辈的管教，自古以来晚辈就往往难于和颜悦色，难于不给长辈脸色看。不论从哪一个方面来看，长辈对自家晚辈的管教，都出自善意和真心的爱护。因此，即便长辈的管教稍有偏差，也不允许对其全盘予以否定。

当自家长辈尤其是父母管教自己时，一定要牢记以下三点：一是要虚心服从；二是要表示感激；三是要知错即改。不允许当场顶撞长辈、无理狡辩、阳奉阴违，或是置之不理。哪怕表面上表现出不耐烦，亦是失敬于长辈的。

不要过分地夸大长辈与晚辈之间的所谓“代沟”，更不要片面地认定长辈无一例外地“守旧”“落伍”“胆小”“庸俗”“糊涂”。要学会从长辈的管教中有所感悟，取长补短。

一视同仁

对于自家的所有长辈，都要给予应有的尊敬，而不允许厚此薄彼。因为作为晚辈，必须对长辈恭恭敬敬。

尊敬自家的长辈，一是应当尊敬自己的父母。对于父母不可以疾言厉色，而应该尊重有加。

尊敬自家的长辈，二是应当尊敬自己的祖父母和外祖父母。当祖父母或者外祖父母与自己生活在一起时，不应当嫌弃他们，而是应当主动接近他们，并且像对待自己的父母一样对待他们。

尊敬长辈，三是应当尊敬自家其他的一切长辈。不论对方与自己的具体关系如何，只要对方是一位长辈，自己就必须执晚辈之礼，对对方处处不失恭敬。

（二）孝顺长辈

孝顺长辈，是中华民族为世人称道已久的一种传统美德。作为华夏儿女，当代教师理当将这种美德继承下来，并且发扬光大。《论语》记载："孟懿子问孝。子曰：无违。"究其本意，不违反传统之规，不违背礼仪惯例，亦为"孝"也。

晚辈对于自家长辈的孝顺，既是一种义务，也是一种情感。它不但要体现在晚辈对长辈的物质照顾上，而且体现在晚辈对长辈的精神体贴上。"谁言寸草心，报得三春晖。"无论从哪一方面来说，晚辈对长辈的孝顺都是完全必要、完全应该的。

奉养长辈

对于自家长辈的"滴水之恩"，尤其是父母的"生身之恩"，晚辈自当"涌泉相报"。奉养长辈尤其是奉养自己的父母，是对晚辈的最基本要求，也是晚辈义不容辞的天职。倘若忤逆不孝，遗弃长辈，或者当其需要帮助时对其不理不睬，是天理不容的。

作为教师，在奉养自家的长辈方面，主要应当做好下述三点。

（1）**帮助长辈**

作为晚辈，一定要在必要时主动帮助自家的长辈，使其丰衣足食，在物质生活上没有后顾之忧。帮助长辈，应该有钱出钱、有物出物、有力出力。对于无依无靠的长辈，尤其是自己的生身父母，一定要主动担负起赡养对方的职责。

（2）**照料长辈**

对于自家的长辈，特别是那些上了年纪的长辈、体弱多病的长辈、孤身一人的长辈，在日常生活的方方面面要尽力加以照料，并且多加关心爱护。在这方面，每一位晚辈都应当表现得不遗余力。

（3）**自立自强**

教师要坚持自力更生、自食其力。不给长辈平添麻烦，也是在为长辈尽孝。要学会主动减轻长辈尤其是父母的负担，不要事事让长辈操心，处处让长辈出力。倘若无限度地寄身于长辈的呵护、操劳之下，难免会使自己永远"发育不良"。

体贴长辈

长辈，尤其是年事已高的长辈，随着其年龄的不断增长，体力与脑力往往会有不同程度的衰退。其中的某些人还会因此而百病缠身，或者行动困难。对于处于上述状况的长辈，身为晚辈的教师们一定要更多地从精神方面对其加以体贴。

具体而言，对于自家长辈的体贴，主要应当从以下三个方面入手。

（1）**加强联系**

人到老年，通常最害怕的就是孤独寂寞、离群索居。有条件的话，晚辈应当争取与自家长辈在一起居住。没有条件，也要尽量与之保持密切的联系。繁忙的工作之余，教师应与自家长辈多见面、常交流，以确保双方之间必要的信息与情感沟通。要经常抽出一些时间去探望长辈，尤其是父母。不方便的话，也要多跟他们通电话，多给他们写信，多给他们发电子邮件，多利用社交媒体与他们保持联络，或者委托他人代劳。

（2）**汇报思想**

在长辈的眼里，自家的晚辈不论年纪多大、学问多少、职级多高，永远都是孩子，都需要自己为之操心。有可能的话，晚辈不仅要“常回家看看”，而且还要多跟长辈谈谈。向长辈汇报一下自己的成绩，与长辈交流一下思想，甚至主动找长辈聊上一会儿天，都会令长辈喜笑颜开，因为这对长辈而言无异于一次丰盛的“精神会餐”，而且还会使长辈感到自己“老有所为”。

（3）**为国争光**

从更加广泛的意义上来讲，大孝报国。报效祖国，为国争光，同样也是晚辈对长辈的一种孝顺，而且往往被视为一种最高水准的孝顺。按照中国人的传统看法，“孝，始于事亲”，“终于立身”。当晚辈为社会、为国家做出了一定的贡献，得到了社会的肯定和赞誉时，便会给自家长辈尤其是自己的父母带来莫大的荣誉。因此，晚辈在社会上努力工作、在事业上发愤图强，努力做出替父母争光、使长辈荣耀的成就，实际上也是在尽孝，并且是对长辈的最好体谅。

二、厚待同辈

在教师的家庭成员中，往往有着自己的同辈人。同辈，亦称平辈。通常，它泛指一切辈分相同之人。就家庭成员而言，同辈则主要是指与自己存在血缘关系的兄弟姐妹，以及他们的配偶等。进行家庭交往、处理家庭关系，教师都不可能不去面对自己的同辈。

不论双方之间关系如何、双方之间的具体地位有无差距、双方之间是否互有所求，教师都一定要与自己的同辈“情同手足”，并且时时处处厚待对方。

教师在具体处理家庭关系时，厚待同辈不仅要求真心实意，而且也需要讲究必要的方式方法。一般认为，教师在协调、处理自己与自家同辈的相互关系时，最为重要的问题是要加强团结、互相帮助、促进监督。

（一）加强团结

人们常说："团结就是力量"，"兄弟同心，其利断金"。对于自家的同辈而言，尤其是兄弟姐妹之间，团结也是头等重要的大事。如果自家之人"窝里反"、不讲团结、互不相认、四分五裂，甚至兄弟反目、手足相残，则难言家庭和睦。

与自家的兄弟姐妹等同辈家人要想搞好团结，不仅要宽厚待人，而且还应当彼此谦让。不在这两个方面用心，往往就难以真正实现家庭团结。

宽厚待人

与自家同辈相处，必须事事以宽大为怀。有道是："亲不亲，一家人。"既然如此，那么对待与自己情同手足的兄弟姐妹们就绝对不应该事事计较、处处算账，更不可以时时与对方你争我夺、势不两立。

对待自家同辈的宽容大度，通常主要应当在如下两个方面有所体现。

（1）待人宽容

对待自家的兄弟姐妹等同辈之人，理当自觉自愿地宽容忍让，不要苛求于对方，更不要蓄意对对方吹毛求疵。特别重要的是，不要听不得对方的逆耳之言，不要见不得对方的逆己之事。当教师与自家同辈发生某种利害冲突时，切勿偏听偏信，听信他人别有用心的是非之言，而去变本加厉地"回敬"自己的骨肉兄弟。必要的话，要善于容忍自家兄弟姐妹对自己有意或者无意的冒犯。就算是对方的所作所为有负于自己，看在"本是同根生"的情分上，对其也要以宽大为怀。

（2）为人厚道

在处理自己与兄弟姐妹等自家同辈之间的关系时，首先应当牢记大家是真正的一家人。不论在家庭内部还是在社会上，面临自己与对方的利益之争时，都要懂得吃亏在前，享受在后。这样做，不仅是对"自家兄弟"所应有的照顾，而且也会令自家的长辈对自己更加舒心、更加放心。不要在与兄弟姐妹打交道时争强好胜，一味攀比，只想沾光，不愿吃亏。那种做法，只能显得自己鼠目寸光，缺乏做人的基本教养。

彼此谦让

谦让于人，是一种难能可贵的美德。与自家的兄弟姐妹等同辈之人打交道时，主动谦让对方，则是对教师的一项基本要求。

从形式上来看，在人际交往中主动谦让于人，是一种很大程度的退让。有时，还可能因此而给自己造成一定程度的损失。然而从大局方面来看，倘若自己懂得谦让兄弟姐妹等自家的同辈之人，则会极大地促进自己与对方之间的相互团结，上无愧于长辈，下无愧于后人，因而必定“物有所值”，得大于失，利大于弊。

与兄弟姐妹等其他同辈人打交道，如同和社会上的其他人打交道一样，往往不可能一点都不涉及彼此之间的物质利益关系。在这一问题上，完全不食人间烟火，对其根本不闻不问，未必是一名正常人。重要的是，教师一定要持有正确的态度，凡事必须以家庭团结、兄弟和睦这一大局为重。

从原则上讲，在财、物等敏感而棘手的问题上主动谦让于自家的同辈，主要需要做好下述三点。

（1）**多做退让**

与自家的兄弟姐妹在算经济账时，要想不伤感情、不伤和气，最明智的办法就是多做让步，而不争强好胜。要提倡在这一问题上“吃亏是福”，牢记“家和万事兴”，而切勿与对方斤斤计较，寸步不让。

（2）**避免争抢**

在任何情况下，都不应当对钱财这一类“身外之物”过于眼馋，不应当利令智昏地为此与自己的兄弟姐妹撕破脸面、反目为仇、相互辱骂，甚至大打出手。

（3）**分清你我**

平时，教师一定要知道“亲是亲，经济分”。与自己“一母同胞”的兄弟姐妹进行日常往来时，该算的经济账一定要当时算清楚。不要总使一方占便宜，而令另外一方永远吃亏。若是使之变成一笔“糊涂账”，将来就有可能会授人以柄，并因此而招致种种的是非。

（二）互相帮助

自家的同辈之间，特别是兄弟姐妹之间，永远应当互相关心、互相爱护、互相帮助。这种表现，往往是“发乎情，止乎礼”的。人们时常以“手足之情”来形容兄弟姐妹之间无与伦比的亲密关系，既然如此，在现实生活里，每一个人都应当甘心情愿地与自家的一切同辈之人互相帮助、彼此照料。

客观地说，兄弟姐妹等自家同辈之人的互相帮助，既属于人之常情，亦为顺理成章之事。要真正在这一方面表现突出，通常有待于做出如下努力。

互相爱护

自家的同辈之间，存在着难以割断的家人关系或者亲属关系。血统与姻亲等天然纽带将自家的同辈密切地联系在一起，所以互相爱护理当成为其相互关系的重要基础。

一般而言，对于自家同辈人之间的互相爱护，有两点注意事项。

（1）**不图回报**

教师当应努力做到："我之有恩于人，必须忘记。"

对于自家同辈的爱护，应当是实心实意、不讲任何价钱、不附带任何交换条件、不图任何回报的。它是一种真正无私的爱护。具体来说，它不仅会体现在物质利益的支援方面，而且也会体现在精神情感的沟通方面。在力所能及的前提下，对自家同辈的爱护，尤其是对于其中急需爱护之人的爱护，既应当主动，又应当多多益善。但是，此类义不容辞之事做了就做了，事后没有必要对当事人再三提及或广而告之。

（2）**知恩图报**

教师应当时刻谨记："人之有恩于我，不能忘记。"

对于来自自家同辈的爱护，必须要领情，而且还应当欣然接受、心存感激、铭记不忘。不要误以为对方本当如此，也不要在这一方面对对方要求过高。特别重要的是，不要把对方的爱护，尤其是对方出于爱护自己的目的所进行的批评、指责，视为一种负担，不识好歹、不分善恶。

互相援助

与自家的兄弟姐妹以及其他一切同辈打交道时，互相援助是值得大力提倡的。正所谓"有福同享，有难同当"。本家同辈之间的互相援助，在现实生活中不但是天经地义的，而且也是绝对必要的。

自家同辈之间的互相援助，有着极其丰富的内涵。通常，它应当在以下三个具体方面有所反映。

（1）**生活上的互助**

自家同辈之间在生活上所进行的互相援助，往往表现极其琐碎，甚至不值得一提，但它却必不可少。在日常生活里，自家兄弟姐妹之间完全有必要也有义务互相照顾、互帮互助、相互提携，共同度过艰难的时刻，共创美好幸福的生活。见到自家同辈在生活上确有困难而不管不顾，当对方有求于自己时"见死不救"，甚至因此而幸灾乐祸，是枉为人师的。

（2）**工作上互助**

在工作、学习和事业上，自家的兄弟姐妹之间应当取长补短，互相帮助。必要时，要提倡能者多劳、弱者得助、各尽其能、各显其长、携手共进、共同发展。自家同辈之间在工作上要互相帮助，不求回报，心甘情愿。任何一方遇到困难时，兄弟姐妹都要鼎力相助，义不容辞。

（3）**思想上互助**

家人之间，通常是最容易讲心里话的。本家的同辈之间，则更是易于进行深入的思想交流。兄弟姐妹遇到难以向外人诉说的苦恼、委屈时，不妨彼此好好聊上一聊；对于对方在思想、情感等方面所存在的问题，也不妨及时地加以点拨。凡此种种做法，都是对对方在思想上所进行的帮助。

（三）促进监督

除了加强团结、互相帮助之外，自家同辈之间还有必要相互促进、相互监督。就总体而言，同辈之间的促进监督与加强团结、互相帮助并不矛盾。同辈之间的促进监督，将更为有效地促进其彼此之间加强团结、互相帮助。

相互促进

自家同辈之间的相互促进，实际上也是一种特殊的竞争机制。缺少了这一点，往往会令一家的同辈之人同样的平庸无奇、碌碌无为。

自家同辈之间的相互促进，指的主要是同辈之人互相推动、互相鞭策，以求共同发展。这样说起来，相互促进应当是“手足之情”的题中应有之义。

具体而言，自家同辈之间的相互促进，主要应当在下述两个方面有所体现。

（1）互相学习

子曰：“见贤思齐焉，见不贤而内自省也。”同辈人相处时，一定要善于发现对方之所长，并且虚心向对方学习。常言说：“尺有所短，寸有所长。”在同辈之人的身上，自然也有其所长、有其所短。要向对方学习，就一定要学其所长，而不是向对方所短看齐。还有一点十分重要，对自家同辈的所长之处要客观地看待。视而不见、不愿承认、拒绝学习，都是不对的。

（2）互相激励

自家同辈，经常有机会朝夕相处。要善于利用这一时机，与其他同辈之人相互激励，以求共同进步。相互激励的一大优点，是可以激发人的上进之心，使之一个接一个地争先恐后，以对方作为自己的奋斗楷模，努力求得“百尺竿头，更进一步”。没有比较，往往就没有鉴别。没有相互激励，往往就会难出人才。

相互监督

在本家同辈之间，宽容、忍耐自然要常讲，支持、帮助往往也自不待言。然而除此之外，相互监督也不可或缺。

自家同辈之间的监督，在此主要是指依照社会现有的各种行为规范，同辈之间所进行的互相监察与约束。从本质上讲，它属于家庭教育、家庭管理的一种重要形式。进而言之，它通常表现在如下三个主要方面。

（1）**互相提醒**

平时，自家同辈之间应当直言不讳地相互进行提醒与劝诫，不论为自己还是为大家，都要谨慎地做事，老实地做人，不做违法之事，不做违反公序良俗之事，不做危害社会与家庭之事。有此“警钟长鸣”，往往会使闻者足戒。

（2）**互相检查**

在日常生活中，自家同辈之间不但不可以徇私枉法、互相包庇、共谋私利，反过来还应当互相进行检查与劝阻，以求防微杜渐。做到这一点，实际上是对于自家同辈的一种最大的爱护。

（3）**互相批评**

万一发觉自家同辈之人做人、做事有失检点，一定要及时对其进行批评、纠正。对方所出现的问题越是严重，自己越是必须这么做。必要时，还应当主动求助于社会，或者与社会相配合。唯有如此，才会真正地帮助对方，并且尽到自己作为同辈所应尽的责任。

三、关照晚辈

作为一名教师，不仅要孝敬长辈、厚待同辈，而且还必须关照自己的晚辈。古人云：“幼吾幼，以及人之幼”，“子不教，父之过”。关照晚辈，向来是为人长辈者的天职。

身为长辈时，教师所面对的晚辈主要是其子女。一般而言，教师对晚辈的关照主要体现在指导晚辈、扶助晚辈两个具体方面。

（一）指导晚辈

教师必须充分意识到：对晚辈而言，成长是一个过程。在此过程中，晚辈自身需要努力进取，与此同时也离不开长辈尤其是生身父母的帮助与指导。作为长辈，有责任、有义务对自己的晚辈予以指点、引导。作为教师，在此方面则更是应当尽可能地发挥个人之所长。具体而言，教师对自家晚辈的指导，主要应当体现在以下三个方面。

关注品德

平时，教师对自己晚辈尤其是子女的指导，应着重体现在品德教育方面。悠悠万事，唯此为大。

在品德教育上，教师对自家晚辈进行的指导重点有三。

（1）**尊重社会**

有必要告诫晚辈：必须尊重自己的祖国、尊重自己的民族、尊重自己的所在家庭。与此同时，还必须遵守宪法与法律、遵守公共秩序。

（2）**尊重别人**

在日常生活里，每一个人都必须与别人进行合作。与别人进行合作时，尊重对方乃是基本要求。孟子曾就此特别地强调："敬人者，人恒敬之。"具体而言，尊重上级，是一种天职；尊重下级，是一种美德；尊重同事，是一种本分；尊重客户，是一种常识；尊重对手，是一种风度；尊重所有人，则是一种教养。就其本质而言，所谓尊重别人，就是要求教师尊重对方的人格，尊重对方的选择、个人习惯乃至生活方式。

（3）**尊重自己**

在外人面前，每个人均应自尊自爱。在任何情况下，一个人假如不尊重自己，就不可能真正地获得别人的尊重。

分享经验

对逐渐长大成人的晚辈而言，长辈丰富的人生经验最为其所关注。有道是：历史的经验值得注意。如果长辈能够及时而有效地与晚辈分享自己的人生经验，那么晚辈往往可以少走许多弯路。

所谓经验，有时指的是人们的个人经历，有时则是指教师通过实践所获得的知识与技能。一般而言，教师可与其晚辈分享的个人经验，包括做人的经验、做事的经验与做学问的经验。就指导晚辈而论，教师可与其晚辈分享的个人经验分为下述两类。

（1）**成功的经验**

人人都渴望自己成功。教师把自己的成功经验传授给晚辈，可谓对对方最大的帮助。

（2）**失败的教训**

教训，在此指的是人生的负面经验。教师如能把自己失败的教训与晚辈分享，亦可令对方有所收获。

讲究方式

在具体指导晚辈时，教师有必要讲究方式、方法，否则就可能事与愿违、弄巧成拙。

教师在具体指导晚辈时，尤其应当重视如下两点。

（1）**循循善诱**

教师指导自家晚辈，自然出自一片好心。但若不重视其具体的表达方式，往往并无效果可言。必须明确的是，晚辈的成长是一个过程。在此过程中，教师对对方可以有所要求，但绝对不宜以过高的标准要求于双方。在指导晚辈时，教师应兼顾其年龄、性别、职业与受教育程度等特点，摆事实、讲道理、与时俱进、不厌其烦。特别应当注意，要以理服人、以例服人，并且力戒假、大、空之言。

（2）**平等相待**

教师应当明确：在晚辈尤其是子女面前，自己只是长辈、父母，而并非对方的老师。与长辈相比，晚辈虽在年龄、辈分上稍低，但二者在人格上则是完全平等的。因此，在指导晚辈尤其是子女时，绝对不允许教师体罚、打骂、斥责对方，尤其不允许对晚辈进行人身侮辱。

（二）扶助晚辈

教师对晚辈的关照，往往还应当体现在对后者的扶助上。所谓扶助，即有力帮助。教师对晚辈的扶助，平时主要体现在两方面。

物质上的支援

在必要之时，教师应对自己的晚辈给予人力、物力、财力等方面的具体支援。这是为人长辈者义不容辞之使命。

进而言之，在物质上支援晚辈时，教师必须注意以下三点。

（1）**确有需求**

支援晚辈的最大前提，是对方有此需求。假如晚辈无此需求，则教师给予对方的物质帮助再多也会变得毫无意义。

（2）**量力而行**

教师对其晚辈的帮助，一方面应当是无条件的；另一方面则必须从个人实际能力出发，切忌勉为其难。

（3）**适可而止**

教师对其晚辈尤其是子女所给予的物质方面的帮助，意在有助其成长、进步，而非对其娇生惯养，扼杀其自我生存、自我发展的能力，因此物质上的帮助要适可而止。

精神上的支持

与长辈相比，晚辈往往缺乏历练，其适应环境、与人合作的能力通常稍逊一筹。加之当今的晚辈很多为独生子女，平时缺少天然的沟通对象，因此他们迫切需要长辈在精神上支持自己，与自己进行交流。

在精神上，教师对晚辈的支持主要应体现于以下两个具体方面。

（1）**经常交流**

孙子曰："知彼知己者，百战不殆。"教师若想在精神上真正地支持其晚辈，平时就应当尽可能地多与对方进行交流。双方若缺乏经常性的交流，教师对对方缺乏真正的了解，或者知其然而不知其所以然，通常难以真正地在精神上对对方提供有效的支持。

（2）**善于倾听**

遇到巨大压力时，晚辈往往最需要得以宣泄的机会。此时此刻，教师要放下架子、摆正位置、学会倾听。若对方的倾诉并无原则问题，则教师轻易不要对其进行打断、嘲笑、讥讽或否定。与此同时，还有必要为其保密。

第四节　涉外交往

涉外礼仪，一般是指对外交往中应当遵守的国际惯例。《礼记》曾提出过有关涉外交往的基本要求：“礼从宜，使从俗。”对于涉外交往日益频繁的广大教师而言，在涉外交往中最重要的问题，是要对参与国际交往的惯例有所了解，并且认真遵守。与此同时，还必须坚持“入竟而问禁，入国而问俗，入门而问讳”。唯有如此，才能够真正使自己为交往对象所接受，并且真正融入国际社会。

在涉外交往中，遵守涉外礼仪，可谓教师妥善地处理中外双方人员之间关系的一种捷径。在参与涉外交往时，教师关键是要对如下六项涉外礼仪的普遍性原则学以致用。

一、求同存异

人际交往中的求同存异

在世界上存在着众多的国家、民族，各国、各民族人民在宗教、信仰、文化、习俗、生活方式和社会制度等方面可以说是千差万别。就礼仪、习俗而言，各个国家、各个民族可谓“十里不同风，百里不同俗”，绝对不可一概而论。涉外交往中所客观存在的这种礼俗方面的差异性，往往对交往双方产生一定程度的制约，为中国教师结交异国友人带来一定的难度。

跟外国人交朋友，要想首先统一思想、统一认识，断难做到。不分交往对象、不了解交往对象的具体情况，而采用传统的中国式的热情好客、不分彼此等种种做法去“以不变应万变”，显然也并非上策。理智的做法，就是在涉外交往中当涉及有关礼仪、习俗等人际交往方面的具体问题时，一定要不容置疑地坚持“求同存异”的原则。

“求同存异”，是涉外礼仪的一项基本原则。它的主要含义是：在对外交往中，中外双方要想在人际交往方面减少摩擦、避免矛盾、取得进展、争取突破，关键是要回避双方存在差异的不同点，而去寻找双方的共同之处，并且以此作为双方实现进一步合作的基础。具体而言，“求同存异”原则又有下列两个方面的主要要求。

（一）存异

在涉外交往中，存异是求同的前提。没有存异，就不可能真正地实现求同。所谓存异，主要是指在涉外交往中要对中外双方在礼仪、习俗等方面所存在的差异予以承认，并且表示尊重。对其大惊小怪或者妄加评论都是不应该的。否认其存在，则更非明智。

对中国人而言，存异主要应当在下列三个方面得以具体体现。

（1）**各国的礼俗均有其一定的独特之处**

要承认今日世界的多样性，就不能否认各国在礼俗方面所存在的明显差异。也就是说，对其必须知同明异。就一国而言，该国礼俗与其他国家所存在的显著差异，实际就是独特之处。

（2）**各国的礼俗都有特定的适用范围**

不论站在哪一种角度上讲，各国的礼仪与习俗其实都难有“对”“错”与“优”“劣”之分。实际上，它们各自都有自己的适用范围。只有在其适用范围之内，才可以认定它们的正确与错误。客观地说，它们都有自己存在的必要性与合理性，因此也就谈不上什么“对”“错”与“优”“劣”之分。

（3）**各国的礼俗不需要评判其是与非**

正是因为各国的礼俗都有自己的适用范围，所以对其不宜进行孰是孰非的评判。否则就有可能损害中外双方之间的关系，甚至会挑起国际纠纷。

举例而言，在数字的禁忌方面，日本、韩国、朝鲜等国忌讳“4”，主要是因为在上述各国的语言里“4”的发音与“死”的发音相近。信仰基督教的西方人普遍讨厌“13”与“666”，前者与基督遇害有关，后者则被看作魔鬼撒旦的标志。它们之间谁是谁非，恐怕任何人都难以进行鉴定。

（二）求同

在涉外交往中，求同是重要的基础。离开了求同，成功的涉外交往实际上是难以想象的。所谓求同，主要是指要在礼俗方面寻求共同之点，并且以遵守惯例作为涉外交往的基本要求。

共性寓于个性之中

在各国的礼仪、习俗之中，尽管存在着千差万别，但也不能排除其共同之点即共性的存在。在宏观上讲，各国礼俗的共性必然寓于个性即差异性之中。各国礼俗的个性，实际上是共性得以存在的基础。没有前者，便不存在后者。另一方面，作为概括与升华，各国礼俗的共性不但来自其个性，而且显然适用范围更广，发挥的作用更大。

不容否认的是，各国礼俗的共性是一种客观的存在。例如，在人际交往中面含微笑、相互问候就是一项普遍适用、具有共性的规则。

重点在于遵守惯例

截至2021年底，世界上共有200多个国家与地区、2 500多个民族、近80亿人口；联合国会员国共193个，与我国建交的国家已达181个。有鉴于此，在涉外交往中，尊重各国的礼俗方面所存在的差别是必要的。然而由于每一个人的时间、学识、阅历有限，不可能对各国的礼俗完全通晓。对于教师而言，最重要的，就是要在涉外交往中遵守礼俗方面的国际惯例。

有关礼俗方面的国际惯例，实则国际交往中的通行之规。打一个比方，它犹如国际交往中所通行的一种“世界语”，对其自觉加以遵守，就会使自己畅行无阻；反之，则会使自己举步维艰。

例如，在并排排列位次时，有的国家讲究“以右为上”，有的国家则讲究“以左为上”。当前通行的国际惯例则是“右上左下”与“以右为尊”。由此可见，在礼俗方面的国际惯例主要出自各国礼俗的共性。其最大的好处，是可以使人们在参与涉外交往时化繁为简，达成共识，避免曲折，实现沟通。

二、不卑不亢

与外国人打交道时，每一名教师都会遇到如何摆正自己所处的位置，采取何种态度对待对方的具体问题。不论在正式的涉外活动中，还是在非正式的涉外交往中，这一问题都是实际存在的。“不卑不亢”，就是教师在与外国人打交道时，用以考虑自身位置、端正自身态度的一项涉外礼仪的基本原则。

所谓“不卑不亢”，在涉外交往中是指，每一名教师在与外国人进行接触时，特别是在参与正式的涉外交往时，一定要明确地意识到自己在外国人眼里代表着自己的国家，代表着自己的民族，代表着自己的学校，因此，必须使自己的言行举止讲究分寸、从容不迫、雍容大气、堂堂正正，而不能肆无忌惮。因为自己表现失当会给国家、民族、学校抹黑。在外国人面前，教师的正常表现尤其应当泰然自若，一如往常。既不应该表现得畏惧自卑、低三下四，也不应该表现得自大狂傲、目空一切。

在涉外交往中，每一名教师都必须自觉地做到不卑不亢，因为从根本上讲，这是一个事关自己国格、人格的大是大非问题，所以容不得半点糊涂。每一名教师都必须牢记：在涉外交往中，“事事无小事，事事是大事”。自己在外国人面前的一言一行、一举一动，都事关大体。

具体而言，教师要在涉外交往中真正做到“不卑不亢”，不仅要在思想上有所提高，正本清源，端正态度，而且还必须在实际行动中付诸实践，对“不卑”与“不亢”二者同时予以坚持，防止矫枉过正或者过犹不及，从而使一种倾向掩盖另外一种倾向。

（一）克服自卑

在涉外交往中，要使自己的所作所为在外国人眼里表现得“不卑”，关键是要克服自卑心理，防止自轻自贱，坚持自尊自爱。

在虚心学习外国的一切长处，尊重外国的礼仪、习俗的同时，一定要坚决反对所谓“外国的月亮比中国的月亮圆”等盲目崇洋心理。在涉外活动中，每一名教师不论是因公交往还是因私交往，都要以不失国格、人格，以自尊、自重、自信和自爱为基础，与外国人真正地平等相待，而不是一味地迎合、讨好、迁就对方。

在外国人面前，中国人最为得体的表现，应当是气宇轩昂、堂堂正正、坦诚乐观、豁达开朗、从容不迫、落落大方、进退有度、充满自信，自然而然地爱我祖国，爱我人民，爱我学校，发出中国好声音，传播中国正能量。与外国人进行交往应酬时，言行要既谨慎检点又不拘谨，既积极主动又不盲动，既慎独自律又不手足无措、无所适从。

对于外国尤其是外国同行所取得的各项成就，我国教师完全没有必要视而不见，蓄意贬低，嫉妒对方，但又绝对不应该自愧不如，自惭形秽，由此以偏概全，错误地认定外国的一切都比我们的好，因而在外国人面前卑躬屈膝，直不起自己的腰来。更不能够就此对外国的一切都崇拜得五体投地，断定外国人一贯正确，自以为理不直、气不壮、直不起腰、抬不起头来，对对方毫无原则地有求必应，甚至被对方牵着鼻子走。

（二）杜绝自大

要在涉外交往中表现得“不亢”，通常有赖于克服教师自身的骄傲自大心理。就此而论，重要的是要谨防盲目排外、自绝于世。

在涉外交往中，教师要在坚持自立、自强，以自身的实际行动体现出“中华民族站立起来了”的精神风貌的同时，坚决地反对闭关锁国、夜郎自大的情绪，尤其是要与极端排外做法在本质上划清界限。

从总的方面来说，每一名教师在涉外交往中都应当表现得谦虚谨慎、戒骄戒躁。在一切对外活动中，既不必妄自菲薄、抑己扬彼，也不应该高傲自大、盛气凌人、孤芳自赏。

具体而言，在涉外交往中，教师应当善于向外国学习一切好的东西，以便取长补短、为我所用。不承认别国的长处，与不正视本国的短处一样，都永远只会闭目塞听、骄傲自大、难有长进。

在涉外交往中，尤其是在与小国、弱国、穷国的人士进行交往时，一定要对其平等相待，而绝对不应当表现得嫌穷爱富，拒人于千里之外。不允许对对方颐指气使，更不能够在对方面前显得冷漠无情。不要忘记，就涉外交往而论，在任何情况下帮助、支持都是相互的。与大国、强国、富国相比，中国目前仍旧只是一个刚刚起步的发展中国家。离开了其他国家的帮助和支持，中国不可能有今天所取得的成就，更不可能有今后的进一步发展。

三、入乡随俗

古人言：“入竟而问禁，入国而问俗，入门而问讳。”这表明了解风俗、习惯的差异性，对于跨国家、跨地区、跨文化背景的交往具有极端的重要性。

“入乡随俗”，是涉外交往的主要原则之一。它的主要含义是：要在涉外交往中真正地做到尊重交往对象，首先就必须对对方所独有的风俗、习惯予以应有的尊重。当教师前往其他国家或者地区进行工作、学习、参观、访问、旅游的时候，特别有必要事先对当地所特有的风俗、习惯有所了解，并且届时以适当的方式表示自己的尊重。如果做不到这一点，对于交往对象的友好与尊敬就根本无从谈起。

(一)“入乡随俗”的原因

在涉外交往之中，教师之所以必须认真地遵守“入乡随俗”的原则，主要出自下列两个方面的原因。

风俗、习惯方面的差异性是一种客观的存在

世界上的各个国家、各个地区、各个民族，在其各自历史发展的具体进程中，形成了自己独具特色的风俗、习惯。这种“十里不同风，百里不同俗”的差异性，是不以人的主观意志为转移的，也是世界上任何力量都难以强求统一的。

举例而言，在肉食禁忌方面，有的民族禁食猪肉，有的民族禁食狗肉，有的

民族禁食牛肉，有的民族禁食羊肉，有的民族禁食鱼肉，有的民族禁食禽肉，有的民族禁食蛙肉，有的民族禁食蛇肉，有的民族禁止肉食与乳制品同时食用，有的民族则禁食一切肉类。他们的讲究不同，其具体做法自然各异。

所谓风俗、习惯，亦称习俗，指因地域、种族、文化、宗教、历史等方面的不同，各国、各地区、各民族相沿成习的精神文化方面的特殊传承，具体涉及衣、食、住、行以及交际应酬等诸方面。在涉外交往中，尊重外国友人，显然应将对对方风俗、习惯的尊重包括在内。

坚持“入乡随俗”有助于理解与沟通的实现

《礼记》曰：“君子行礼，不求变俗。”在国际交往中，对外国友人所特有的风俗、习惯予以尊重，实际上等于是表示我方对对方的亲善友好之意。换而言之，讲究“入乡随俗”是中外人士彼此增进相互理解与相互信任的一种最佳途径。

反之，若是对外方人员所特有的习俗缺乏应有的了解与尊重，则往往会在无意之中做出一些被对方视为“伤风败俗”的事情来。

例如，中国人视为美味佳肴的鱼头、猪蹄、凤爪，以及各种家畜、家禽的内脏，在一些西方国家里是典型的下脚料，几乎无人食用。中国人普遍喜爱的菊花，在不少欧美国家里却只能用于祭祀逝者。

（二）“入乡随俗”的要求

在涉外交往中，要在“入乡随俗”方面表现得当，最重要的是应当在下述两个方面提高认识，并且予以应有的注意。

对与交往对象相关的特殊习俗有所了解

在涉外交往中，具体涉及外国友人特殊的风俗、习惯时，孙子所言的“知彼知己”同样发挥着效力。

在涉外活动中，尤其是在重要的、正式的涉外活动中，一定要争取对交往对象所特有的风俗、习惯能够有充分的了解。做不到这一点，讲究“入乡随俗”就只能是自欺欺人。

比如说，准备前往某国进行访问时，就一定要事先对该国在衣、食、住、行、言谈举止、待人接物等各个方面的主要规矩和基本禁忌有所了解。这样做，在与当地人接触时就会胸有成竹、表现自如，至少不会招致麻烦，或者闹出大的洋相。

无条件地尊重交往对象特有的风俗习惯

对于其他国家所特有的习俗，中国人在任何时候都没有必要照抄照搬、全面引进。而对于我国的传统习俗，则需要在有所扬弃的同时发扬光大。这些要求，与“入乡随俗”其实并无矛盾。

在涉外交往的具体实践中，对别国所特有的习俗，教师绝对不宜少见多怪、妄加非议、一概予以否定。若在这方面唯我独尊、厚此薄彼，则将十分有害。正确的做法应当是：认真而无条件地对其予以尊重。

例如，与印度人打交道时，就必须对其国家的印度教教徒忌食牛肉、忌用牛皮制品、忌讳弯月图案、忌以左手与他人相握等特有的讲究表示尊重，否则就有可能会冒犯对方。

综上所述，教师对外国人特有的习俗，既要了解，更要尊重。

四、热情有度

在国际社会里，中国人一向以热情好客而著称。然而在涉外交往中要使教师的热情好客为交往对象所接受，就必须认真地坚持“热情有度”。

“热情有度”，是涉外礼仪的一项重要原则。它的基本含义是：在直接同外国人打交道时，不仅要表现得热情友好，而且还应当把握好热情友好的具体分寸。不然的话，自己对外国人的热情友好就可能会事与愿违，甚至“好心不得好报”。

在向外国人士表示热情友好时，所需要把握的具体分寸，就是“热情有度”之中的“度”。

关于这个“度”的最为精确的解释，就是要求教师在向外国人士表示热情友好的同时，务必使自己具体的所作所为以不影响对方、不妨碍对方、不给对方增添麻烦、不令对方感觉不快、不会干扰对方的私生活为限。

与外国人进行交往应酬时，假若不注意恪守这个“度”，而是一厢情愿、想当然地过“度”热情，处处“越位”，必然会引起对方的强烈不满。

具体来讲，在遵守“热情有度”这项原则时，主要是要求教师在涉外交往中掌握好下列四个方面具体的“度”。

（一）关心有度

在涉外交往中，教师应当关心有度。

多少年来，中国人一直倡导“关心他人，比关心自己为重”。可是，在国外，人们却普遍地强调个性独立和个人自由，反对他人对自己的过分关心。因此，切不可以中国人所惯用的关心、规劝去对待外国人。搞不好，对方就会嫌我方多管闲事，不务正业，干涉了他的个人自由。

有鉴于此，与外国人接触时，教师要力求关心有度，不要对外方表现得过于关心，尤其是不要使自己对对方的关心具体涉及其个人隐私。如若关心过度，则对方不仅会认为碍手碍脚，还会因此而产生反感。

（二）批评有度

在涉外交流中，教师应当批评有度。

中国人相交，彼此之间所讲究的是待人以诚。看到好友有错，犯颜直谏，勇做诤友，及时地对其进行批评指正，才会被中国人视为够朋友，才是对对方的真正关心。但是，这一做法在涉外交往中却是行不通的。

在涉外交往中，对外籍人士的所作所为，通常讲究的是批评有度。对外籍教师、外籍学生、外国同行，包括华裔留学生、各国友人在内，开展批评时务必慎之又慎。也就是说，只要外籍人士的所作所为不触犯我国的法律，不有悖于社会的伦理道德，不违反公序良俗，不有辱于我方的国格、人格，不危及相关人士的生命安全，一般都没有必要去评判其是非对错，特别是不宜当众对对方批评指责，甚至横加干涉。此项要求，有时亦称为“不随意纠正”。

在涉外交往中讲究批评有度，主要原因有二。一方面，外国人崇尚独善其身，反对别人多管闲事。另一方面，在风俗、习惯方面中外的是非曲直标准未必一致，有时甚至还大相径庭，因而“对”与“错”往往都是相对的。

（三）距离有度

在涉外交往中，教师应当距离有度。

对于人际交往之中的空间距离，中国人向来就讲究得不是很多。有些时候，为了向交往对象表示亲近，不少中国人还喜欢有意向对方靠近一些，以示与其“亲密无间”。当对方是同性之人时，这种情况尤为普遍。然而在国际交往中，人们却对交际距离极为讲究。基本的要求，就是要注意距离有度。

所谓距离有度，实际上就是要求教师在正面接触外方人士时，应当视双方之间具体关系的不同，而与对方保持一定的空间距离。需要注意的是，同外国人打交道时，与对方相距过近，往往会令对方产生被“侵犯”之感。而与对方相距过远，则难免又会使对方感觉到被冷淡。特别应当强调的是，即使与自己进行接触的外国人是一位同性，也不要贴近对方。在许多外国人看来，同性之间相距过近，甚至携手并肩而行，只能说明他们是“同性恋者”。

就一般情况而论，与正常关系的外国人士相处之时，双方之间的距离以0.5～1.5米为宜，以免“近之则不逊，远之则怨”。

（四）举止有度

在涉外交往中，教师应当举止有度。

在一些场合里，中国人往往习惯于以自己的某些举止去直接表示对交往对象热情有加。有时，还会以自己的某些不合常规的举止去表示自己跟交往对象毫不见外。可是，这些做法在涉外交往中却是行不通的。

所谓举止有度，就涉外交往而言，主要是要求教师规范自己的举止，并且对其多加检点。切勿显得过于随便，从而引起误会，或是失敬于人。

具体而言，每一位教师在同外国人士相处时，都要特别注意如下两个方面的问题。

（1）不要滥用某些意在显示亲热的举止动作

在国内，朋友在相见时互拍一下对方的肩膀，长辈见到孩子时抚摸一下对方的头顶，都是一种亲热的表示，可是不少外国人却绝对接受不了这一套。

（2）不要采用某些有意表示毫不见外的举止动作

有的举止动作，诸如换衣服、脱鞋子、梳头发或者化妆补妆等，仅仅适合在无人之处，或者家人、挚交的面前进行，而绝对不宜当众进行“表演”。在相交甚浅或是初次见面的外国人面前这样做，显然是不合适的。

五、不必过谦

在中国，“谦谦君子”是做人的最为理想的模式。在待人接物方面，中国一般都讲究含蓄和委婉。对本人的所作所为进行评价时，人们大都主张自谦，甚至还会有意略为自贬，而不提倡进行自我肯定，尤其反对自我张扬。如果在这一方面不能好自为之，就会被中国人视为妄自尊大、嚣张放肆、不够谦逊、不会做人。

然而实践证明，中国人的这种过于谦虚，不敢正面肯定或者评价自己的做法，在涉外交往中并不为外国人所理解，而且也不容易为对方所认可。在许多情况下，教师面对外国人时如若过于自谦，不但不会得到好评，反而会被视为缺乏自信、为人虚伪或者“的确如此”。

因此，在涉外交往中，凡有必要对本人的所作所为做出自我评价时，一定要遵守“不必过谦”原则。与不了解中国国情的外国人进行交往时，尤其要牢记这一点。

“不必过谦”原则的主要含义是：在涉外交往之中，每逢涉及自我评价之时，虽然不应该自吹自擂、自我标榜、一味地高抬自己，但是也绝对没有必要妄自菲薄、自我贬低、自我否定、自轻自贱，过度地谦虚、客套。如果确有必要，在实事求是的前提之下，要敢于并且善于对自己进行正面的评价或者肯定。

（一）“不必过谦”的作用

在涉外交往中，之所以要求教师了解并恪守“不必过谦”原则，主要是因为在以下四个方面它可以发挥一定的作用。

（1）**为人诚实**

外国人认为，过了头的自谦，往往意味着虚伪、做作，甚至别有用心。而敢于正视自己的长处，则说明自己是一个诚实的人。

（2）**光明正大**

外国人主张，如果不把交往对象视为外人，不跟对方见外，而是真正接纳对方，与对方坦诚相见，就没有必要对自己的长处有意遮遮掩掩。

（3）**充满自信**

外国人觉得，一个人要是怯于对自己进行必要的正面评价，通常只能说明他做人缺乏自信。这是国际社会的一种共识。

（4）**尊重自己**

在必要时，敢于并且善于肯定自己之所长，为自己进行适当的自我宣传、自我推广，在国外早已被普遍视为尊重自己的一种正常的表现。

（二）“不必过谦”的应用

既然“不必过谦”是国际交往的一项普遍原则，那么对其具体应用就要倍加重视。考虑到中国人的习惯，在涉外交往中面临下列几种具体的场景时，尤其需要将“不必过谦”原则付诸行动。

（1）**自我介绍之时**

在涉外交往中，需要进行自我介绍时，或者对自己的工作、学习、生活、能力、特长、成就进行介绍时，要敢于实话实说。对自己的长处，一定要进行必要而充分的肯定。不要略而不谈，甚至自我否定，指望对方主动发现自身的优点。

（2）**寒暄应酬之时**

与外国朋友进行寒暄应酬时，一旦涉及自己所忙之事，千万不要脱口而出，说什么“瞎忙”“混日子”“没干什么正经事”。那样的话，倒是真有可能被对方看作不务正业、无所事事之人。

（3）**面对赞美之时**

当外国人对自己的相貌、打扮、工作、学习、技术、服务或能力、成就进行称赞时，应当当即落落大方地答以“谢谢”，予以否认是毫无必要的。这种大大方方的做法，既表明自己见过世面，也是为了接纳对方。届时，千万不要羞羞答答、面红耳赤或没有反应。

（4）**馈赠礼品之时**

向外国人赠送礼品时，不仅需要说明其特点、用途及其寓意，而且还应当强调这是我方精心为对方选择的。一定不要画蛇添足地讲什么“实在拿不出手”“没有认真挑选”“这是自家用不着的东西”，否则将会大大降低礼品在对方心目之中的分量。

（5）设宴待客之时

宴请外国朋友时，应对上桌的重点菜肴进行推介，有意识地强调：“这是特色菜”“这是为您特意准备的”“这是此地最棒的”，以便令对方倍感重视。不要贬低丰盛的菜肴，说什么“没什么好菜”“不怎么会做”。对此类中国人所特有的告白方式，外国人往往难解其意。他们对此很可能当真，不但不领主人的情，反而有可能会认为主人怠慢自己。

六、女士优先

熟悉涉外交往的人士大都知道，在涉外交往的社交场合里，每一位男士都要对自己的举止态度多多地加以约束，特别要注意“女士优先”。

实事求是地说，在我国，尽管“重男轻女”“男尊女卑”的封建思想还有一定的残余影响，但是就整个社会风尚而言，女性的地位早已有了空前的提高，男女平等、尊重女性早已成为人们的一致看法和共同的行动。不过与外国尤其是西方国家相比，中国人对女性所表现的尊重，通常重内容不重形式，或者说具体的表现形式往往有所不同。这样一来，教师与外国人打交道时，难免就会在这一问题上产生隔阂。

（一）“女士优先”的本意

在涉外交往中，“女士优先”是一项重要的礼仪原则。要真正掌握此项原则，首先要解决下述问题。

（1）“女士优先”的含义

“女士优先”的基本含义是：在一切社交场合里，每一位成年男子都有责任以自己的实际行动去尊重女性、照顾女性、体谅女性、关心女性、保护女性，并且想方设法地为对方排忧解难。唯其如此，一位男士才会被视为具有绅士风度。反之，就会被看成是一个没有教养的莽夫粗汉。

（2）“女士优先”的要求

“女士优先”的原则要求：在尊重、照顾、体谅、关心、保护女性方面，男士对于所有的女性均应同等相待。不仅对同一种族的女性应当如此，对其他种族的女性也要如此；不仅对熟悉的女性应当如此，对陌生的女性也要如此；不仅对有权有势的女性应当如此，对一无所有的女性也要如此；不仅对年轻貌美的女性应当如此，对年老色衰的女性也要如此。

(3) “女士优先” 的原因

按照本意来讲，“女士优先”之所以被提倡，并非因为女性一向为弱者，值得同情、怜悯，或者因为在社会上暂时处于优势地位的男子存心想要愚弄女性。重要的是，对有教养的男士来说，女性乃是“人类的母亲”。对女性处处给予优遇，既是对“人类母亲”的一种感恩，也是为了人类的继往开来尽心尽力。

(4) “女士优先” 的范围

应当明确，“女士优先”原则并非“放之四海而皆准”，而是有其特定的适用范围。下述三点尤须注意：

第一，它主要适用于社交场合。换句话说，在公务、休闲等场合里，人们往往忽略彼此的性别，不大讲究“女士优先”。

第二，它主要通行于西方国家。一般来说，“女士优先”主要通行于西方各国。在许多东方国家里，它往往是行不通的。

第三，它并非适用于校园之内。就本质而言，校园属于公共场所。教师在校园内上班，应被视为置身于公务场合。因此，教师在校园里尤其是在其课堂上，应当对所有人公事公办、平等相待，而大可不必对外籍女学生、外籍女教师去讲什么“女士优先”。

(二)“女士优先”的体现

在涉外交往的某些特定场合里，“女士优先”不仅是一种原则上的要求，而且还要求成年男子在具体行动上有所表现。对于后一点，人们往往更加关注。

具体来讲，在下述各个方面，男士有必要以自己的实际行动去体现对“女士优先”原则的遵守。

(1) 问候

需要问候其他人之时，一定要首先问候在场的女士。即使提及他人之时，亦须将女士置于首位。

(2) 施礼

见面、道别之时，如果有必要相互行礼，一般均应令女士居于尊者的位置。向多人施礼时，必须以女士为先。

(3) 就座

就座时，男士应请女士首先就座，并使之在上座就座。如有可能，还须在其就座或离座之时予以照顾。

(4) 交谈

与女士交谈时，男士不但需要注意基本的礼貌，而且还有必要检点辞令。无论如何，都不允许在女士面前出言粗鲁、唐突。

(5) 吸烟

在女士面前吸烟之前，男士一定要首先求得对方的首肯。不论是否认识对方，都必须这么做。

(6) 外出

与女士一道外出时，男士应令

对方居于尊贵的位置。两人并行时，男士应当居于外侧，而请女士居于内侧。两人单行行进时，男士则应当自觉随行于女士身后。

（7）**出入**

出入房门时，一般要求男士为同行的女士开门、关门，并且请女士首先走进或者走出房间。

（8）**携物**

男女一起出行时，通常男士有义务主动帮助女士携带较为沉重或者较为难拿的行李、物品。

（9）**置物**

需要搬动或放置较大、较重的物品时，男士亦应主动帮助女士。

第五节　媒体交往

当今的世界，已进入了信息化时代，大众传播媒介异常发达，并且在现实生活中几乎无处不在、无孔不入，发挥着十分重要的作用。

作为当代教师，在日常工作中，特别是在重大场合，自然难以回避媒体应对问题。在具体应对媒体时，广大教师既要掌握政策、遵守纪律、明辨是非、把握分寸，又要沉着机智、落落大方、举止得体。因此，就必须遵守相关的礼仪规范。

一般而言，在应对媒体时，教师主要应当在了解媒体、有备而至、现场表现这三个方面加以注意。

一、了解媒体

教师在有必要应对媒体时，要尽一切可能提前对自己即将面对的媒体有所了解。

此处的所谓媒体，通常指的是各种大众传播媒介，亦简称大众传媒。要了解媒体，对教师而言，主要是要着重了解其政治倾向、实际影响、具体特征，以及其他一些方面的具体问题。

（一）了解媒体的政治倾向

在我国，媒体注重“讲政治”。在国外，虽说绝大多数媒体都标榜自己“政治中立”，但在现实生活中它们无一例外地都会在一定程度上表现出自己的政治倾向。

在接触国内媒体时，教师主要应当重视其思想上、政治上、行动上是否与党和政府保持一致。尤其重要的是，身为一名有教养、有责任、有担当的教师，面对媒体发表言论时，必须使之符合自己的身份，必须自觉遵守我国宪法和其他法律。

在接触国外媒体时，教师则主要应当了解下述三点。

（1）**其合法与否**

在许多国家，媒体有合法与非法之分。在接触国外媒体之前，务必对此有所了解。对于非法媒体，切勿与之接触。对于合法媒体，则不必再三回避。

（2）**其所属势力**

毋庸讳言，任何媒体的发展，都离不开财力支持，所以在各国各式各样的媒体背后，都有一定的政治势力、党派作为其后台或靠山。而各种媒体就其本质而言，往往是一定的政治势力或党派的喉舌。疏忽此点，就会犯应对媒体之大忌。

（3）**其新闻检查**

由于媒体在现代生活里影响巨大，各国都要对其进行一定程度的管制。为此，许多国家还专门制定了自己的新闻检查制度。对相关国家的新闻检查制度如能有所了解，将深化教师对该国各种媒体政治倾向的认识。

（二）了解媒体的实际影响

平时，各种媒体所发挥的实际影响通常不尽相同。各种媒体的实际影响，除主要受制于其社会认知度、受众人数以及自身实力等因素之外，本国政府及其新闻主管部门的支持与否，往往也发挥一定的作用。

接触各种媒体前，教师对其实际影响所进行的了解，主要应侧重于如下两个方面。

（1）**了解其属于主流媒体还是属于非主流媒体**

所谓主流媒体，一般指的是社会认知度高、受众人数多、自身实力与影响力强大的媒体。所谓非主流媒体，则是指社会知名度较低、受众人数较少、自身实力与影响力较弱的媒体。接触相关媒体时，自然应当优先接触主流媒体，不过对非主流媒体亦不应过分轻视。

（2）**了解其属于官方媒体还是属于非官方媒体**

所谓官方媒体，通常是指属于官方、由官方支持或控制、具有官方背景以及反映官方倾向的媒体。所谓非官方媒体，则指的是没有官方背景、不受官方支持或控制以及不直接从属于官方的媒体。相对于官方媒体而言，它有时亦称民间媒体。在政治形态不同的国度里，官方媒体与非官方媒体所发挥的实际作用往往大相径庭。

（三）了解媒体的具体特征

媒体的具体特征，从不同角度可以进行不同的描述。在此，它所主要涉及的是电视、报纸、广播、期刊、互联网等各种大众传播媒介在其传播信息的过程中所客观展现出来的长处与不足。

（1）**电视**

在传统的媒体之中，电视对受众的实际影响最大。其主要优点有：真实感强、娱乐性强、艺术性强。它的主要不足之处则是：瞬间即逝，不宜记录与保留；受时空限制较大，观众选择余地较小；需要专门的接收设备，所需费用不菲。

（2）**报纸**

报纸作为一种印刷媒体，在传统媒体中，其作用仅次于作为电子媒体的电视。报纸的长处主要有五个：信息容量较大、获取信息便利、选择范围较广、便于储藏查阅、有一定针对性。它的不足之处则主要有：不够生动形象，感染力较弱；读者需要有一定的文化知识，读者范围因此受到限制；印刷发售需要时间，信息传播速度较慢。

（3）**广播**

作为一种电子媒体，广播有其独特的存在价值。它的主要优点有：传播速度快、鼓动性强、受限制较少、费用较低廉。它的主要缺点则是：收听受到时间限制、听众难以选择节目、内容难以反复品味。

（4）**期刊**

期刊，俗称杂志。作为印刷媒体之一，期刊有其他媒体所不能比拟的优点：种类繁多，形式多样；内容丰富，系统性强；印刷精美，有感染力。同时还应承认，期刊也有其明显的不足之处：出版周期较长，时效性弱；较之电子媒体，期刊稍显死板；有其专业要求，限制了读者。

（5）**互联网**

近年来，迅速崛起的互联网对传统媒体发出了挑战。它的主要优点有：信息量巨大、信息传播快、网友选择多、形式较活泼。它的主要缺点有：内容真假难辨、信息呈碎片化、需要专用设备。

二、有备而至

作为一名训练有素、见多识广的教师，在其国内外交往中，必须正视媒体人员几乎无处不在的现实，做好必要而充分的准备工作，以求有备而至，在应对媒体时发挥正常。

具体而言，为应对媒体而应提前着手进行的主要准备工作大致包括下述三项。

（一）联络媒体

在任何情况下，与社会各界人士相处时，教师均应多交朋友、广结善缘。与媒体人员打交道，教师亦应如此。

在不违背国家法律与学校纪律的前提下，如有需要，教师应按照本单位的统一部署，主动与媒体进行联络，并在两相情愿的情况下，与之保持经常性关系。但是，教师在其工作岗位上或者以其公职身份接受访谈、发表声明，若未经本校或上级主管部门批准，则颇为不当。

与媒体保持联络至少有三重好处：一是可以在一定程度上得到媒体的理解与支持；二是可以与媒体进行良性互动；三是可以主动向媒体传播信息。

（二）方便媒体

如欲真正赢得媒体的支持，为其提供各种方便往往必不可少。宏观而论，方便媒体的主要措施有下面三个。

（1）**主动提供有益信息**

在条件允许时，应经常向与自己关系密切的媒体提供正确无误、时效性强的信息，以实际行动支持其工作。

（2）**为其提供采访便利**

在力所能及的前提下，可以诚心实意地为前来对自己进行采访的媒体提供种种便利，在人员、设备、时间、场地诸方面，包括免费 Wi-Fi（无线网络）的提供等等，给予其必要的支持。至少，不应为之设置不必要的限制。

（3）**尊重媒体人员**

对于辛劳工作的媒体人员，教师理当表示应有的尊重。必须指出，对媒体工作人员的尊重，实际上就是对媒体的尊重。应对媒体，本质就是与媒体所进行的合作。离开了此点，方便媒体就会变为一句空话。

（三）统一口径

参与重要活动，尤其是在面对突发性事件时，教师应当与国家、与政府、与自己所在的学校保持高度一致。需要强调：教师应对媒体的一言一行均事关重大，故此不可不慎。具体而言，主要是要求保守秘密、统一行动、专人发言、提供文稿。

（1）**保守秘密**

在应对媒体之际，有关教师必须遵守工作纪律与保密规则，绝对不允许擅自向外界泄露我方的秘密，绝对不允许信口开河、口无遮拦。

(2) **统一行动**

对于一些重大问题，我方应对有可能接触媒体的全体教师具体规定什么当讲、什么不当讲、应当如何讲，以便我方教师统一行动。

(3) **专人发言**

教师参与正式组团出国访问，或集体参加重大活动时，有条件者应提前指定某一位团员担任本团的“新闻发言人”，由其专职负责出面应对媒体，统一回答对方感兴趣的问题。这样一来，我方人员就不至于在媒体面前“众说纷纭”了。平时，亦可指定专门的教师担任本单位部门的“新闻发言人”。

(4) **提供文稿**

在正式接受媒体采访时，为了防止对方曲解或误解我方所传递的信息，按照常规，均应同时向对方提供一份认真准备的、经过斟酌的、具有一定新闻价值的新闻稿，以供其发稿时参考、核对与借鉴之用。

三、现场表现

在具体应对媒体时，每一名当事的教师关键是要注意自己的现场表现。一般而言，教师在媒体面前的表现，主要应当做到泰然自若、谨言慎行、善待记者、弥补失误四点。

(一) 泰然自若

不论“初出茅庐”，还是“久经沙场”，教师在应对媒体时，都应当努力做到泰然自若。

(1) **不慌不忙**

应对媒体时，教师切勿手忙脚乱、手足无措、吞吞吐吐、胡言乱语，以致自毁形象。在任何时候，在媒体面前不慌不忙的人，都显得成熟而自信，都有助于赢得媒体与公众的好感。

(2) **不骄不躁**

不论自己求助于媒体，还是媒体有求于自己，教师在其应对媒体时，都应当力戒骄傲自大、目中无人，并要避免急躁盲动、自乱阵脚。

(二) 谨言慎行

应对媒体时，教师应当对自己的一言一行多加注意，力求谨言慎行、不出差错。如下几点，尤其值得教师高度重视。

(1) **有问必答**

应对媒体，自然少不了回答其各式各样的问题。对于媒体人员所提出的各种问题，教师必须做到有问必答，并不厌其烦。即使遇到正面难以回答或回答不了的问题，亦须换一种方式作答，而不可答之以“不清楚”“不能答复”“无可奉告”。

(2) **诚实无欺**

回答媒体的提问时，教师必须坚持只讲真话、不讲假话，并力戒自欺欺人，坚持诚实无欺。有些问题难以事实作答，亦应委婉应对，而不能代之以假言假语。讲假话的人，永远不会为他人所信任。

(3) **巧妙作答**

在回答问题时，虚张声势或吞吞吐吐都会令人反感。善于巧妙回答媒体的问题，是教师所必须练就的一项基本功。

(4) **行为得当**

由于目前媒体已经渗透到生活的每个角落，在媒体面前，教师对自己的行为须多加检点。不论当众发言、演讲，还是独自活动，都要对自己的一切行为负责。不要忘记，自己的一言一语、一举一动，都可能成为媒体所关注的“新闻”。

(三) 善待记者

应对媒体时，每一位有教养的人士都懂得应当善待其工作人员，尤其是辛劳无比的新闻记者们。教师对对方待之以礼，往往会产生投桃报李之效。

具体而言，现场应对媒体时，教师善待记者的最佳表现主要有三。

(1) **主动合作**

应对媒体时，富有经验的教师往往会变被动为主动，主动接近对方，并积极地与对方合作。这样一来，对方自然会对我方产生良好印象。

(2) **态度友善**

回答记者提问时，教师切勿打断对方，或以表情、举止、语言、语气对对方表达不满。即便对方的问题带有某种偏见或挑衅意味，亦不应为此而激动或发怒。

(3) **平等待人**

在任何场合，教师与媒体人员在人格上都处于平等的地位，因此理当对其平等相待。

(四) 弥补失误

现场应对媒体时，教师一方面应当一丝不苟，避免失误；另一方面如果出现了失误，亦须及时而妥善地予以弥补。具体而言，主要的做法有三种。

（1）**现场弥补失误**

现场应对媒体时，教师一旦发现自己出现某种失误，应想方设法当场予以更正。切勿置之不理，一拖再拖，甚至酿成事端。

（2）**事后弥补失误**

假如事后发现自己应对媒体时有误，亦应在力所能及的前提下采取一切可能的措施进行补救。

（3）**认真总结教训**

每次应对媒体后，教师都有必要认真地收集相关媒体的报道，并对其进行分类分析。对于自己所发现的问题，一定要探究原因，并设法予以弥补。

主要参考书目

1. 中华人民共和国教育部，中共中央文献研究室．毛泽东 邓小平 江泽民论教育．北京：中央文献出版社，人民教育出版社，北京师范大学出版社，2002.

2. 教育部课题组．深入学习习近平关于教育的重要论述．北京：人民出版社，2019.

3. 中华人民共和国教育法 中华人民共和国义务教育法 中华人民共和国教师法. 北京：中国法制出版社，2021.

4. 郑玄．礼记注．北京：中华书局，2021.

5. 沈壮海．新编思想政治教育学原理．北京：中国人民大学出版社，2022.

6. 青岛市教育科学研究院．礼仪教育．济南：山东教育出版社，2019.

7. 石中英．教育哲学．北京：高等教育出版社，2019.

8. 周赟．中国古代礼仪文化．北京：中华书局，2019.

9. 金正昆．校园礼仪．北京：中国人民大学出版社，2018.

10. 王道俊，郭文安．教育学．7 版．北京：人民教育出版社，2016.

11. 张大均．教育心理学．3 版．北京：人民教育出版社，2015.

12. 赵雅卫，李显仁．幼儿园教师礼仪．北京：北京师范大学出版社，2013.

13. 唐志华，杨志敏．教师礼仪修养．北京：北京师范大学出版社，2012.

14. 李黎，吕鸿．师德与教师礼仪．北京：高等教育出版社，2011.

15. 魏书生．如何做最好的教师．南京：南京大学出版社，2009.

16. 郭娅玲．中小学教师礼仪．长沙：湖南师范大学出版社，2001.

17. 亚米契斯．爱的教育．北京：中国少年儿童出版社，2006.

18. 迪索．礼仪：交际的工具．高叶，编译．北京：外语教学与研究出版社，2005.

19. 克拉克．教育的55个细节：一位美国优秀教师的教学心得．汪颖，译．北京：电子工业出版社，2004.

20. 马卡连柯．教育诗．磊然，译．深圳：海天出版社，1998.

21. 马特维耶夫，帕诺夫．怎样使您彬彬有礼．张亚和，译．上海：上海人民出版社，1989.

第1版后记

教·师·礼·仪·规·范

进入21世纪以来，中国的国际地位不断上升，中国的国际影响日益扩大。在此背景下，每一个有良知的中国人都在思考：如何进一步地提高自身的素质，以便为国家、为社会做出自己更大的贡献。

当代美国著名的学者亚历山大·温特曾经说过：一个国家，除了生存、独立与经济发展三种基本的国家利益之外，还必须拥有其第四种国家利益，即自尊，即其民族的集体自尊。他的此番论断，早已在国际交往中成为人们的共识。

众所周知，礼仪的基本功能就是维护人们的自尊、自爱。孔子有言："礼者，敬人。"孟子则说过："恭敬之心，礼也。"所谓礼仪，通常是指人们在其人际交往中用以维护自尊，并用以尊重其交往对象的一系列的、约定俗成行为规范。依照中国古代典籍《素书》的说法："礼者，人之所履。不安于礼，便多乖违之象，故以安礼结之。治身、治家、治智，舍此不可。"

人同此心、事皆此理：作为一名当代的中国人，在与人进行国内交往时必须遵守礼仪规范，在与人进行国际交往时亦应有其礼仪规范可循。这一点，往往不言而喻。

现在呈现给各位读者的这部《教师礼仪规范》，就是一部有关教师礼仪规范的专著。它是金正昆教授所主持的教育部人文社会科学研究2007年度规划基金项目之一"当代教师礼仪规范"的主要研究成果。

由此可见，此部《教师礼仪规范》所着重研究的是有关教师的礼仪规范。进而言之，本书的具体特点有三。

一是其适用对象，为当代我国从事各种教育工作的在职教师与师范院校学生。

二是其适用范围，为教师在其日常工作、学习、生活之中所进行的各类具体的双边性、多边性人际交往。

三是其基本内容，为教师礼仪的一般性规则与教师礼仪的操作性技巧。

本书根据“当代教师礼仪规范”课题组的调查与研究的结果写作而成。本书的主编是我国著名礼仪专家、外交学博士生导师、中国人民大学教授金正昆。参加本书具体写作的本课题组其他成员还有：王伟伟、王胜刚、王文东、杨雪、高咏梅、朱倩、周海燕、李娜等。

鉴于本书作者的个人学术水平有限，故其种种不足仍然在所难免，甚至不乏明显的疏漏之处。因此，恳请各位专家、学者与广大教师见谅，同时恳请大家多多指教。

与本书有关的调研、写作与修改工作，自 2007 年 9 月开始起，至今陆陆续续已进行了两年之久。一些与本书相关的具体内容，已由金正昆教授等人分别在北京、上海、沈阳、成都、长沙、武汉、郑州、济南、宁波、苏州、温州等地，为各种大学、中学、小学以及各类师范院校进行过多次试讲，普遍反映良好。

在本书的具体写作与修改过程之中，国家教育部国际司、中国人民大学科研处、中国人民大学出版社曾经给予我们许多帮助，中国人民大学党委宣传部部长郑水泉先生，本书策划与编辑李宏、司马兰、王爱玲、李学伟、姜颖昳等人对我们的帮助、指导甚多，在此谨一并表示感谢！

最后，再次感谢各位教师的支持与广大读者的鼓励！

全体作者

2009 年 9 月 26 日于北京

第2版后记

2009年12月，我所主编的《教师礼仪》作为国家教育部人文社会科学研究2007年度规划基金项目的成果，由中国人民大学出版社正式出版。迄今为止，它已出版近5年，累计发行数万册，受到广大教师与其他读者的欢迎、肯定。

应中国人民大学出版社的要求，自今年年初以来，我即着手组织有关人员对《教师礼仪》一书进行比较全面的修订。

本次修订，仍由我担任主编。其他参加具体修订工作的人员还有：王胜刚、乔旋、徐莎莎、臧红岩、张春雨等。

在本次修订中，我们主要兼顾以下三点。

其一，与时俱进。近几年来，我国的改革开放不断深入，我国的社会主义经济建设可持续发展，我国社会日益繁荣、稳定，我国的教育制度与教师体制也进一步健全、完善。这一时代背景的变化，要求教师礼仪必须与时俱进。它必须既有时代特色，又符合国际惯例。

其二，符合需求。目前，我国广大教师学习、掌握、运用礼仪的热情空前高涨。要使教师礼仪规范真正地变为教师个人自觉、自愿的实际行动，就必须使其切实地符合我国广大教师的实际需要。

其三，服务国家。我国教育，历来都是为祖国服务、为社会服务、为人民服务的。在本次修订中，行为规范与服务意识，都是被强调的重点之中的重点。

在修订中，除认真地改正明显的缺点、错误与不足外，我们还对一些章节进行了较为系统的调整、补充与增、删。我们相信：经过此次修改，本书将更加完善，并且更加符合使用者的实际需要。

在修订本书的过程中，我们既重视汲取近年来国内外有关教师礼仪研究的最新成果，也积极地、虚心地向广大教师同行百般讨教、不耻下问。虽则如此，鉴于我们的实际水平有限，目前这部经过修订的《教师礼仪》依然不甚完美，它依然会存在这样或那样的缺点、错误或不足。在此，恳请使用本书的广大教师、其他读者朋友们，以及专家、学者、同行对它予以指正。

值本书再版之际，再次感谢广大教师及其他读者朋友们对我们的支持，再次感谢专家、学者、同行们对我们的鼓励与帮助！与此同时，我们还要特别感谢中国人民大学出版社各位领导，感谢担任本书第二版策划编辑的翟江虹老师和责任编辑田淑香老师对我们的热情帮助。

金正昆

2014 年 1 月 26 日

第3版后记

教·师·礼·仪·规·范

我所主编的《教师礼仪规范》第2版，面世于2014年5月。迄今为止，它已出版近4年。

今日之中国，已经步入中国特色社会主义新时代；今日之中国人民，正在人民领袖习近平的统帅下走进世界的中心；今日中国之主题，是全国人民万众一心，为建设富强、民主、文明、和谐、美丽的社会主义强国而奋斗。与此同时，今日之中国教师的个人素养已有长足的提升，今日之教师礼仪规范及其教育、普及亦须随之与时俱进。

在此背景之下，自2017年5月以来，我组织有关人员对《教师礼仪规范》第2版进行了一次较为全面的修订。现在呈现于各位读者面前的《教师礼仪规范》第3版，就是此次修订的成果。

需要予以说明的是，《教师礼仪规范》第3版继续由我担任主编。参与本书修订的具体工作的其他人员还有（以姓氏笔画为序）：马琰琪、乔旋、刘昀、张志帅、张春雨、范蒙蒙、郎简阁、贺欣等。

修订过程之中的具体分工是：第二章由范蒙蒙、贺欣负责；第三章由乔旋、马琰琪、郎简阁负责；第四章由张春雨、刘昀、张志帅负责；导论、第一章与第五章由我负责；主要参考书目与数字化阅读的相关内容则由张志帅、郎简阁负责；全书最后由我负责统筹、定稿。

被毛泽东同志誉为“伟大的人民教育家”的陶行知先生曾明确指出：“为师之道，端品为先，学高为师，身正为范。”时至今日，它依旧是人民教师教书育人之本，依旧是此次修订《教师礼仪规范》的指导思想。与此同时，《教师礼仪规范》第三版的具体修订坚持与时俱进，坚持面向现代化、面向世界、面向未来，坚持党的教育方针与中国特色，坚持弘扬中国的优秀传统文化。

总体而论，《教师礼仪规范》第3版具有如下三方面的明显特色：

其一，它坚持传承中国的优秀传统文化，努力地古为今用、有所扬弃、推陈出新，努力地尝试教师礼仪的中国化。

其二，它坚持在基本内容的调整上与时俱进，重视相关知识传授上的规范化、简约化，更强调其时效性与针对性。

其三，它坚持学习手段上的科学性与时代性。具体而言，《教师礼仪规范》第3版在多媒体技术的应用上进行了积极尝试。在一些重点的章节里，学习者通过扫描相关的二维码，即可观看与该部分文字相关的、由本书主编亲自讲授的视频。

《教师礼仪规范》第3版修订工作的全体参与者诚愿：此次修订，可以令它更加符合广大读者的实际需要。

最后，我们由衷地感谢广大教师、各位前辈与同行的大力支持！感谢热心读者的意见与建议！感谢中国人民大学出版社各位领导与本书策划编辑翟江虹老师的鼓励与帮助！感谢本书责任编辑所付出的辛勤劳动！

金正昆

2018年3月28日

第4版后记

自2021年初以来，在我的主持下，《教师礼仪规范》进行了又一次修订。到目前为止，此次修订已告完成。

现在呈现于大家面前的《教师礼仪规范》第4版，主要具有如下三个方面的特色：

第一，它更充分地体现了我国当代礼仪教育的特色。《中华人民共和国宪法》明确规定："国家通过普及理想教育、道德教育、文化教育、纪律和法制教育，通过在城乡不同范围的群众中制定和执行各种守则、公约，加强社会主义精神文明的建设。"此次的《教师礼仪规范》修订，对这一点予以了特别的重视与践行。

第二，它更全面地凸显了我国的优秀传统文化尤其是我国优秀的传统礼仪文化。习近平同志曾经指出："培育和弘扬社会主义核心价值观必须立足中华优秀传统文化。"就其自身一般的发展规律而言，《论语》《孟子》《荀子》《礼记》等典籍所体现的中华优秀传统文化尤其是中华优秀的传统礼仪文化，对我国当代礼仪的丰富、完善与发展，无疑具有非常重要的指导意义。本次的《教师礼仪规范》修订，更为全面地凸显了这一点。

第三，它更直接地在具体内容的调整上重视实用性与时效性。毛泽东同志说过："精通的目的全在于应用。"《礼记》上明言："礼，时为大"。前者指理论的实用性第一，后者强调的则是时效性对礼仪来说甚为重要。正因如此，本次《教师礼仪规范》内容上的充实与调整，更为突出了其实用性与时效性。

本版《教师礼仪规范》依旧由我担任主编。参与其具体修订工作的其他人员还有（以姓氏笔画为序）乔旋、孙燕、陈芳、范蒙蒙等老师。

参编人员在《教师礼仪规范》此次修订中具体的分工如下：第二章，由范蒙蒙负责；第三章，由乔旋负责；第四章，由孙燕负责；第五章，由陈芳负责；导论、第一章与主要参考书目，则由我本人负责。

对中国人民大学出版社多位领导与本书策划编辑翟江虹老师、本书责任编辑徐德霞老师和陆彬老师给予本次修订的关心、指导与鼎力相助，我们在此深表感谢！

对各位前辈、同仁与广大读者的支持、鼓励与批评，我们亦深表谢意！

我们愿与大家继续努力，勇毅前行，共同进步！

金正昆

2022 年 5 月 13 日

图书在版编目（CIP）数据

教师礼仪规范：微课版/金正昆主编．--4 版．--
北京：中国人民大学出版社，2023.1
21 世纪实用礼仪系列教材
ISBN 978-7-300-31326-9

Ⅰ.①教… Ⅱ.①金… Ⅲ.①教师-礼仪-教材
Ⅳ.①G451.6

中国版本图书馆 CIP 数据核字（2022）第 253263 号

21 世纪实用礼仪系列教材
教师礼仪规范
第 4 版·微课版
金正昆　主编
Jiaoshi Liyi Guifan

出版发行	中国人民大学出版社		
社　　址	北京中关村大街 31 号	**邮政编码**	100080
电　　话	010－62511242（总编室）		010－62511770（质管部）
	010－82501766（邮购部）		010－62514148（门市部）
	010－62515195（发行公司）		010－62515275（盗版举报）
网　　址	http://www.crup.com.cn		
经　　销	新华书店		
印　　刷	天津中印联印务有限公司	**版　　次**	2010 年 6 月第 1 版
开　　本	787 mm×1092 mm　1/16		2023 年 1 月第 4 版
印　　张	16 插页 1	**印　　次**	2025 年 1 月第 3 次印刷
字　　数	316 000	**定　　价**	49.80 元